Elena Prosto

Спутник

Russisch für die VHS

Russisch I + II

Autor: Elena Prosto

Zeichnungen: Kapitel 1: Jilija Dewitajkina, Alja Mitschschenko
Kapitel 2: Jilija Dewitajkina, Alja Mitschschenko, Bernd Wirthgen
Kapitel 3: Jilija Dewitajkina
Kapitel 4: Jilija Dewitajkina, Alja Mitschschenko, Bernd Wirthgen, Sergej Panov
Kapitel 5: Alja Mitschschenko, Sergej Panov
Cover: Alja Mitschschenko

Fotos: Elena Prosto

Großes Dankeschön an: Bernd Wirthgen und Helga Werndl

1. Auflage

© 2010

Das Werk und seine Teile sind urheberrechtlich geschützt. Jede Nutzung in anderen als den gesetzlich zugelassenen Fällen bedarf der vorherigen schriftlichen Einwilligung des Autors. Weder das Werk noch seine Teile dürfen ohne die Einwilligung eingescannt oder überspielt und gespeichert werden.

ISBN 978-3-00-032300-3

Inhaltsverzeichnis

Lexikalische Themen	Grammatikalische Themen	Seite
1. знако́мство (das russische Alphabet)	Personalpronomen (Nominativ, Akkusativ) Possessivpronomen (мой, его) Verb (говори́ть, жить, люби́ть)	6
2. моя́ семья́	Personalpronomen (Nominativ, **Genitiv**, Akkusativ) Possessivpronomen (мой, его, **её, их, твой, Ваш**) Substantiv (Nominativ, Präpositiv) Zahlen 0-10	72
3. моя́ кварти́ра	Substantiv (Nominativ, Präpositiv) Possessivpronomen (мой, его, её, их, твой, Ваш)	101
4. прия́тного аппети́та	Wiederholung der Kapiteln 1, 2 und 3 Substantiv (Nominativ, **Akkusativ, Instrumental**, Präpositiv) Verb (есть, пить, за́втракать, обе́дать, у́жинать) Tageszeiten	113

5. мой о́тпуск	Substantiv (Nominativ, Akkusativ, Instrumental, Präpositiv)
	Verb:
	    - I-Konjugation; E-Konjugation
	    - Verben mit der Partikel –ся
	    - Verben mit dem Suffix –ова, –ева
	    - Verben der Bewegung (идти́, ходи́ть, е́хать, е́здить)
	Wochentage
	Jahreszeiten
		152

Lösungen		203

Ру́сский язы́к I, «знако́мство»

Verwendete grammatische Begriffe

Begriff	Abkürzung	Erklärung
das Adjektiv = das Eigenschaftswort		Das Adjektiv beschreibt eine Eigenschaft oder ein Merkmal. *Z.B. klein* – **ма́ленький**
das Substantiv = das Nennwort / das Hauptwort		Das Substantiv bezeichnet ein Ding, einen Sachverhalt, einen Begriff. *Z.B. der Tisch* – **стол**
die Deklination		Die Flexion eines Substantivs, eines Adjektivs oder eines Pronomens.
das Femininum	f	Das weibliche Geschlecht. *Z.B. die Frau* – **же́нщина**
der Infinitiv	Inf.	Der Infinitiv ist die Grundform des Verbs.
der Kasus = der Fall		Der Kasus ist eine Form einer Flexion eines Substantivs, eines Adjektivs oder eines Pronomens. *Z.B. Nominativ*
die Konjugation		Die Flexion eines Verbs.
die Konjunktion		Die Konjunktion ist eine nicht flektierbare Wortart, die Wörter bzw. Sätze verbindet. *Z.B. und* – **и**
das Maskulinum	m	Das männliche Geschlecht. *Z.B. der Mann* – **мужчи́на**
das Neutrum	n	Das sächliche Geschlecht. *Z.B. das Fenster* – **окно́**
die Partikel		Die unflektierbaren Wörter oder Wortteile.
die Personalendung		Die Endung des Verbs bei der Beugung.
das Personalpronomen – die Personalpronomina		Das deklinierbare Wort, das ein Ding, einen Begriff oder eine Person im Satz vertritt. *Z.B. er* – **он**
der Plural	Pl.	Die Mehrzahl
das Possessivpronomen – die Possessivpronomina		Das deklinierbares, besitzanzeigende Wort für ein Ding, einen Begriff oder eine Person im Satz. *Z.B. mein* – **мой**
das Prädikat		Die Satzaussage.
die Präposition = das Lagewort, das Verhältniswort		Das Wort setzt im Satz die Wörter in Verbindung *Z.B. auf* – **на**
die Rektion		Die Bestimmung des Falls, in dem ein abhängiges Wort steht.
der Singular	Sg.	Die Einzahl
das Subjekt		Der Satzgegenstand
das Suffix		Die Nachsilbe
das Verb = das Zeitwort		Das Verb bezeichnet eine Tätigkeit, einen Zustand oder einen Vorgang. *Z.B. sprechen* **говори́ть**
russische Kasus/ Fälle:		
der Nominativ – **имени́тельный паде́ж**	N	Der Nominativ ist der erste russische Kasus, im Nominativ steht das Wort in seiner Grundform.
der Genitiv – **роди́тельный паде́ж**	G	Der Genitiv ist der zweite russische Kasus.
der Dativ – **да́тельный паде́ж**	D	Der Dativ ist der dritte russische Kasus.
der Akkusativ – **вини́тельный паде́ж**	Akk	Der Akkusativ ist der vierte russische Kasus.
der Instrumental – **твори́тельный паде́ж**	I	Der Instrumental ist der fünfte russische Kasus.
der Präpositiv – **предло́жный паде́ж**	P	Der Präpositiv ist der sechste russische Kasus.

Ру́сский язы́к I, «знако́мство»

Verbreitung der slawischen Sprachen auf der Welt

| | Russisch ist die Amtssprache in Russland | | Ein Teil der Bevölkerung spricht Russisch in den Nachfolgestaaten der Sowjetunion. | | In diesen Ländern spricht man slawische Sprachen. Russisch gehört zu den slawischen Sprachen. |

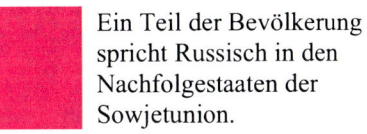

Russland, russische Föderation. Росси́йская Федера́ция

Hauptstadt: Moskau
Fläche: 17.075.400 km²
Einwohner: 142,4 Mio. 2008

Ру́сский язы́к I, «знако́мство»

<u>Staatsform:</u> Semipräsidiale Republik
<u>Verbreitete Religion:</u> die russisch-orthodoxe Religion
<u>Die Nation:</u> Russland ist ein Vielvölkerstaat. So leben neben den Russen mehr als 180 andere Völker auf dem Gebiet des Landes.
<u>Währung:</u> 1 Rubel = 100 Kopeken
<u>Einige große Städte:</u>
    Moskau – Москва́
    Sankt-Petersburg (Leningrad) – Санкт-Петербу́рг (Ленингра́д)
    Nowosibirsk – Новосиби́рск
    Nischni Nowgorod (Gorki) – Ни́жний Но́вгород
    Jekaterinburg (Swerdlowsk) – Екатеринбу́рг (Свердло́вск)
    Samara (Kujbyschew) – Сама́ра (Ку́йбышев)
    Omsk – Омск
    Kasan – Каза́нь
    Tscheljabinsk – Челя́бинск
    Ufa – Уфа́
    Rostow am Don – Росто́в-на-Дону́

<u>Einige große Flüsse:</u> die Wolga, die Kama, der Don, der Ob, die Lena, der Enissei, der Amur

Die berühmteste Verkehrsachse ist die Transsibirische Eisenbahn (Transsib) von Moskau nach Wladiwostok.

Weitere Informationen:

<u>Russisches Fernsehen im Internet:</u>

1. russisches Fernsehen: www.1tv.ru (Text und Video)
2. russisches Fernsehen:. www.rtr-planeta.com

<u>Russisches Radio im Internet:</u>
«Русское радио»: www.rusradio.ru
«Радио России»: www.radiorus.ru
«Эхо Москвы»: www.echo.msk.ru

<u>Dokumentar- und Spielfilme auf Russisch im Internet:</u>

www.intv.ru

<u>Auskunft über russische Sprache „aus erster Hand":</u>

www.gramota.ru

<u>Die russische Tastatur:</u>

www.translit.ru

Рýсский язы́к I, «знакóмство»

Ist Russisch schwer?
Worauf muss man beim Russischlernen achten?
Einige Tipps….

Die Laute im Russischen werden grundsätzlich so gesprochen, wie man sie schreibt. Das hilft natürlich sehr beim Lesen eines Textes!
Im Russischen gibt es 6 Fälle, aber darüber muss man nicht erschrecken. Anfangs brauchen Sie sich nicht um die Grammatik zu kümmern. Sie üben bestimmte Redewendungen, lesen und verstehen Texte, formulieren selbst kleine Sätze und Dialoge und merken eines Tages, dass Sie eine ganze Reihe von grammatischen Regeln beherrschen ohne sie bewusst „gelernt" zu haben. Das sind kleine „Aha"-Erlebnisse, die Mut machen.
Dann natürlich gibt es Situationen, in denen man meint, den Durchblick zu verlieren. So ist z.B. die Konjugation des Verbs eine ganz komplizierte Sache, die man nur in kleinen Schritten und mit ständiger Wiederholung bewältigen wird. Tröstlich aber wiederum, dass es sich dabei vorwiegend um die Präsensformen handelt und es im ganzen nur 3 Zeiten gibt.
Außerdem macht die „Eroberung" immer weiterer Bereiche Spaß, auch wenn sich erneut Berge zeigen, vor denen man großen Respekt hat…

Werndl, Helga

Ich empfehle Texte zu lesen, so viele Texte lesen, wie es geht, am besten leichte. Man prägt sich die Wörter ein und man verliert nicht so schnell die Lust am Lernen. Mache ich auch.

Schwierig für einen Deutschen im Russischen sind die vollendeten und unvollendenten Aspekte. Ansonsten kann ich nur sagen, eine fundierte Grammatik ist viel Wert, das ist die Basis. Den Rest muss man sich vor Ort mit Gesprächen und intensivem Zuhören aneignen.

Fornoff, Marco

Ich mag Fremdsprachen lernen, Russisch ist meine 5. Fremdsprache nach Englisch, Französisch, Spanisch, Italienisch und Persisch.

Beim Sprachenlernen weiß ich nur eins und das gilt auch für Russisch: Sprachen lernen ist wie Gymnastik, je mehr man übt und wiederholt, desto besser kann man das.

Athen, Eckhard

Es ist besonders wichtig, am Anfang die richtige Aussprache und Akzentuierung zu erlernen und wie ein Papagei oder ein Kind Kassetten abzuhören und laut zu wiederholen.

Kamahora-Meynert, Yoshiko

Ein ganz wichtiger Punkt beim Sprache lernen ist das Ziel. Wenn man die Sprache später perfekt sprechen möchte, muss man natürlich auf viele Details und Sonderfälle achten. Mein Ziel war es, mich verständigen zu können. Deshalb war mir der Wortschatz viel wichtiger als die Grammatik. Ich lege weniger Wert darauf, mich ganz korrekt auszudrücken, ich möchte, dass man mich versteht, und das klappt in St.Petersburg, Tomsk und Moskau prima. Alle haben mich verstanden, obwohl ich unendlich viele Fehler gemacht habe. Aber ich vertrete die Ansicht, dass man die Grammatik - wenn man die Basis kennt - mit der Zeit automatisch lernt. Das ist beim Wortschatz schwieriger. Ich kann zum Beispiel bis heute nicht die unterschiedlichen Aspekte erklären, aber durch zuzuhören und sprechen benutze ich viele Aspekte schon unbewusst richtig.
Mir persönlich war es ganz wichtig, mit den kleinen Lernkärtchen zu lernen
Das allerwichtigste überhaupt ist aber, nachdem man einen gewissen Level erreicht hat, möglichst schnell in das Land zu gehen, viel zu sprechen und viel zuhören. Es ist nämlich ein Unterschied, ob man eine Sprache aus einem Buch oder auf der Straße lernt.

Reiter, Christian

Рýсский язы́к I, «знакóмство»

Kapitel I
Bekanntschaft / знакóмство

1. So sieht das russische Alphabet aus:

Druckschrift	Schreibschrift	Benennung	Druckschrift	Schreibschrift	Benennung
А а	*А а*	а	Р р	*Р р*	эр
Б б	*Б б*	бэ	С с	*С с*	эс
В в	*В в*	вэ	Т т	*Т т*	тэ
Г г	*Г г*	гэ	У у	*У у*	у
Д д	*Д д*	дэ	Ф ф	*Ф ф*	эф
Е е	*Е е*	е	Х х	*Х х*	ха
Ё ё	*Ё ё*	ё	Ц ц	*Ц ц*	цэ
Ж ж	*Ж ж*	жэ	Ч ч	*Ч ч*	че
З з	*З з*	зэ	Ш ш	*Ш ш*	ша
И и	*И и*	и	Щ щ	*Щ щ*	ща
Й й	*Й й*	и крáткое	ъ	*ъ*	твёрдый знак
К к	*К к*	ка	ы	*ы*	ы
Л л	*Л л*	эль	ь	*ь*	мя́гкий знак
М м	*М м*	эм	Э э	*Э э*	э
Н н	*Н н*	эн	Ю ю	*Ю ю*	ю
О о	*О о*	о	Я я	*Я я*	я
П п	*П п*	пэ			

Tips:
1. Im Russischen gibt es Schreibschrift und Druckschrift.
2. Im Alphabet sind 33 Buchstaben: 10 Vokale, 21 Konsonanten, ein Härtezeichen und ein Weichheitszeichen

2. Im Russischen gibt es einige Buchstaben, die deutschen Buchstaben sehr ähnlich sind. Sie können bestimmt ohne Schwierigkeiten lesen:

А а	*А а*	Т т	*Т т*
К к	*К к*	О о	*О о*

2.1. Sprechen Sie nach:

ат – та   ок – ко
от – то   ат – та

2.2 Lese- und Sprechübung:

кто? wer?	кто	так so	так
кот Kater	кот	ток Strom	ток
такт Takt	такт	атáка Attacke	атака
как? wie?	как	óко Auge (veraltet)	око

3. Lesen Sie die nächsten neuen Buchstaben:

М м	М м	Е е	Е е

3.1. Sprechen Sie nach:

ма – ам   то – те
мо – ом   ка – ке
ма – ме   ко – ке

Tip:
Im Russischen gibt es harte und weiche Konsonanten. Vor dem Vokal **e**, spricht man die Konsonanten weich aus.

3.2 Lese- und Sprechübung:

мáма die Mama	мама	там dort	там
мак der Mohn	мак	комéта der Komet	комета
мат das Matt	мат	томáт die Tomate	томат
том der Band	том	отмéтка die Notiz	отметка
Том Tom	Том	какáо der Kakao	какао
тéма Thema	тема	Окá Oka	Ока
Тóма Toma	Тома	мóкко der Mokka	мокко

3.3 Sprechen Sie nach, achten Sie auf hartes und weiches м:

комéта   томáт
der Komet   die Tomate
Тóма   отмéтка
Toma   die Notiz

Tips:
1. Die Substantive werden klein geschrieben.
2. Das nicht betonte **o** spricht man **a** aus.

Рýсский язы́к I, «знакóмство»

3.4 Sprechen Sie nach, achten Sie auf das unbetonte o:

комéта der Komet	комета	томáт die Tomate	томат
отмéтка die Notiz	отметка	мóкко der Mokka	мокко

4. So sieht das russische S aus:

С с	С с

> **Tip:**
> Die Betonung ist im Russischen sehr flexibel, deswegen steht der Akzent in jedem Wort.

4.1 Sprechen Sie nach:

са – ас
се – ес
со – ос

4.2. Lese- und Sprechübung:

сок der Saft	сок	сам selbst	сам
такт der Takt	такт	сто hundert	сто
мéсто der Platz	место	томáт die Tomate	томат
тéсто der Teig	тесто	текст der Text	текст
кекс der Keks	кекс	кассéта die Kassette	кассета
кácса die Kasse	касса	мáска die Maske	маска

4.3 Sprechen Sie nach, achten Sie auf harte und weiche Konsonanten:

ма – ме
та – те
ма – ме
ка – ке
са – се

то<u>м</u>áт die Tomate	ко<u>м</u>éта der Komet
<u>т</u>акт der Takt	<u>т</u>éсто der Teig
Тóма Toma	от<u>м</u>éтка die Notiz
<u>к</u>áсса die Kasse	<u>к</u>екс der Keks
<u>с</u>ам selbst	кас<u>с</u>éта die Kassette

4. 4 Sprechen Sie nach, achten Sie auf das unbetonte o:

комéта der Komet	комета	томáт die Tomate	томат
мéсто der Platz	место	тéсто der Teig	тесто
отмéтка die Notiz	отметка	мóкко der Mokka	мокко
мост die Brücke	мост	кóсмос der Weltraum	космос

5. So sieht das russische W aus:

В в	В в

5.1. Sprechen Sie nach:

ва — ав
во — ов
ве — ев

5.2. Lese- und Sprechübung:

Москвá Moskau	Москва	век das Jahrhundert	век
вáта die Watte	вата	вéко das Lid	веко
кокéтка die Kokette	кокетка	Вам Ihnen	Вам
октáва die Oktave	октава	атáка die Attacke	атака
вес das Gewicht	вес	акт der Akt	акт

5.3 Sprechen Sie nach, achten Sie auf harte und weiche Konsonanten:

ва — ве
та — те
ва — ве
ка — ке
са — се

Москвá Moskau	век das Jahrhundert
такт der Takt	тéсто der Teig
вáта die Watte	вéко das Lid
кáсса die Kasse	кекс der Keks
сам selbst	кассéта die Kassette

Ру́сский язы́к I, «знако́мство»

6. Schreibübung:

А а *A a* ....

К к *K к* ....

Т т *T т* ....

О о *O о* ....

М м *M м* ....

Е е *E е* ....

С с *C с* ....

В в *B в* ....

Москва́ *Москва* ....

7. Das russische N sieht so aus:

| Н н | *H н* |

7.1. Sprechen Sie nach:

на – ан но – он
но – он на – ан
не – ен не – ен

7.2 Lese- und Sprechübung:

ва́нна die Wanne	*ванна*	анке́та der Fragebogen	*анкета*
то́нна die Tonne	*тонна*	нет nein	*нет*
тон der Ton	*тон*	А́нна Anna	*Анна*
он er	*он*	не́мка die Deutsche	*немка*
она́ sie	*она*	но aber	*но*
оно́ es	*оно*	сон der Traum	*сон*
окно́ das Fenster	*окно*	нос die Nase	*нос*
ко́мната das Zimmer	*комната*	коко́с die Kokosnuss	*кокос*
анана́с die Ananas	*ананас*	но́та die Note	*нота*

Ру́сский язы́к I, «знако́мство»

7.3 Sprechen Sie nach, achten Sie auf harte und weiche Konsonanten:

ва – ве	
та – те	
на – не	
ка – ке	
са – се	
он – не	

Москва́ Moskau	век das Jahrhundert
такт der Takt	те́сто der Teig
она́ sie	не́мка die Deutsche
ка́сса die Kasse	кекс der Keks
сам selbst	кассе́та die Kassette
он er	нет nein

7.4 Sprechen Sie nach, achten Sie auf das unbetonte о:

ме́сто der Platz	*место*	тома́т die Tomate	*томат*
Москва́ Moskau	*Москва*	коко́с die Kokosnuss	*кокос*
она́ sie	*она*	мо́кко der Mokka	*мокко*
оно́ es	*оно*	коме́та der Komet	*комета*

7.5 Übersetzen Sie die Personalpronomen; sprechen Sie nach:

он - ....   она́ - ....   оно́ - ....

7.6 Lesen und übersetzen Sie:

1. Она́; он; оно́; А́нна; не́мка; окно́; кака́о; ко́мната; Москва́; ка́сса.
2. Она́ Све́та. Она́ То́ма. Она́ А́нна.
3. А́нна не́мка. Она́ не́мка.
4. Он Макс. Он Том.

7.7 Bilden Sie ähnliche Sätze über ihre Kollegen in der Gruppe:

Muster:
Он Макс. Она́ А́нна.

8. Schreibübung:

он *он* ....

она́ *она* ....

оно́ *оно* ....

Она́ А́нна *Она Анна* ....

Он Марк *Он Марк* ....

Ру́сский язы́к I, «знако́мство»

А́нна не́мка *Анна немка* ....

9. Übersetzen Sie (schriftlich und / oder mündlich):

1. Sie ist Anna.
2. Sie ist Sweta.
3. Sie ist Toma.
4. Er ist Tom.
5. Er ist Mark.
6. Anna ist Deutsche.

1. ....
2. ....
3. ....
4. ....
5. ....
6. ....

10. Der nächste Buchstabe ist:

Э э	*Э э*

Tip:
Das russische э klingt ähnlich wie der Buchstabe ä im Wort Ähre.

10.1 Sprechen Sie nach:

ЭТ — ТЭ   КЭ — ЭК
ЭМ — МЭ   СЭ — ЭС
ЭН — НЭ   ВЭ — ЭВ

10.2 Lese- und Schreibübung:

a)

э́то das	*это*	Э́мма Emma	*Эмма*
тэн die Heizspirale	*тэн*	мэм ma'am	*мэм*

b)

1. Э́то Москва́.
2. Э́то кака́о.
3. Э́то ка́сса.
4. Э́то анана́с.
5. Э́то ко́мната.
6. Э́то он.
7. Э́то она́.
8. Э́то оно́.
9. Кто э́то? - Э́то А́нна.
10. Кто э́то? - Э́то она́.
11. Кто э́то? - Э́то он.
12. Э́то Макс.
13. Э́то Э́мма.
14. Э́то Мо́ника.
15. Э́то Све́та.

10.3 Schreibeübung:

Н н *Н н* ....

Э э *Э э* ....

Э́то он. *Это он.* ....

Э́то она́. *Это она.* ....

Э́то оно́. *Это оно.* ....

Ру́сский язы́к I, «знако́мство»

Э́то Москва́. *Это Москва.* ....

Э́то Мо́ника. *Это Моника.* ....

11. Beschreiben Sie die Bilder:

1 Э́то ....

2. Э́то ....

3. Э́то ....

4. Э́то ....

Рýсский язы́к I, «знакóмство»

Zusammenfassung der Seiten 6-13

1. Die Betonung

Die Betonung wurde in den russischen Wörtern mit Akzentzeichen hervorgehoben, weil sie verschieden sein kann. Die Betonung bestimmt manchmal die Wortbedeutung.

   здóрово (toll), **здорóво** (hallo)

2. Weiche und harte Konsonanten

Die Konsonanten können im Russischen hart oder weich sein. Vor dem Vokal e sind die Konsonanten weich (кекс, кассéта).

3. Das unbetonte „о"

Das unbetonte o spricht man a aus (Москвá) man liest: [Масквá].

4. Die gelernten Personalpronomina

он – er
онá – sie
онó – es

5. Die gelernten Fragewörter

Die Fragewörter: **Как?** – wie? **Кто?** – wer?

6. Die neuen Sätze

Mit dem Wort «э́то» präsentiert man Gegenstände oder stellt Leute vor:

   Э́то Áнна. – Das ist Anna. **Э́то какáо.** – Das ist Kakao. **Э́то Москвá** – Das ist Moskau.

7. Die gelernten Buchstaben

Wiederholen Sie die gelernten Buchstaben:

1.	А а	
2.	К к	ак, ка, как
3.	Т т	та, то, так, такт
4.	О о	то, от, ок, ко, ток, кот, кто, такт, атáка
5.	М м	мáма, мак, Тóма, Том, томáт, мóкко, там, какáо
6.	Е е	комéта, отмéтка
7.	С с	мéсто, тéсто, кекс, кассéта, сок, кáсса, сам, сто, кáска, текст, мáска Москвá, вáта, век, вéко, кокéтка, Вам
8.	В в	вáнна, тóнна, анкéта, нет, Áнна, нéмка, тон, он, онá, онó, окнó
9.	Н н	кóмната, но, сон, нос, нóта, кокóс, ананáс, нет
10	Э э	э́то, Э́мма, тэн, мэм

Ру́сский язы́к I, «знако́мство»

1. Das russische и I sieht- wie ein „umgedrehtes" N aus:

И и	*И и*

1.1 Sprechen Sie nach:

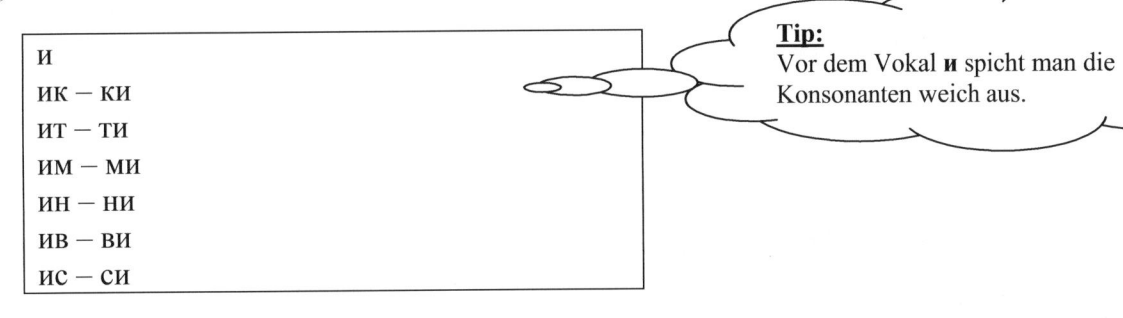

и
ик – ки
ит – ти
им – ми
ин – ни
ив – ви
ис – си

Tip:
Vor dem Vokal и spicht man die Konsonanten weich aus.

1.2. Lese – und Sprechübung:

кино́ das Kino	*кино*	вина́ die Schuld	*вина*
кит der Wal	*кит*	атеи́ст der Atheist	*атеист*
Ни́на Nina	*Нина*	они́ sie	*они*
вино́ der Wein	*вино*	ко́мната Zimmer	*комната*
Нива́ Niwa	*Нива*	и́стина die Wahrheit	*истина*
Ми́нск Minsk	*Минск*	И́нна Inna	*Инна*
и und	*и*	такси́ Taxi	*такси*

2. Lesen und übersetzen Sie:

1. Э́то кака́о и вино́.
2. Э́то вино́ и квас.
3. Э́то Москва́ и Минск.
4. Э́то Э́мма и Мо́ника.
5. Э́то Све́та и А́нна.
6. - Кто э́то?
   - Э́то А́нна и Ни́на.
7. - Кто э́то?
   - Э́то он и она́.
8. - Кто э́то?
   - Э́то они́: То́ма и Том.
9. - Кто э́то?
   - Э́то они́: Све́та и А́нна.

3. Übersetzen Sie die Personalpronomen; sprechen Sie nach:

он - ....   она́ - ....

оно́ - ....   они́ - ....

Рýсский язы́к I, «знакóмство»

4. Übersetzen Sie mündlich:

hallo	ich, er, sie, es, sie (Pl)	Wer? Was? Wie?
wie geht's?	Ich bin Anna.	Wer ist das?
gut	Sie ist Nina.	Was ist das?
tschüss	Er ist Mark.	Das ist Kakao.

5. Nennen Sie die Gegenstände auf den Fotos:

1
2
3
4
5

6. Der nächste Buchstabe ist das russische P:

П п	*П п*

6.1 Sprechen Sie nach:

ап – па	пе – еп
оп – по	ип – пи
пэ – эп	

6.2 Lese – und Sprechübung:

покá tschüss	*пока*	**пакéт** die Tüte	*пакет*
пи́во das Bier	*пиво*	**пáпка** der Ordner	*папка*
квас der Kwas	*квас*	**поп** der Priester	*поп*
тип der Typ	*тип*	**пáпа** der Vater	*папа*
аптéка die Apotheke	*аптека*	**экономи́ст** der Kaufmann (die Kauffrau)	*экономист*

Ру́сский язы́к I, «знако́мство»

6.3 Sprechen Sie nach und achten Sie auf harte und weiche Konsonanten:

па – пе

по – пи

паке́т die Tüte	пе́на der Schaum
па́па der Vater	Пеки́н Peking
пока́ tschüss	пи́во das Bier
поп der Priester	пипе́тка die Pipette

7. Der nächste Buchstabe ist das russische D:

Д д	*D d*

7.1 Sprechen Sie nach:

ад – да
од – до
эд – дэ

де – ед
ди – ид

7.2 Lese- und Sprechübung:

дива́н das Sofa	*диван*	да́ма die Dame	*дама*
доска́ die Tafel	*доска*	диск die CD	*диск*
сад der Garten	*сад*	видеокассе́та die Videokassette	*видеокассета*
да ja	*да*	диске́та die Diskette	*дискета*
дом das Haus	*дом*	дискоте́ка die Diskothek	*дискотека*
вода́ das Wasser	*вода*	во́дка der Wodka	*водка*
ко́мната das Zimmer	*комната*	ко́мпас der Kompass	*компас*

8. Lesen und übersetzen Sie:

1. - Э́то А́нна?
   - Нет, э́то не А́нна, э́то Ни́на.
2. - Э́то Но́на?
   - Нет, э́то не Но́на, э́то Макси́м.

3. - Э́то Све́та и То́ма?
   - Нет, э́то не Све́та и То́ма, э́то Ни́на и А́нна.
4. - Э́то Но́на и Макси́м?
   - Нет, э́то не Но́на и Макси́м, э́то Ива́н и Том.

5. - Э́то Минск?
   - Нет, э́то не Минск, э́то Москва́.
6. - Э́то Москва́?
   - Да, э́то Москва́.

> Im Russischen gibt es zwei Verneinungen: **нет** (nein) und **не** (nicht). **Не** steht oft vor dem verneinten Wort.

Ру́сский язы́к I, «знако́мство»

9. Stellen Sie Fragen zu dem Bild und beantworten sie. Arbeiten Sie zu zweit.

Muster:
- Э́то Пеки́н?
- Нет, э́то не Пеки́н, э́то Москва́.

- Э́то Москва́?
- Да, э́то Москва́.

Минск
Ки́ев

Muster:
- Э́то молоко́?
- Нет, э́то не молоко́, э́то кака́о.

- Э́то кака́о?
- Да, э́то кака́о.

вода́
во́дка
квас
пи́во вино́

10. Schreibübung:

И и *И и* ....

П п *П п* ....

Д д *Д д* ....

они́ *они* ....

пока́ *пока* ....

да *да* ....

нет *нет* ....

11. Der nächste Buchstabe ist das russische L:

| Л л | *Л л* |

11.1 Sprechen Sie nach:

ал – ла	ле – ел
ол – ло	ли – ил
эл – лэ	

Ру́сский язы́к I, «знако́мство»

11.2 Lese- und Sprechübung:

ла́к der Lack	*лак*	ле́в der Löwe	*лев*
лото́ das Lotto	*лото*	по́лка das Regal	*полка*
ле́то der Sommer	*лето*	лимо́н die Zitrone	*лимон*
А́лла Alla	*Алла*	ле́с der Wald	*лес*
Ле́на Lena	*Лена*	село́ das Dorf	*село*
как дела́? Wie geht's?	*Как дела?*	сала́т der Salat	*салат*
велосипе́д das Fahrrad	*велосипед*	Светла́на Svetlana	*Светлана*
кла́ссно klasse	*классно*	сло́н der Elefant	*слон*
ма́сло die Butter	*масло*	стекло́ das Glas	*стекло*
сто́л der Tisch	*стол*	пала́тка das Zelt	*палатка*
по́л der Fußboden	*пол*	пило́т der Pilot	*пилот*
ло́дка das Boot	*лодка*	кла́сс die Klasse	*класс*

12. Sprechen Sie nach und achten Sie auf harte und weiche Konsonanten:

ла – ле

ло – ли

ла́к der Lack	ле́то der Sommer
сала́т der Salat	Ле́на Lena
пило́т der Pilot	лимо́н die Zitrone
сло́н der Elefant	Ли́ка Lika

13. Wie ein deutsches p sieht das russische R aus:

P p	*Рр*

13.1 Sprechen Sie nach:

ар – ра
ор – ро
эр – рэ

ре – ер
ри – ир

Ру́сский язы́к I, «знако́мство»

13.2 Lese- und Sprechübung:

Евро́па Europa	Европа	река́ der Fluss	река
старт der Start	старт	крем die Kreme	крем
те́рмос die Thermosflasche	термос	ка́рта die Karte	карта
литр der Liter	литр	по́вар der Koch	повар
мо́ре das Meer	море	касси́р der Kassierer	кассир
помидо́р die Tomate	помидор	пле́ер der Player	плеер
ка́мера die Videokamera	камера	мир der Frieden	мир
Рим Rom	Рим	мини́стр der Minister	министр
эква́тор der Äquator	экватор	торт die Torte	торт
монито́р der Monitor	монитор	сестра́ die Schwester	сестра
раке́та die Rakete	ракета	рот der Mund	рот
раке́тка der Schläger	ракетка	при́нтер der Drucker	принтер
приве́т hallo	привет	пенсионе́р der Rentner	пенсионер

14. Sprechen Sie nach, achten Sie auf harte und weiche Konsonanten:

ра – ре

ро – ри

раке́та die Rakete	река́ der Fluss
сестра́ die Scwester	мо́ре das Meer
рот der Mund	при́нтер der Drucker
Евро́па Europa	приве́т Hallo

15. Lesen und übersetzen Sie. Sprechen Sie nach und achten Sie auf die Intonation:

1. - Приве́т.
2. - Ни́на не́мка?
   - Да, она́ не́мка.
3. - Она́ экономи́ст?
   - Да, она́ экономи́ст.
4. - Э́то Марк.
   - Он пенсионе́р?
   - Да, он пенсионе́р.
5. - Ни́на не́мка?
   - Нет, она́ не не́мка.
6. - Она́ экономи́ст?
   - Нет, она́ не экономи́ст.
7. - Э́то Марк.
   - Он пенсионе́р?
   - Нет, он не пенсионе́р.
8. Пока́.

Ру́сский язы́к I, «знако́мство»

16. Der nächste Buchstabe:

| Я я | *Я я* |

> Die Konsonanten vor diesem Buchstaben sind weich.

16.1 Leseübung:

| як – кя |
| ям – мя |
| яс – ся |
| ял – ля |

| тя – ят |
| пя – яп |
| дя – яд |
| ря – яр |

16.2 Lese- und Sprechübung:

я ich	*я*	твоя́ deine	*твоя*
Росси́я Russland	*Россия*	дя́дя der Onkel	*дядя*
меня́ mich	*меня*	Я́лта Jalta	*Ялта*
Япо́ния Japan	*Япония*	Ита́лия Italien	*Италия*
кра́сная rot	*красная*	моя́ meine	*моя*
кла́ссная klasse	*классная*	ня́ня die Babysitterin	*няня*

16.3 Sprechen Sie nach. Achten Sie auf weiche und harte Konsonanten:

мя – ма	**мя́**та – **ма́**ма
ся – са	**А́ся** – **сам**
ля – ла	**ля́**мка – **ла́**мпа

пя – па	**пя**тно́ – **па́**па
дя – да	**дя́**дя – **да́**ма
ря – ра	**ря**д – **ра**ке́та

17. Übersetzen Sie die Personalpronomen:

я - _____

он - _____
она́ - _____   они́ - _____
оно́ - _____

18. Lesen und übersetzen Sie:

1. Я А́нна.
2. Он экономи́ст.
3. Она́ не́мка.
4. Я не не́мка.

5. Он не экономи́ст.
6. Он Марк.
7. Они́ Ни́на и Ле́на.
8. Я пенсионе́р.

19. Schreibübung:

Л л *Л л* ....

Р р *Р р* ....

Я я *Я я* ....

Росси́я *Россия* ....

кла́ссная *классная* ....

Я А́лла *Я Алла* ....

Я не экономи́ст. *Я не экономист* ....

20. So sieht das russische U aus:

| У у | *У у* |

20.1 Leseübung:

ук – ку	ту – ут
ум – му	пу – уп
ус – су	ду – уд
ул – лу	ру – ур

20.2 Lese- und Sprechübung:

я ich	*я*	твоя́ deine	*твоя*
Росси́я Russland	*Россия*	суп die Suppe	*суп*
Яку́тия Jakutien	*Якутия*	укро́п der Dill	*укроп*
у bei	*у*	мука́ das Mehl	*мука*
Ита́лия Italien	*Италия*	сту́л der Stuhl	*стул*
Я́лта Jalta	*Ялта*	по-ру́сски russisch	*по-русски*
Япо́ния Japan	*Япония*	су́мка die Tasche	*сумка*
студе́нт Student	*студент*	рука́ die Hand, der Arm	*рука*
кла́ссная klasse	*классная*	рука́в der Ärmel	*рукав*
моя́ meine	*моя*	лук die Zwiebel	*лук*

Ру́сский язы́к I, «знако́мство»

21. Lesen und übersetzen Sie:

я, он, она́, оно́	ру́сская	- Приве́т!
меня́	по-ру́сски	- Как дела́?
студе́нт	Росси́я	- Кла́ссно!
студе́нтка	Ита́лия	- Пока́!

22. Schreibübung:

Л л *Л л* ....

Р р *Р р* ....

Я я *Я я* ....

У у *У у* ....

ру́сская *русская* ....

по-ру́сски *по-русски* ....

приве́т *привет* ....

Росси́я *Россия* ....

Как дела́? *Как дела?* ....

Кто э́то? *Кто это?* ....

Э́то Ди́ма *Это Дима.* ....

23. Stellen Sie sich gegenseitig Fragen und geben Sie die Antwort (Die Bilder helfen Ihnen):

Muster:
- Кто э́то?
- Э́то А́нна.

А́нна 　　　Ди́ма 　　　Ле́на 　　　Рома́н

24. Der nächste Buchstabe:

X x	*X x*

24.1 Leseübung:

| ах – ха |
| ох – хо |
| эх – хэ |

| хе – ех |
| хя – ях |
| хи – их |

24.2 Lese- und Sprechübung:

хор der Chor	*хор*	парикма́хер der Friseur	*парикмахер*
духи́ das Parfüm	*духи*	оре́х die Nuss	*орех*
хрен der Meerrettich	*хрен*	их ihre, ihr	*их*

25. Lesen und achten Sie auf die Intonation:

a)
1. Э́то молоко́?
   Да, э́то молоко́.
2. Э́то Москва́?
   Да, э́то Москва́.
3. Э́то Ни́на?
   Да, э́то Ни́на.
4. Она́ студе́нтка?
   Да, она́ студе́нтка.
5. Све́та ру́сская?
   Да, Све́та ру́сская.
6. Ле́на экономи́ст?
   Да, Ле́на экономи́ст.

b)
1. Э́то молоко́.
   Э́то не молоко́.
2. Э́то Москва́.
   Э́то не Москва́.
3. Э́то Ни́на.
   Э́то не Ни́на.
4. Она́ студе́нтка.
   Она́ не студе́нтка.
5. Све́та ру́сская.
   Све́та не ру́сская.
6. Ле́на экономи́ст.
   Ле́на не экономи́ст.

26. So sieht das russische SCH aus:

Ш ш	*Ш ш*

26.1 Leseübung:

| аш – ша |
| ош – шо |
| иш – ши |

| ше – еш |
| шэ – эш |

Ру́сский язы́к I, «знако́мство»

26.2 Lese- und Sprechübung:

душ die Dusche	*душ*	шокола́д die Schokolade	*шоколад*
хорошо́ gut	*хорошо*	но́мер die Nummer	*номер*
маши́на das Auto	*машина*	суд das Gericht	*суд*
шу́тка der Scherz	*шутка*	шторм der Sturm	*шторм*

27. Stellen Sie Ihrem Gesprächspartner Fragen und geben Sie die Antwort (Die Bilder helfen Ihnen):

Muster:

- Что э́то?
- Э́то кака́о.

1. стул
2. кака́о 
3. молоко́ 

28. Der nächste Buchstabe:

ы	*ы*

> ы hat keine Entsprechung im Deutschen. ы klingt ähnlich wie das i im Wort „Zirkus"

28.1 Leseübung:

ык — кы	ты — ыт
ым — мы	пы — ып
ыс — сы	ды — ыд
ыл — лы	ры — ыр

28.2 Lese- und Sprechübung:

ты du	*ты*	пылесо́с der Staubsauger	*пылесос*
мы wir	*мы*	вы Ihr	*вы*
Вы Sie	*Вы*	портре́т das Porträt	*портрет*
котле́та die Frikadelle	*котлета*	молоко́ die Milch	*молоко*
сту́л der Stuhl	*стул*	ко́мната das Zimmer	*комната*

Рýсский язы́к I, «знако́мство»

29. Übersetzen Sie die Personalpronomina. Sprechen Sie nach:

я - _____   мы - _____

ты - _____   Вы, вы _____
он - _____
она́ - _____   они́ - _____
оно́ - _____

30. Sprechen Sie nach:

экономи́ст – экономи́сты   по́лка – по́лки
такси́ст – такси́сты   па́пка – па́пки
па́па – па́пы   апте́ка – апте́ки
ко́мпас – ко́мпасы   диск – ди́ски
дива́н – дива́ны   су́мка – су́мки
сад – сады́   рука́ – ру́ки

> Anhand der Buchstaben **ы** und **и** bildet man oft den Plural im Russischen.

31. Schreibübung:

Х х *X x* ....

Ш ш *Ш ш* ....

ы *ы* ....

ты *ты* ....

мы *мы* ....

Вы *Вы* ....

вы *вы* ....

хорошо́ *хорошо* ....

пока́ *пока* ....

Ру́сский язы́к I, «знако́мство»

32. Stellen Sie sich gegenseitig Fragen und geben Sie die Antwort. (Die Bilder helfen Ihnen). Benutzen Sie dabei die Wörter „ja" und „nein":

Muster:

- Э́то Москва́?
- Да, э́то Москва́.

- Э́то Берли́н?
- Нет, э́то Москва́.

- Э́то Бонн?
- Нет, э́то не Бонн, э́то Москва́.

1 Москва́

2 кино́

3 ка́сса

4 ко́мната

33. Lesen Sie das Schild:

34. Hörverstehen. Finden Sie die Sätze, die sie auf der CD gehört haben:

1. Приве́т!	
2. Кто э́то?	
3. Как тебя́ зову́т?	
4. Меня́ зову́т Марк.	

Что э́то?	
Э́то апте́ка?	
Пока́	
Э́то Москва́.	

Ру́сский язы́к I, «знако́мство»
Zusammenfassung der Seiten 15-27

1. Harte und weiche Konsonanten

Die Konsonanten können im Russischen hart oder weich sein. Vor den Vokalen и, я sind die Konsonanten weich und vor den Vokalen у, ы, а, о sind die Konsonanten hart.

 эконо<u>м</u>ист – <u>м</u>ы   <u>н</u>я́<u>н</u>я – ко́<u>м</u>ната
 <u>Н</u>и́на – дива́<u>н</u>ы   <u>д</u>я́<u>д</u>я – <u>д</u>а́ма

2. Die gelernten Personalpronomina

Die Personalpronomen: **я** – ich, **ты** – du, **он** – er, **она́** – sie, **оно́** – es, **мы** – wir, **Вы** – Ihr, **вы** – ihr, **они** – sie.

3. Plural

Den Plural bildet man im Russischen anhand von Endungen, z.B dienen die Buchstaben <u>ы</u> und <u>и</u> manchmal der Pluralbildung:

 студе́нт – студе́нт<u>ы</u>   студе́нтка – студе́нтк<u>и</u>
 экономи́ст – экономи́ст<u>ы</u>   не́мка – не́мк<u>и</u>

4. Die gelernten Buchstaben

1	И и	сли́вки, и, такси́, кино́, они́, вина́, экономи́ст, Ива́н, такси́ст, вино́
2	П п	пока́, приве́т, пи́во, квас, па́па, паке́т, тип, па́пка, апте́ка, поп, ко́мпас
3	Д д	дом, диск, дискоте́ка, дива́н, сад, да, нет, вода́, во́дка, дед, диске́та
4	Л л	как дела́?, пол, Ле́на, Па́вел, стекло́, ма́сло, пило́т, велосипе́д, по́лка
5	Р р	приве́т, Евро́па, мир, Рим, помидо́р, мо́ре, сиро́п, по́вар, пле́ер, ка́рта
6	Я я	Росси́я, я, Я́лта, меня́, Япо́ния, Ита́лия, кра́сная, расте́ние
7	У у	ру́сская, стул, по-ру́сски, су́мка, суп, рука́, моя́, твоя́, мука́, лук
8	Х х	духи́, их, хор, хрен, оре́х, парикма́хер
9	Ш ш	хорошо́, пылесо́с, маши́на, шокола́д, шторм, што́ра, шу́тка, Шу́ра
10	ы	ты, мы, Вы, вы, пылесо́с, маши́ны, велосипе́ды, па́пы, супы́

5. Die gelernten Frage– und Aussagesätze zum Thema „Bekanntschaft":

приве́т!	не́мка	студе́нт
как дела́?	ру́сская	студе́нтка
хорошо́	Росси́я	экономи́ст
кла́ссно		пенсионе́р
пока́		парикма́хер

Ру́сский язы́к I, «знако́мство»
Zusätzliche Übungen

35. Übersetzen Sie die Personalpronomen:

ich	....	wir	....
du	....	ihr	....
er	....		
sie	....	sie	....
es	....		

36. Übersetzen Sie (mündlich):

1. - Wie geht's? - Wie geht es dir? 2. - Ist das Wasser? - Nein, das ist Wodka!	3. - Hallo! - Hallo! Wie geht's? - Gut! Und wie geht es dir? - Klasse! Tschüss! - Tschüss!	4. Wer ist das? Was ist das? 5. - Ist das Russland? - Ja, das ist Russland.

37. Ergänzen Sie die Sätze:
Muster: Я Ле́на. *Oder:* Я студе́нтка. (die Antworten sind kreativ)
1. Я ....
2. Ни́на ....
3. Мы ....
4. Марк ....
5. Они́ ....
6. Ты .... ?
7. Он ....
8. Вы ....

38. Übersetzen Sie schriftlich:

1. - Wie geht's?
   - Gut!
2. Hallo
   Tschüss
3. Ich bin Anna. Ich bin Deutsche. Ich bin Studentin.
4. Er ist Mark. Sie ist Alla. Sie sind Rentner.
5. Wir sind Studenten. Wir sind keine Studenten.
6. Das ist Lena, sie ist Russin.

39. Bilden Sie den Plural von den Wörtern:

студе́нт - ....
экономи́ст - ....
касси́р - ....
такси́ст - ....
диске́та - ....
маши́на - ....

диск - ....
студе́нтка - ....
не́мка - ....
апте́ка - ....
ня́ня - ....
су́мка - ....

Ру́сский язы́к I, «знако́мство»

1. So sieht das russische Tsch aus:

Ч ч	*Ч ч*	Dieser Buchstabe klingt wie **tsch** in „tschüs" oder „Tscheche".

1.1 Leseübung:

| ач – ча |
| оч – оч |
| ич – чи |

| че – еч |
| чэ – эч |

1.2 Lese- und Sprechübung:

что was?	*что*	час die Stunde	*час*
да́ча die Datscha	*дача*	чипс der Chip	*чипс*
врач der Arzt	*врач*	ве́чер der Abend	*вечер*
стул der Stuhl	*стул*	чу́до das Wunder	*чудо*
стол der Tisch	*стол*	очки́ die Brille	*очки*

2. Lesen und übersetzen Sie:

1. - Кто э́то?
   - Э́то мы: Ле́на и Рома́н. Рома́н студе́нт, а Ле́на студе́нтка.

2. - Что э́то?
   - Э́то Росси́я.
   - А что э́то?
   - Э́то Москва́.

3. Das russische B sieht so aus:

Б б	*Б б*

3.1 Leseübung:

| аб – ба |
| об – бо |
| иб – би |

| бе – еб |
| бэ – эб |
| бя – яб |

3.2 Lese- und Sprechübung:

банк die Bank	*банк*	но́утбук das Notebook, der Laptop	*ноутбук*
биле́т die Fahrkarte	*билет*	бокс das Boxen	*бокс*
бале́т das Ballett	*балет*	банкро́т der Bankrott	*банкрот*
бы́стро schnell	*быстро*	Берли́н Berlin	*Берлин*

Ру́сский язы́к I, «знако́мство»

бистро́ das Bistro	*бистро*	босс der Boss	*босс*
буке́т der Blumenstrauß	*букет*	бу́хта die Bucht	*бухта*
авто́бус der Bus	*автобус*	балко́н der Balkon	*балкон*
Бонн Bonn	*Бонн*	спаси́бо danke	*спасибо*

4. Lesen und übersetzen Sie. Achten Sie auf die Intonation:

a)
- Как дела́?
- Как у тебя́ дела́?
- А как у тебя́ дела́?

b)
- Приве́т!
- Приве́т! Как дела́?
- Хорошо́! А как у тебя́ дела́?
- Кла́ссно! Пока́!
- Пока́!

c) Bilden Sie ähnliche Dialoge wie in der Übung 4 b.

5. Der nächste Buchstabe:

З з	*З з*

5.1 Leseübung:

аз – за
оз – зо
из – зи

зе – ез
зэ – эз

5.2 Lese- und Sprechübung:

ва́за die Vase	*ваза*	Меня́ зову́т Ни́на. Ich heisse Nina.	*меня зовут Нина.*
зонт der Regenschirm	*зонт*	Зи́на Sina	*Зина*
ро́за die Rose	*роза*	зарпла́та der Lohn	*зарплата*
зима́ der Winter	*зима*	ви́за das Visum	*виза*
Как тебя́ зову́т? Wie heisst du?	*как тебя зовут?*	вокза́л der Bahnhof	*вокзал*
база́р der Basar	*базар*	би́знес das Business	*бизнес*

6. Lesen und übersetzen Sie:

a)
- Как тебя́ зову́т?
- Меня́ зову́т Макс.

- Как тебя́ зову́т?
- **А** как тебя́ зову́т?

Ру́сский язы́к I, «знако́мство»

b)

- Приве́т!	- Приве́т!
- Приве́т! Как тебя́ зову́т?	- Приве́т! Как тебя́ зову́т?
- Меня́ зову́т Зи́на, а как тебя́ зову́т?	- Меня́ зову́т Зи́на, а как тебя́ зову́т?
- Меня́ зову́т Алекса́ндр. Ты студе́нтка?	- Меня́ зову́т Алекса́ндр. Ты студе́нтка?
- Да, я студе́нтка. А ты?	- Да, я студе́нтка. А ты?
- И я студе́нт.	- И я студе́нт. Как у тебя́ дела́?
- Пока́!	- Хорошо́, а у тебя́?
- Пока́!	- Спаси́бо, хорошо́! Пока́!
	- Пока́!

c) Stellen Sie sich gegenseitig Fragen und bilden Sie Dialoge.

7. Der nächste Buchstabe:

Ц ц	

7.1 Leseübung:

ац – ца	це – ец
оц – цо	цэ – эц
иц – ци	ця – яц

7.2 Lese- und Sprechübung:

не́мец Deutscher		пи́цца die Pizza	
учени́ца die Schülerin		цирк der Zirkus	
вокза́л der Bahnhof		цили́ндр der Zylinder	
цвето́к die Blume		у́лица die Strasse	
цари́ца die Königin		центр das Zentrum	

8. Schreibübung:

Ч ч ....

Ц ц ....

З з ....

Б б ....

Как тебя́ зову́т? ....

Меня́ зову́т Ли́за. ....

Ру́сский язы́к I, «знако́мство»

Я не́мец *Я немец.* ....

Я не́мка *Я немка.* ....

Он студе́нт *Он студент.* ....

Она́ студе́нтка *Она студентка.* ....

9. Das russische F sieht so aus:

Ф ф	*Ф ф*

9.1 Leseübung:

аф – фа	фе – еф
оф – фо	фэ – эф
иф – фи	фя – яф

9.2 Lese- und Sprechübung:

ко́фе der Kaffee	*кофе*	салфе́тка die Serviette	*салфетка*
кафе́ das Cafe	*кафе*	профе́ссия der Beruf	*профессия*
телефо́н das Telefon	*телефон*	по профе́ссии von Beruf	*по профессии*
факс das Fax	*факс*	Фра́нция Frankreich	*Франция*
фо́рма die Form	*форма*	фи́рма die Firma	*фирма*
Фра́нкфурт Frankfurt	*Франкфурт*	фа́за die Phase	*фаза*

10. Lesen und übersetzen Sie:

a)

1
- Кто ты по профе́ссии?
- Я (пока́) студе́нт, а ты?
- Я врач по профе́ссии.

2
- Кто ты по профе́ссии?
- Я студе́нтка, а ты?
- Я экономи́ст по профе́ссии.

b) Fragen Sie Ihren Kollegen in der Gruppe auf Russisch nach dem Beruf.

11. Bilden Sie Sätze:

a)

Muster: Мари́я - врач по профе́ссии.

Мари́я	такси́ст	учени́ца
Па́вел	архите́ктор	пенсионе́р
Ле́на	парикма́хер	пило́т
он	врач	спортсме́н	по профе́ссии.
она́	касси́р	продаве́ц
я	экономи́ст	лабора́нт
Макс	студе́нт	по́вар
Зи́на	студе́нтка	милиционе́р

b) Bilden Sie ähnliche Sätze über die anderen Kursteilnehmer.

Muster: Э́то Кла́ус. Кла́ус экономи́ст по профе́ссии.

c) Bilden Sie ähnliche Sätze über sich.

Muster: Меня́ зову́т А́нна. Я врач по профе́ссии.

12. So sieht das russische G aus:

Г г	*Г г*

12.1 Leseübung:

аг – га	ге – ег
ог – го	гэ – эг
иг – ги	гя – яг

12.2 Lese- und Sprechübung:

a)

Герма́ния Deutschland	*Герма́ния*	зигза́г der Zickzack	*зигза́г*
кни́га das Buch	*кни́га*	Ганно́вер Hannover	*Ганно́вер*
глаз das Auge	*глаз*	Га́мбург Hamburg	*Га́мбург*
фотогра́фия das Foto	*фотогра́фия*	газ das Gas	*газ*
магази́н das Geschäft	*магази́н*	профе́ссор der Professor	*профе́ссор*

b)

Га́млет	Ганс
Га́мбург	Ге́рман Ге́ссе
Гава́на	Го́фман
Га́рри	Копенга́ген

13. Lesen und übersetzen Sie:

a)

Это Франк. Он немец. Франк программист по профессии.

b) Beantworten Sie die Fragen (schriftlich und mündlich):

- Кто это? ....
- Это Франк? ....
- Он немец? ....
- Кто Франк по профессии? ....
- Он врач по профессии? ....

14. Beantworten Sie die Fragen (schriftlich und mündlich):

1. Как тебя зовут?
2. Ты немец (немка)?
3. Кто ты по профессии?
4. Ты экономист по профессии?

1. ....
2. ....
3. ....
4. ....

15. Der nächste Buchstabe:

Й й	*Й й*

15.1 Leseübung:

ай – йа	йе – ей
ой – йо	йэ – эй
ий – йи	йя – яй

15.2 Sprechen Sie nach:

a)

чай der Tee	*чай*	йогурт der Jogurt	*йогурт*
сейф der Safe	*сейф*	твой dein	*твой*
русский der Russe	*русский*	мой mein	*мой*
хоккей das Hockey	*хоккей*	трамвай die Strassenbahn	*трамвай*
имейл die E-mail	*имейл*	йод das Jod	*йод*
сайт die Webseite	*сайт*	немецкий deutscher	*немецкий*

Ру́сский язы́к I, «знако́мство»

16. Bilden Sie Sätze/ Fragen zu den gegebenen Bildern. Arbeiten Sie zu zweit.

Muster: - Кто э́то? - А́нна ру́сская? - Кто А́нна по профе́ссии?
          - Э́то А́нна. - Нет, она́ не́мка. - А́нна касси́р по профе́ссии.

А́нна	Ди́ма	Ле́на	Рома́н
не́мка	ру́сский	ру́сская	не́мец
касси́р	музыка́нт	студе́нтка	экономи́ст

17. Der nächste Buchstabe:

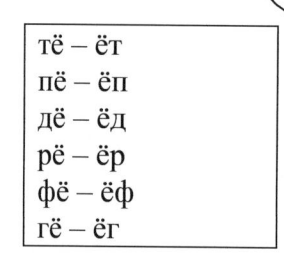

Ё ё	*Ё ё*

> Die Konsonanten vor diesem Buchstaben sind weich.
> Die Betonung liegt immer auf ё.

17.1 Leseübung:

ёк – кё	тё – ёт
ём – мё	пё – ёп
ёс – сё	дё – ёд
ёл – лё	рё – ёр
ёх – хё	фё – ёф
зё – ёз	гё – ёг

17.2 Lese- und Sprechübung:

a)

ёлка Weihnachtsbaum (Tannenbaum)	*ёлка*	её ihr, ihre	*её*
тётя die Tante	*тётя*	мёд der Honig	*мёд*
лёд das Eis	*лёд*	Горбачёв Gorbatschow	*Горбачёв*
боксёр der Boxer	*боксёр*	монтёр der Monteur	*монтёр*

18. Sprechen Sie nach. Achten Sie auf weiche und harte Konsonanten:

мё – мо	**мёд – мо**ло**ко́**		лё – ло	**лёд – ло́**дка
кё – ко	мар**кёр – ко**ко́с		тё – то	**тётя – то**рт
сё – со	бок**сёр – со**р		гё – го	**Гёте – Го́**ша

19. Lesen Sie die Schilder:

20. Hörverstehen. Vervollständigen Sie die Dialoge:

Dialog 1
- Добрый день!
- ....
- Как Вас зовут?
- ....
- Очень приятно. Меня зовут Александр.

Dialog 2
- Кто ты по профессии?
- ....
- Я врач. Ты русская?
- ....
- Я немка.

Ру́сский язы́к I, «знако́мство»
Zusammenfassung der Seiten 30-37

1. Die Wortfolge im Russischen

Die Wortfolge im Russischen ist oft flexibel. Die „klassische" Wortfolge im Aussagesatz: Subjekt, Prädikat. Im Fragesatz steht an der ersten Stelle das Fragewort. Im Fragesatz ohne Fragewort kann die Wortfolge wie im Aussagesatz sein. Es steigt nur die Intonation im Satz.

z. B

    Ле́на экономи́ст по профе́ссии.
    Ле́на экономи́ст по профе́ссии?
    Кто Ле́на по профе́ссии?

2. Verneinung

Die Verneinung steht oft vor dem Wort, das verneint wird. Nein – **нет**, nicht – **не**.

z. B

    Э́то Ле́на. Э́то **не** Ле́на.
    Ле́на экономи́ст по профе́ссии. Ле́на **не** экономи́ст по профе́ссии.

3. Die gelernten Buchstaben

1.	Ф ф	фо́то, фа́за, ва́за, профе́ссия, по профе́ссии, телефо́н, факс
2.	Г г	где, Герма́ния, магази́н, фотогра́фия, кни́га, год
3.	Ц ц	не́мец, шприц, цвето́к, гости́ница, пи́цца, цирк, учени́ца
4.	З з	зо́на, как тебя́ зову́т?, магази́н, ро́за, знак, зов, зени́т
5.	Й й	ру́сский, йо́гурт, мой, твой, сейф, трамва́й, Байка́л
6.	Ч ч	чай, Чита́, что, да́ча, ве́чер, очки́, чу́до, час, отли́чно
7.	Б б	бокс, бале́т, биле́т, Бонн, Берли́н, бал, ба́нка, банк, блу́зка
8.	Ё ё	ёлка, боксёр, монтёр, мёд, лёд, маркёр, ёж

4. Zum Thema Bekanntschaft sind folgende Redewendungen/ Wörter zu lernen

Приве́т!	Как дела́?	ру́сский	Кто?
Как дела́?	Как у тебя́ дела́?	ру́сская	Что?
Как тебя́ зову́т?	хорошо́	не́мец	Как?
Кто ты по профе́ссии?	кла́ссно	не́мка	
Пока́!	пло́хо		

5. Der zusammengefasste Wortschatz in einem Text

Приве́т, я Алекса́ндр. Я ру́сский, я экономи́ст по профе́ссии.

6. Der zusammengefasste Wortschatz in einem Dialog:

А́нна:	Приве́т!
Франк:	Приве́т!
А́нна:	Как тебя́ зову́т?
Франк:	Меня́ зову́т Франк, а тебя́?
А́нна:	Меня́ зову́т А́нна, я ру́сская, а ты не́мец?
Франк:	Да. Кто ты по профе́ссии?
А́нна:	Я врач, а ты?
Франк:	Я студе́нт. Как у тебя́ дела́?
А́нна:	Спаси́бо, хорошо́, а у тебя́?
Франк:	У меня́ всё кла́ссно! Пока́!
А́нна:	Пока́!

Zusätzliche Übungen

21. Beantworten Sie schriftlich die Fragen:

1. Как тебя́ зову́т? ....
2. Как у тебя́ дела́? ....
3. Кто ты по профе́ссии? ....

22. Übersetzen Sie schriftlich:

1. Ich bin Roman. Ich bin Arzt. ....
2. Wie heisst du? Bist du Russin? ....
3. Sie ist Anna. Sie ist Deutsche. ....
4. Er ist Dima. Er ist Arzt. ....
5. Wir sind Dima und Sina. ....
6. Sie sind Nina und Lena. Nina ist Deutsche. Sie ist Kauffrau. Lena ist Russin. Sie ist Rentnerin.
....

23. Schreiben Sie Mini-Texte mit den vorgegebenen Wörtern:
Muster: Мари́я студе́нтка. Она́ ру́сская.

Мари́я	Оле́г	Бернд	Ка́тя
студе́нтка	врач	программи́ст	архите́ктор
ру́сская	ру́сский	не́мец	не́мка

24. Ergänzen Sie die Sätze:

1. Я ....
2. Кто ....?
3. Макс ....
4. Она́ ....
5. Как ....?
6. Он ....
7. Что ....?
8. Они́ ....

25. Verneinen Sie die Sätze:

Muster: Э́то они.
        Э́то не они.

1. Э́то они.
2. Меня́ зову́т Ле́на.
3. Э́то Мари́я и А́нна. Они́ студе́нтки.
4. Франк спортсме́н.
5. Све́та ру́сская. Влади́мир ру́сский.
6. Мо́ника не́мка. Бернд не́мец.
7. Мы не́мцы.
8. Вы ру́сские.
9. Я врач по профе́ссии.

26. Füllen Sie die Tabellen aus:

	Хх
О, о	*Оо*
	Кк
	Уу
	Мм
	Ее

	Сс
	Нн
	Гг
	Аа
	Тт
	Зз

	Ии
	Пп
	Лл
	Фф
	Дд
	Йй

Ру́сский язы́к I, «знако́мство»

1. Der nächste Buchstabe:

Ж ж	*Ж ж*

1.1 Leseübung:

аж – жа
ож – жо
иж – жи

же – еж
жэ – эж
жя – яж

1.2 Lese- und Sprechübung:

живу́ ich lebe (ich wohne)	*живу*	жира́ф die Giraffe	*жираф*
жир das Fett	*жир*	жонглёр der Jongleur	*жонглёр*
жа́жда der Durst	*жажда*	жук der Käfer	*жук*
жена́ die Ehefrau	*жена*	жаке́т das Jackett	*жакет*
желе́ das Gelee	*желе*	пассажи́р der Passagier	*пассажир*

2. Finden Sie die Übersetzung:

ру́сский → Russen
не́мка　　　Deutsche
англича́нин　Engländer
францу́женка　Russin
ру́сская　　　Russe
не́мец　　　Französin
англича́нка　Engländerin
францу́з　　Deutscher
ру́сские　　　Engländer
не́мцы　　　Deutschen
англича́не　Franzose

3.

a) Lesen Sie:

Э́то Макси́м. Он по профе́ссии музыка́нт.
Макси́м ру́сский.

b) Stellen Sie die Fragen auf Russisch und beantworten Sie sie zu zweit:

1. Wer ist das?
2. Ist er Deutscher oder Russe?
3. Was ist er von Beruf?

Ру́сский язы́к I, «знако́мство»

4. Lesen Sie die neuen Wörter. Stellen Sie die Fragen zu den Bildern:

1 торт
2 чай 
3 молоко́ 
4 апте́ка 
5 ко́фе 
6 ко́мната 

5. Der nächste Buchstabe:

| Щ щ | *Щ щ* |

5.1 Leseübung:

| ащ – ща |
| ёщ – щё |
| ищ – щи |

| ще – ещ |
| щэ – эщ |
| щу – ущ |

5.2 Lese- und Sprechübung:

борщ der Borschtsch	*борщ*	**Хрущёв** Chruschtschow	*Хрущёв*
ещё noch	*ещё*	**щу́ка** der Hecht	*щука*
щи die Schtschi (Kohlsuppe)	*щи*	**общежи́тие** das Wohnheim	*общежитие*
щека́ die Wange	*щека*	**щётка** die Bürste	*щётка*
щит der Schild	*щит*	**щено́к** der Welpe	*щенок*

6. Bilden Sie Sätze über sich nach dem Muster:

Muster
1. Меня́ зову́т А́нна.
2. Я ру́сская.
3. Я по профе́ссии врач.
4. Я живу́ в Герма́нии, в Мангейме.

1. ....
2. ....
3. ....
4. ....

Рýсский язы́к I, «знакóмство»

7. Im Russischen gibt es offizielle und inoffizielle Formen:

Abschied   **Begrüßung**

Tip:
Im Russischen, wie auch im Deutschen gibt es offizielle und inoffizielle Begrüßungen.

Приве́т!
Hallo!
Как дела́?
Wie geht's?

1

Пока́!
Tschüs!

Здоро́во!
Hallo!
Как пожива́ешь?
Wie geht's?

2

До свида́ния!
Auf Wiedersehen!

До́брый день!
Guten Tag!
Как у Вас дела́?
Wie geht es Ihnen?

oder

Здра́вствуйте!
Guten Tag!
Как у Вас дела́?
Wie geht es Ihnen?

3

7. 1 Welche Begrüßungs- und Abschiedsformen gibt es im Deutschen und im Russischen (offiziell und inoffiziell)?

offiziell

	Begrüßung	Abschied
Russland		
Deutschland		

inoffiziell

	Begrüßung	Abschied
Russland		
Deutschland		

8. Lesen und übersetzen Sie offizielle und inoffizielle Fragen:

1. Как **тебя** зовут?
2. Как **у тебя** дела?
3. Кто **ты** по профессии?

1. Как **Вас** зовут?
2. Как **у Вас** дела?
3. Кто **Вы** по профессии?

9. Beantworten Sie die Fragen (schriftlich und mündlich):

1. Как **Вас** зовут?
2. Как **у Вас** дела?
3. Кто **Вы** по профессии?

1. ....
2. ....
3. ....

10. Stellen Sie sich gegenseitig die Fragen aus der Übung 9.

11. Der nächste Buchstabe:

ь	ь

11.1 Lese- und Sprechübung:

словарь das Wörterbuch	словарь	мышь die Maus	мышь
учитель der Lehrer	учитель	судья der Richter	судья
кольцо der Ring	кольцо	цель das Ziel	цель
больница das Krankenhaus	больница	платье das Kleid	платье
письмо der Brief	письмо	дверь die Tür	дверь
гость der Gast	гость	калькулятор der Rechner	калькулятор

12. Finden Sie die passenden Übersetzungen:

Привет
Здравствуйте
Здорово
Спокойной ночи
Добрый день
Пока
Как жизнь?
Добрый вечер ⟶ Guten Abend
До свидания
Доброе утро

Guten Morgen
Hallo
Gute Nacht
Guten Tag
Auf Wiedersehen
Wie geht's?
Tschüss
Guten Abend

Рýсский язы́к I, «знакóмство»

13. Lesen und übersetzen Sie den Dialog:
а)

Ромáн:	- Привéт!
Áнна:	- Привéт!
Ромáн:	- Как делá?
Áнна:	- Хорошó! А как у тебя́ делá?
Ромáн:	- Хорошó.
Áнна:	- Как тебя́ зову́т?
Ромáн:	- Меня́ зову́т Ромáн! А как тебя́ зову́т?
Áнна:	- Меня́ зову́т Áнна!
Ромáн:	- Óчень прия́тно!
Áнна:	- Óчень прия́тно!
Ромáн:	- Покá!
Áнна:	- Покá!

1 – Как делá?
2 – Как у тебя́ делá?

1. – Как тебя́ зову́т?
2. – А как тебя́ зову́т?

б) Bilden Sie ähnliche Dialoge.

14. Der nächste Buchstabe:

ъ	ъ

14.1 Lese- und Sprechübung:

объём das Volumen	объём	объéкт das Objekt	объект
объявлéние die Anzeige	объявление	объéзд die Umleitung	объезд
отъéзд die Abreise	отъезд	подъéзд der Eingang	подъезд

15. Sprechen Sie nach:
а)

Dialog 1
- Привéт, Олéг!
- Привéт! Как делá?
- Отли́чно, а у тебя́?
- Хорошó!
- Ну покá!
- Покá.

Dialog 2
- Здрáвствуйте, Николáй!
- Дóбрый день, Тáня!
- Как у Вас делá?
- Спаси́бо. Хорошó. А у Вас?
- У меня́ клáссно.
- До свидáния.
- До свидáния.

б) **Sprechen Sie nach:**

- Как тебя́ зову́т? - А тебя́? - Как у тебя́ делá? - А у тебя́?	- Как Вас зову́т? - А Вас? - Как у Вас делá? - А у Вас?

16. Bilden Sie zu zweit ähnliche Dialoge wie in Übung 15.

17. Finden die für Sie passende Antwort:

Как у тебя дела?

Как у Вас дела?

классно
хорошо, очень хорошо
отлично
плохо, очень плохо
супер
замечательно
нормально
пойдёт

18. Der nächste Buchstabe:

Ю ю	*Ю ю*

18.1 Leseübung:

юк – кю	тю – ют
юм – мю	пю – юп
юс - сю	дю – юд
юл – лю	рю – юр
юх – хю	фю – юф
юз – зю	гю – юг

18.2 Lese- und Sprechübung:
a)

жюри die Jury	*жюри*	Юлия Julia	*Юлия*
юбка der Rock	*юбка*	юг der Süden	*юг*
ювелир der Juwelier	*ювелир*	юмор der Humor	*юмор*
компьютер der Computer	*компьютер*	жить leben, wohnen	*жить*

19. Sprechen Sie nach:

Оливер: - Привет!
Марина: - Здорово!
Оливер: - Как тебя зовут?
Марина: - Меня зовут Марина, а тебя?
Оливер: - Очень приятно, я Оливер.
Марина: - Мне тоже! Ты немец?
Оливер: - Да, **я живу в Германии, в Кёльне. А где ты живёшь?**
Марина: - Я живу в России, в Москве.
Оливер: - Кто ты по профессии?
Марина: - Я студентка. А ты?
Оливер: - Я парикмахер по профессии.

Русский язык I, «знакомство»

20. Stellen Sie sich gegenseitig Fragen:

Muster:

- Где ты живёшь?
oder - Ты живёшь в Германии?
oder - Ты живёшь во Франкфурте?

- Да, я живу в Германии.
- Да, я живу во Франкфурте?

Россия – в России
Германия – в Германии

Москва – в Москве
Новгород – в Новгороде

Мангейм – в Мангейме
Берлин – в Берлине

21. Lesen Sie die neuen Wörter:

1. Россия
2. аэропорт
3. Германия
4. поликлиника
5. дом
6. вода

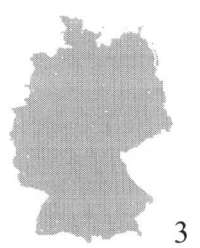

22. Lesen Sie die Schilder:

23. Hörverstehen. Hören Sie den Text und beantworten Sie die Fragen:

1. Алина немка или русская?
2. Где Алина живёт?
3. Кто Алина по профессии?
4. Алина говорит по-английски? Как она говорит по-английски?
5. Она говорит по-русски или по-немецки?

Ру́сский язы́к I, «знако́мство»
Zusammenfassung der Seiten 41-47

1. Wiederholen Sie die gelernten Buchstaben

1.	Ж ж	жить, жир, жира́ф, жена́, желе́, жаке́т, жонглёр, жук, пассажи́р, инжене́р
2.	Щ щ	борщ, Хрущёв, ещё, общежи́тие, щу́ка, щи, щит, щено́к
3.	ь	слова́рь, учи́тель, кольцо́, гость, дверь, калькуля́тор
4.	ъ	объём, объе́кт, отъе́зд, объе́зд, подъе́зд
5.	Ю ю	жюри́,ювели́р, ю́мор, компью́тер, юг, Ю́лия, ю́бка

2. Im Russischen gibt es offizielle und inoffizielle Anredeformen

inoffiziell	offiziell
Die inoffiziellen Anredeformen sind: - Приве́т! Как дела́? - Hallo! Wie geht's? Die inoffiziellen Abschiedsformen sind: - Пока́! - Tschüss! - Споко́йной но́чи! - Gute Nacht!	Die offiziellen Anredeformen sind: - Здра́вствуйте! Как у Вас дела́? - Guten Tag! Wie geht es Ihnen? oder - До́брый день! Как у Вас дела́? - Guten Tag! Wie geht es Ihnen? Die offiziellen Abschiedsformen sind: - До свида́ния! - Auf Wiedersehen! - Споко́йной но́чи! - Gute Nacht!

3. Lesen Sie die Dialoge
a) inoffiziell

- Здра́вствуй!
- Приве́т!
- Как тебя́ зову́т?
- Меня́ зову́т Ма́нфред, а тебя́?
- Меня́ зову́т Кла́ус!
- О́чень прия́тно!
- Мне то́же!
- Как у тебя́ дела́?
- Спаси́бо, хорошо́, а у тебя́?
- Норма́льно. Кто ты по профе́ссии?
- Я инжене́р, а кто ты по профе́ссии?
- Я экономи́ст.
- О, э́то интере́сно! Ну, пока́!
- До встре́чи!

- Здоро́во Э́гон!
- Приве́т Ха́йди!
- Как дела́?
- Спаси́бо, о́чень хорошо́! А у тебя́?
- То́же хорошо́!
- Пока́!
- Пока́!

b) offiziell

г-жа́ Ивано́ва:	- До́брый день!
г-н Шмидт:	- Здра́вствуйте!
г-жа́ Ивано́ва:	- Как Вас зову́т?
г-н Шмидт:	- Я господи́н Шмидт. А как Вас зову́т?
г-жа́ Ивано́ва:	- О́чень прия́тно, меня́ зову́т госпожа́ Ивано́ва.
г-н Шмидт:	- Мне то́же! А кто Вы по профе́ссии, госпожа́ Ивано́ва?

Ру́сский язы́к I, «знако́мство»

г-жа́ Ивано́ва:	- Я юри́ст, а Вы?
г-н Шмидт:	- Я учи́тель.
г-жа́ Ивано́ва:	- Я́сно! Всего́ до́брого, до свида́ния!
г-н Шмидт:	- До свида́ния!

4. Sprechen Sie nach

До́брый день!	- О́чень прия́тно!	Али́на не́мка.
Здра́вствуйте!	- Мне то́же!	Ге́нрих не́мец.
Как тебя́ зову́т?	Что э́то? Э́то журна́л.	Али́на учи́тель по профе́ссии.
Как Вас зову́т?	Кто э́то? Э́то Али́на.	Фло́риан компози́тор.
- Как у тебя́ дела́?		Пе́тра студе́нтка.
- А у тебя́		То́мас музыка́нт по профе́ссии.
- Как у Вас дела́?		Ште́фан студе́нт.
- А у Вас?		

5. Konjugation des Verbs «жить» – wohnen, leben

я	живу́	мы	живём
ты	живёшь	Вы, вы	живёте
он она́ оно́	живёт	они́	живу́т

6. Die gelernten Fragewörter

Как?	Как тебя́ зову́т? Как Вас зову́т? – **Wie** heisst du? **Wie** heissen Sie? Как у тебя́ дела́? Как у Вас дела́? – **Wie** geht es dir? **Wie** geht es Ihnen?
Кто?	Кто э́то? – **Wer** ist das? Кто ты по профе́ссии? – **Was** bist du von Beruf? (auf Russisch „Wer bist du von Beruf") Кто Вы по профе́ссии? – **was** sind Sie von Beruf?
Что?	Что э́то? – **Was** ist das?
Где?	Где ты живёшь? – **Wo** wohnst du?

7. Der deutsche Buchstabe „H" in Eigennamen wird mit dem Russischen «Г» wiedergegeben:

Ге́гель - Hegel	Га́мбург - Hamburg
Ге́льмут - Helmut	Ганс - Hans
Га́млет - Hamlet	Ге́йдельберг - Heidelberg
Ге́нрих Ге́йне – Heinrich Heine	Гу́мбольдт – Humboldt
	Мангейм - Mannheim

8. Die Konsonanten können im Russischen hart oder weich sein. Vor den Vokalen и, я, ё, ю, е sind die Konsonanten weich und vor den Vokalen у, ы, о, а, sind die Konsonanten hart.

экономи́ст – мы	ня́ня – ко́мната
Ни́на – дива́ны	дя́дя – да́ма
лёд – ло́дка	люк – лук
мёд – мо́да	тю́бик – ту́ба

Ру́сский язы́к I, «знако́мство»
Zusätzliche Übungen

24. Schreibübung:

ь ....

ъ ....

Ю ю ....

25. Füllen Sie die Tabellen aus:

	Ч ч
ь	ь
	Ё ё
	Ш ш

	Ж ж
	ъ
	Щ щ
	Э э

	Ю ю
	Ц ц
	Я я
	Р р

26. Hörverstehen. Hören Sie den Text und füllen Sie die Tabelle aus:

Али́на	Оле́г	А́лла	Штéфан
Али́на нéмка.	....	....	....
....	....	....	....

27. Übersetzen Sie die Fragen:

a)
1. Wie heisst du?   ....
2. Wie geht es dir?   ....
3. Was bist du von Beruf? ....

b)
1. Wie heißen Sie?   ....
2. Wie geht es Ihnen?   ....
3. Was sind Sie von Beruf? ....

28. Übernehmen Sie die Aufgabe des Dolmetschers:

Рома́н:	- Приве́т!
Dolmetscher:	-
А́нна:	- Hallo!
Dolmetscher:	-
Рома́н:	- Как дела́?
Dolmetscher:	-
А́нна:	- Gut! Und wie geht es dir?
Dolmetscher:	-
Рома́н:	

Рýсский язы́к I, «знакóмство»

Dolmetscher:	- Хорошо́. Как тебя́ зову́т?
А́нна:	-
Dolmetscher:	- Ich heisse Anna. Und wie heisst du?
Рома́н:	-
Dolmetscher:	- Меня́ зову́т Рома́н! А кто ты по профе́ссии? Экономи́ст?
А́нна:	-
Dolmetscher:	- Nein, ich bin von Beruf Ärztin und du?
Рома́н:	-
Dolmetscher:	- О, кла́ссно, я студе́нт! Ну, ла́дно, пока́!
А́нна:	-
Dolmetscher:	- Tschüss! -

29. Übersetzen Sie:

1. Ich heisse Marina. Ich bin Russin. Ich bin Ärztin von Beruf.

....

2. Und wie heißen Sie? Was sind Sie von Beruf? Sind Sie Lehrerin von Beruf?

....

3. Wie heisst du? Wo wohnst du? Was bist du von Beruf? Wohnst du in Berlin? Bist du Russin?

....

4. Das ist Anna. Sie ist Sekretärin von Beruf.

....

5. Das ist Frank. Er ist Deutscher. Er ist Student.

....

Ру́сский язы́к I, «знако́мство»

1. Schwierige Buchstaben:

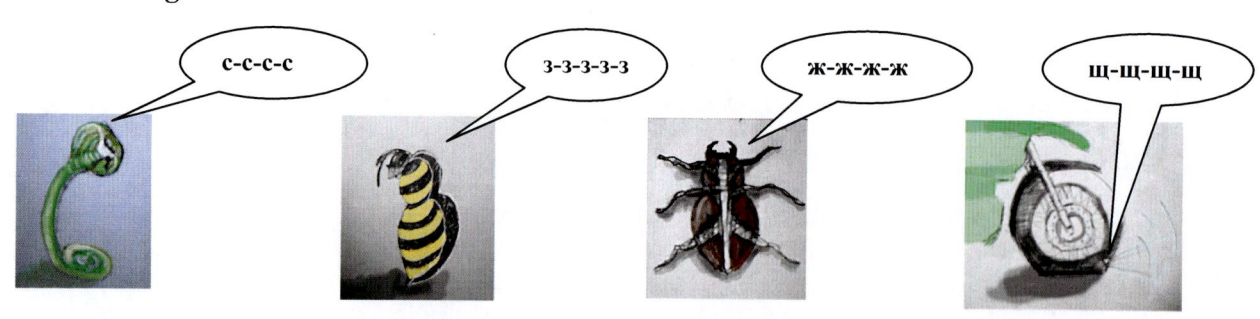

с-с-с-с   з-з-з-з-з   ж-ж-ж-ж   щ-щ-щ-щ

С с *Сс*	З з *Зз*	Ц ц *Цц*

1. сок, си́ла, со́да, су́мка, су́мма, са́хар
2. зонт, зима́, зака́т, зал, зигза́г, зали́в
3. цирк, центр, ца́пля, царь, цари́ца, ци́фра

З ist ein stimmhafter und **С** ein stimmloser Konsonant. **Ц** ist wie **Z** im Wort Zentrum.

Ж ж *Жж*	Ш ш *Шш*

4. жюри́, жук, журна́л, жаке́т, жить
5. Шу́ра, шут, шу́ба, ша́шка, шить

Ж ist ein stimmhafter und **Ш** ein stimmloser Konsonant.

Ч ч *Чч*	Ш ш *Шш*	Щ щ *Щщ*

6. чай, Чуко́тка, чек, ча́шка, чу́до, да́ча
7. щаве́ль, щу́ка, щётка, ще́пка, борщ, щель,
8. ши́шка, шу́ба, шторм, шут, шу́тка

Ч ist ähnlich dem deutschen **tsch**, **Ш** ist wie **sch** im Deutschen. **Щ** ist ein weiches **Ш**.

2. Stimmhafte und stimmlose Konsonanten:

з	д	г	в	б	ж
с	т	к	ф	п	ш

зал – сала́т	дом – том	год – кот	ва́за – фа́за	суп – зуб	жить – шить
зуд – суд	до́чка – то́чка	гора́ – кора́	вон – фон	бо́чка – по́чка	жар – шар
зо́на – сон		долг – шёлк		грипп – гриб	

3. Weiche und harte Konsonanten:

Die Konsonanten sind nicht nur vor dem Weichheitszeichen weich, sondern auch vor den Vokalen: **ё, е, и, ю, я**

б	в	г	д	з	к	л	м	н	п	р	с	т	ф	х
бь	вь	гь(ги)	дь	зь	кь	ль	мь	нь	пь	рь	сь	ть	фь	хь

лоб	зов	долг	лёд	алма́з	мак	мол
го́лубь	морко́вь	долги́	медь	мазь	ма́ки	моль

сом	кон	суп	хор	мыс	брат	граф	за́пах
семь	конь	сыпь	песка́рь	гусь	брать	Со́фья	за́пахи

Ру́сский язы́к I, «знако́мство»

4. Lesen und achten Sie auf die Betonung:

1. здо́рово – здоро́во
   (toll)   (hallo)
2. ду́хи – духи́
   (Geister) (Parfüm)
3. молоде́ц – мо́лодец
   (gut gemacht!) – (junger Mann; alt)
4. круго́м – кру́гом
   (ringsherum) (im Kreis)
5. мука́ – му́ка
   (das Mehl) (die Qual)
6. сто́ит – стои́т
   (kostet) (steht)

5. Lesen und übersetzen Sie

5.1
1. ма́ма, па́па, кака́о, мо́кко, те́ма, торт, анана́с, банк, сигаре́та, ка́рта, метро́, бале́т
2. телефо́н, факс, тра́ктор, Берли́н, ра́дио, апте́ка, гардеро́б, ко́фе, поликли́ника
3. теа́тр, компью́тер, но́мер, а́дрес, Бори́с, журна́л, таба́к, чай, крем, аэропо́рт, стул
4. ата́ка, тома́т, ваго́н, бана́н, ка́рта, стоп, газе́та, ва́нна, банди́т, пле́ер, кио́ск
5. старт, ва́та, домино́, мото́р, доце́нт, фо́кус, душ, банк, бокс, при́нтер, вокза́л, лак
6. проспе́кт, катало́г, лимона́д, кино́, факульте́т, гара́ж, бюро́, казино́, биле́т
7. маши́на, дом, танк, фами́лия, магази́н, шофёр, у́лица, торт, вода́, молоко́, ка́сса
8. паке́т, карто́н, бистро́, бы́стро, капита́н, ка́рта, февра́ль, ко́мната, рестора́н

5.2 Deutsche Wörter in der russischen Sprache:

1. а́йсберг, циферблат́, ши́рма, парикма́хер, бухга́лтер, бормаши́на, ши́на
2. шлагба́ум, шприц, бутербро́д, бензи́н, фа́ртук, шланг, шли́ца, ша́йба, га́лстук
3. дуршла́г, абза́ц, фо́рзац, рюкза́к, вундерки́нд, фейерве́рк, бюстга́льтер, гастро́ли, куро́рт, гастарба́йтер

5.3
Халло. Ихь хайсэ Анна. Ихь бин руссин унд вонэ ин Дойчланд, ин дэр штадт Мюнхен. Дас ист айнэ гроссе унд зээр шёнэ штадт. Зи лигт ин Байерн.

5.4
Ихь бин Моника, ихь арбайтэ ин бюро, ихь бин зекрэтэрин фон беруф. Ихь маг майн беруф. Ихь арбайтэ шон 10 ярэ.

Ру́сский язы́к I, «знако́мство»

6. Lesen und übersetzen Sie:

Э́то А́нна Мю́ллер.
Она́ не́мка.
Она́ учи́тель по профе́ссии.
А́нна **живёт** в Берли́не на у́лице Хо́йзерштрассе.
Телефо́н: ….
Факс: ….

фами́лия - Nachname
и́мя……………………………………
профе́ссия……………………………
а́дрес…………………………………
телефо́н………………………………
факс……………………………………

7. Lesen und füllen Sie die Fragebogen in Druckschrift und Schreibschrift aus.

Анке́та (Fragebogen)
(für Anna Müller)

Фами́лия *Мюллер*……………………………………………………………………
и́мя………………………………………………………………………………………
профе́ссия………………………………………………………………………………
а́дрес……………………………………………………………………………………
телефо́н…………………………………………………………………………………
факс……………………………………………………………………………………
электро́нный а́дрес……………………………………………………………………

Анке́та (Fragebogen)
(für Sie)

фами́лия…………………………………………………………………………………
и́мя………………………………………………………………………………………
профе́ссия………………………………………………………………………………
а́дрес……………………………………………………………………………………
телефо́н…………………………………………………………………………………
факс……………………………………………………………………………………
электро́нный а́дрес (име́йл)……………………………………………………………

8. Sprechen Sie die neuen Wörter nach:

профе́ссия; по профе́ссии	фами́лия	учи́тель
жить	и́мя	инжене́р
я живу́	а́дрес	перево́дчик
ты живёшь	телефо́н	секрета́рь
он живёт	факс	господи́н
не́мка	име́йл	госпожа́
не́мец	у́лица; на у́лице	врач
ру́сский		студе́нт
ру́сская		студе́нтка

9. Stellen Sie Ihrem Gesprächspartner Fragen zu den Bildern. Benutzen Sie dabei die vorgegebenen Wörter:

Muster: Кто это?
Ольга немка?
Кто Ольга по профессии?
Где Ольга живёт?

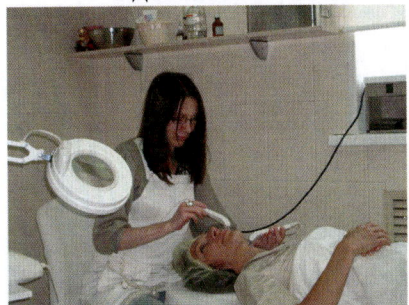

Ольга
русская
косметолог
Барнаул; Россия

Тамара
русская
учитель
Москва; Россия

10. Lesen und übersetzen Sie den Text:

Меня зовут Анна. Я немка и живу в Германии, в Мангейме на Хойзерштрассе. Я учитель по профессии. <u>Я говорю</u> очень хорошо по-немецки и немного по-русски.

10.1 Beantworten Sie die Fragen zum Text (zu zweit und/oder schriftlich):

1. Анна немка или русская? ....
2. Где Анна живёт? ....
3. Анна живёт в России? ....
4. Она живёт на улице Пушкина? ....
5. Кто Анна по профессии? ....
6. Анна **говорит** по-немецки? ....
7. Как Анна говорит по-немецки? ....
8. Анна говорит по-русски? ....
9. Как она говорит по-русски? ....

11. Lesen Sie die Dialoge:

конечно liest man [канешна]

всего доброго liest man [всиво добрава]

a) du

Алина:	- Привет!
Оливер:	- Здорово!
Алина:	- Как у тебя дела?
Оливер:	- Спасибо, хорошо! А у тебя?
Алина:	- Тоже хорошо! Кто ты по профессии?
Оливер:	- Я врач, а ты?
Алина:	- Я студентка. Ты **говоришь** по-немецки?
Оливер:	Да, конечно, я немец, живу в Германии в Бонне. А ты говоришь по-немецки?
Алина:	Да, я говорю немного по-немецки и очень хорошо по-английски.

b) Sie

Петрова:	Вы **говорите** по-русски?
Мюллер:	Да! Здравствуйте!
Петрова:	Добрый день! Как Вас зовут?
Мюллер:	Я господин Мюллер, а как Вас зовут?
Петрова:	Очень приятно! Меня зовут госпожа Петрова. Вы **живёте** в Германии?
Мюллер:	Да, я живу в Мюнхене? А где Вы живёте?
Петрова:	Я живу в Новгороде, я экономист по профессии, а Вы?
Мюллер:	Я инженер. Ну, ладно, госпожа Петрова, всего доброго,

Рýсский язы́к I, «знакóмство»

Óливер:	Где ты **живёшь**?	Петрóва:	до свидáния!
Али́на:	Я живу́ в Санкт-Петербу́рге. Ну, Óливер, покá!		До свидáния!
Óливер:	Покá, Али́на!		

12. Übersetzen Sie die Fragen. Sprechen Sie nach:

du	Sie
Как тебя́ зову́т?	Как Вас зову́т?
Как у тебя́ делá?	Как у Вас делá?
Кто ты по профéссии?	Кто Вы по профéссии?
Ты ру́сский?	Вы ру́сская?
Где ты живёшь?	Где Вы живёте?
Ты говори́шь по-немéцки?	Вы говори́те по-немéцки?

12.1 Bilden Sie die Dialoge in offizieller und inoffizieller Form. Benutzen Sie dabei Dialoge und Fragen aus den Übungen 11-12.

13. Welche Begrüßungen und Anreden sind offiziell?

• Здрáвствуйте! • Дóбрый день! • Дóброе у́тро! • Дóбрый вéчер! • Привéт! • Здорóво! • Аллó! • До свидáния! • До встрéчи! • Всегó дóброго!	off

• Спокóйной нóчи! • Покá! • Вы говори́те по-ру́сски? • Кто ты по профéссии? • Вы живёте в Москвé? • Ты говори́шь по-немéцки? • Кто Вы по профéссии? • Где ты живёшь? • Как поживáешь? • Óчень прия́тно!	Off/inoff

14. Finden Sie die passenden Wörter:

музыкáнт   Student
геóлог   Deutscher
Кто ты по профéссии?   Переводчик / Übersetzer
шофёр   Rentner
студéнтка   Frank wohnt in Bonn
секретáрь   Musiker
преподавáтель   Name
инженéр   Russin
программи́ст   Studentin
перевóдчик   Was bist du von Beruf?
Франк живёт в Бóнне.   Geologe
и́мя   Chauffeur
áдрес   Sekretär
нéмец   Dozent
ру́сская   Ingenieur
пенсионéр   Programmierer
студéнт   Adresse
фами́лия   Familienname

Ру́сский язы́к I, «знако́мство»

15. Übersetzen Sie die Wörter in der Tabelle:

Guten Tag!	_____	_____	нехорошо́
_____	Приве́т!	_____	интере́сно
_____	Здоро́во!	_____	кла́ссно
_____	До́брый ве́чер!	_____	немно́го
_____	Споко́йной но́чи!	_____	о́чень хорошо́

16. Stellen Sie sich gegenseitig Fragen zu den Bildern :

Све́та домохозя́йка по-ру́сски	Ли́пецк	*Muster:* Кто Све́та по профе́ссии? Где она́ живёт? Све́та говори́т по-ру́сски?
Еле́на студе́нтка ру́сская по-ру́сски, по-неме́цки	Росто́в-на-Дону́	
Тим музыка́нт не́мец по-неме́цки, по-францу́зски	Ню́рнберг	
То́рстен экономи́ст не́мец по-неме́цки, по-англи́йски	Фра́нкфурт-на-Ма́йне	

17. Übersetzen Sie mündlich:

Was ist das? Wer ist das? Was bist du von Beruf? Was sind Sie von Beruf? Wie geht es dir? Wie geht es Ihnen? КAK У BAC... Wie heisst du? Wie heißen Sie? Wo wohnst du? Wo wohnen Sie?	Ich heiße Tanja. Ich bin Deutscher. Ich bin Deutsche. Lena ist Russin. Ivan ist Russe. Ich spreche Deutsch und Russisch. Ich wohne in Deutschland. Ich bin Student. Ich bin Übersetzer von Beruf.	Guten Tag! Auf Wiedersehen! Gute Nacht! Anna wohnt in Moskau, in der Arbat Strasse. Sie spricht sehr gut Russisch, gut Deutsch und ein bisschen Englisch.

Рýсский язы́к I, «знако́мство»

18. Lesen und übersetzen Sie den Text:

Э́то А́лла. Она́ рýсская. Она́ о́чень симпати́чная. Она́ живёт в Москве́ на у́лице Пу́шкина. Она́ студе́нтка. Она́ говори́т по-ру́сски и немно́го по-англи́йски. А́лла лю́бит спорт и кни́ги.

anglijski

b) Übersetzen Sie die Fragen und beantworten Sie sie (mündlich und schriftlich):

	Übersetzung	Antwort
1. Wer ist das?		
2. Ist Alla Deutsche?		
3. Ist sie hübsch?		
4. Wo wohnt Alla?		
5. Wohnt Alla in Köln?		
6. Was ist sie von Beruf?		
7. Spricht sie Russisch?		
8. Wie spricht sie Englisch?		
9. Was mag Alla?		
10. Mag Alla Bücher?		

19. Vervollständigen Sie die Sätze. Verwenden Sie die Verben «говори́ть», «жить», «люби́ть»:

1. А́лекс **живёт** в Герма́нии, в Берли́не (жить).
2. А́лекс не́мец, он хорошо́ **говори́т** по-неме́цки, непло́хо по-англи́йски и немно́го по-ру́сски (говори́ть).
3. А́лекс **живёт** на у́лице Би́смарка (жить).
4. Он **лю́бит** ко́фе и спорт (люби́ть).
5. Мари́на не **живёт** в Росси́и (жить).
6. Оле́г не **говори́т** по-францу́зски (говори́ть).
7. Та́ня не **лю́бит** кака́о (люби́ть).

20. Bestimmen Sie das Geschlecht der Substantive:

Muster:

газе́т**а** – он**а́**   стол – он
кин**о́** – он**о́**   фру́кт**ы** – он**и́**

> Im Russischen gibt es Femininum (она́), Maskulinum (он), Neutrum (оно́) und Plural (они́). Das Geschlecht bestimmt man im Russischen nach der Wortendung.

O = Neutrum   *# = mask.*

кино́, кака́о, молоко́, газе́та, ко́мната, А́нна, фру́кты, магази́н, стул, Москва́, Берли́н, торт, ро́за, футбо́л, ка́сса, вундерки́нд, база́р, ваго́н, су́мка, кни́га, ма́сло, маши́на, дом, фонта́н, фильм, перево́дчик, учи́тель, джи́нсы

21. Machen Sie die Übung nach folgendem Muster. Benutzen Sie dabei die Personalpronomina:

Muster: Мари́я рýсская. .... живёт в Росси́и.
Мари́я рýсская. Она́ живёт в Росси́и.

58

Ру́сский язы́к I, «знако́мство»

1. Мари́я ру́сская. .... живёт в Росси́и.
2. То́мас по профе́ссии перево́дчик .... живёт во Фра́нкфурте-на-Ма́йне.
3. Ле́на и Воло́дя ру́сские. .... студе́нты.
4. Э́то молоко́. .... в ко́мнате.
5. Э́то перево́дчик. .... говори́т по-ру́сски и немно́го по-неме́цки.
6. Э́то телефо́н. .... в маши́не.
7. Э́то маши́на. .... в гараже́.
8. Э́то фру́кты. .... в магази́не.
9. Э́то вундерки́нд. .... в кла́ссе.
10. Э́то ма́ма. .... на база́ре.

22. Hörverstehen. Was haben Sie aus dem Text über Madonna, Merkel, Plissezkaja und Putin erfahren:

Zusammenfassung der Seiten 52-59

1. Lesen Sie die Dialoge

Диало́г 1/ Dialog 1	Диало́г 2 / Dialog 2
Ива́н: Алло́! Э́рик: Алло́! Приве́т, э́то Э́рик. Ива́н: Кто э́то? Э́рик: Э́рик. Ива́н: Кто? Э́рик: Э-Р-И-К Ива́н: А, здоро́во! Как жизнь? Э́рик: Норма́льно, а у тебя́? Ива́н: Спаси́бо, то́же хорошо́. Ты где живёшь? Э́рик: Я живу́ в Мангейме на Блю́менштрассе, а ты? Ива́н: Я живу́ в Москве́ на у́лице [übrigens] Гага́рина. Кста́ти, ты говори́шь по-францу́зски? Э́рик: К сожале́нию, нет. [leider] Ива́н: Ну, счастли́во, пока́. Э́рик: Пока́.	- До́брое у́тро! - Здра́вствуйте! - Как Вас зову́т? - Меня́ зову́т Пётр Ива́нович. А Вас? - О́чень прия́тно. Меня́ - господи́н Мю́ллер. - Вы ру́сский? - Да. Я ру́сский, я из Росси́и. А Вы? - Я из Герма́нии. (А) где Вы живёте? - Я живу́ в Москве́. А Вы? - Я живу́ в Берли́не. Как у Вас дела́? - Отли́чно! А у Вас? - Спаси́бо, хорошо́. Вы говори́те по-англи́йски? - Да, немно́го, а Вы? - Я говорю́ по-англи́йски о́чень хорошо́. - До встре́чи! - До свида́ния!

Ру́сский язы́к I, «знако́мство»

2. Konjugation des Verbs «говори́ть» – sprechen

я	говорю́		мы	говори́м
ты	говори́шь		Вы, вы	говори́те
он она́ оно́	говори́т		они́	говоря́т

2.1 Konjugation des Verbs «жить» – wohnen, leben

я	живу́		мы	живём
ты	живёшь		Вы, вы	живёте
он она́ оно́	живёт		они́	живу́т

2.2 Konjugation des Verbs «люби́ть» – mögen, lieben

я	люблю́		мы	лю́бим
ты	лю́бишь		Вы, вы	лю́бите
он она́ оно́	лю́бит ″ ″		они́	лю́бят

3. Das Geschlecht im Russischen

Im Russischen gibt es 3 Geschlechter: Femininum, Maskulinum, Neutrum, außerdem den Plural. Das Geschlecht bestimmt man im Russischen nach der Endung:

<u>Femininum</u> hat oft folgende Endungen:
он**а́**, Свéт**а**, рóз**а**, кни́г**а**, маши́н**а**, Москв**а́**, фами́**лия**, Гермá**ния**

<u>Maskulinum</u> hat oft Konsonanten am Wortende:
о**н**, сто**л**, магáзи**н**, до**м**, Берли́**н**, Санкт-Петербу́р**г**

<u>Neutrum</u> hat folgende Endungen:
он**ó**, молок**ó**, как**áо**, рáди**о**, и́м**я**, мóр**е**

<u>Plural</u> hat **ы** oder **и**:
он**и́**, джи́нс**ы**, фру́кт**ы**, кни́г**и**, вундерки́нд**ы**, маши́н**ы**

4. Weiche und harte Konsonanten

Vor diesen Vokalen sind die Konsonanten weich:

и, е, ё, ю, я

<u>л</u>итр, <u>м</u>етр, <u>л</u>ёд, <u>любл</u>ю́, <u>теб</u>я́

Ру́сский язы́к I, «знако́мство»
Zusätzliche Übungen

23. Füllen Sie die Tabellen aus:

	Л л
И, и	*И и*
	ы
	Д д
	Й й

	Р р
	Т т
	Н н
	У у
	В в

	Х х
	К к
	Б б
	П п
	Ф ф

24. Schreibübung:

Б б ....
Ё ё ....
Ж ж ....
Щ щ ....
Я живу́ в Герма́нии. ....
Я говорю́ по-ру́сски ....
Где ты живёшь? ....
Мари́на живёт в Но́вгороде ....
То́мас лю́бит спорт..
Вы живёте в О́мске?..
Вы говори́те по-неме́цки?..
Ты говори́шь по-францу́зски? ....
Ната́ша говори́т по-англи́йски..

25. Stellen Sie sich Fragen:
Muster: Э́то студе́нт. Кто э́то?
Э́то стол. Что э́то?

1. Э́то Анто́н. 2. Э́то Ли́за. 3. Э́то ла́мпа. 4. Э́то инжене́р. 5. Э́то капита́н. 6. Э́то кни́га. 7. Э́то музыка́нт. 8. Э́то Ива́н Петро́вич. 9. Э́то журна́л. 10. Э́то ка́рта. 11. Э́то гео́лог. 12. Э́то газе́та. 13. Э́то магази́н. 14. Э́то секрета́рь. 15. Э́то господи́н Кузнецо́в.

26. Bilden Sie Sätze in der folgenden Art:

Muster: А́нна/ секрета́рь
Э́то А́нна. Она́ секрета́рь

1. А́нна/ секрета́рь	7. Ге́рхард/ пенсионе́р
2. Ива́н/ пило́т	8. Пётр/ экономи́ст
3. Све́та/ учи́тель	9. Ви́ка/ юри́ст
4. Во́льфган/ врач	10. Тама́ра/ дире́ктор
5. Мо́ника/ студе́нтка	11. О́ля/ космето́лог
6. Зи́грид/ домохозя́йка	

Ру́сский язы́к I, «знако́мство»

27. Machen Sie die Übung nach dem Muster:

Muster: Э́то Пётр. Он ру́сский.
Э́то Све́та. Она́ ру́сская.

Э́то Э́рик.
Э́то О́льга.
Э́то Бриги́тта.
Э́то господи́н Ви́ммер.
Э́то госпожа́ Петро́ва.

Muster: Э́то Э́рик? Он не́мец?
Э́то Али́на? Она́ не́мка?

Э́то О́льга?
Э́то Бриги́тта?
Э́то господи́н Ви́ммер?
Э́то госпожа́ Петро́ва?
Э́то Ива́н Серге́евич?

28. Bilden Sie Texte zu den Bildern:

Кла́ус
программи́ст
Герма́ния; Ганно́вер
по-англи́йски (отли́чно)

Серге́й
инжене́р
Росси́я; Москва́
по-неме́цки (о́чень хорошо́)

Татья́на Никола́евна
учи́тель
Росси́я; Владивосто́к
по-францу́зски (хорошо́)

....
....
....
....
....
....
....

29. Übernehmen Sie die Aufgabe des Dolmetschers:

Рома́н:	- Здоро́во!
Dolmetscher:	- ....
А́нна:	- Hallo!
Dolmetscher:	- ....
Рома́н:	- Как жизнь?
Dolmetscher:	- ....
А́нна:	- Gut! Und wie geht es dir?
Dolmetscher:	- ....
Рома́н:	- Кла́ссно! Кто ты по профе́ссии?
Dolmetscher:	- ....
А́нна:	- Ich bin Arzt von Beruf. Und du?
Dolmetscher:	- ....

Román:	- Я химик. А где ты живёшь?
Dolmetscher:	- ....
Анна:	- Ich wohne in Deutschland in Bonn. Und wo wohnst du?
Dolmetscher:	- ....
Román:	- Я живу в России, в Новосибирске. Ты говоришь по-английски или по-французски?
Dolmetscher:	- ....
Анна:	- Ich spreche sehr gut Englisch und ein wenig Französisch.
Dolmetscher:	- ....
Román:	- О, здорово! Я тоже говорю по-английски!
Dolmetscher:	- ....

30. Übersetzen Sie:

1. Ich heisse Natalja. Ich bin Russin und wohne in Russland in Sotschi. Ich bin Kauffrau

....

von Beruf. Ich spreche sehr gut Englisch und ein bisschen Französisch.

....

2. Das ist Monika. Sie ist Deutsche. Monika wohnt in Deutschland in Berlin. Sie ist

....

Architektin von Beruf. Monika spricht sehr gut Französisch und gut Russisch. Sie mag Tee.

....

31. Welche Konsonanten in den vorgegebenen Wörtern sind weich?

Россия, Бонн, учитель, чай, Германия, аптека, Берлин, какао, экономист

Ру́сский язы́к I, «знако́мство»

1. Lesen und übersetzen Sie und stellen Sie sich gegenseitig Fragen zum Text:

Э́то Алекса́ндр Петро́в. Он <u>живёт</u> в Но́вгороде. Он ру́сский. Алекса́ндр <u>говори́т</u> хорошо́ по-неме́цки, немно́го по-англи́йски. Он музыка́нт по профе́ссии. <u>Его́</u> а́дрес - у́лица Пу́шкина. Его́ телефо́н 25-45-90 (die Zahlen sind auf der Seite 89).

> **Его́** - ist das Possessivpronomen sein/ seine. Man liest **[ево́]**

b) Füllen Sie für Herrn Petrow den Fragebogen aus:

Анке́та

фами́лия..
и́мя..
профе́ссия..
а́дрес...
телефо́н..
факс...
электоро́нный а́дрес (име́йл)..

2. Lesen Sie die Dialoge:

диало́г 1
- Приве́т, Мо́ника!
- Приве́т, Кристи́на!
- Где ты живёшь?
- Я живу́ на у́лице Ломоно́сова, а ты?
- А я живу́ на у́лице Толсто́го.
- Ты <u>лю́бишь</u> ко́фе?
- Да, я <u>люблю́</u> и ко́фе, и чай. А ты лю́бишь ко́фе?
- Нет, я не люблю́ ко́фе. Я люблю́ кака́о и чай.

диало́г 2
- До́брое у́тро, Еле́на Алексе́евна!
- Здра́вствуйте, Никола́й Петро́вич!
- Вы говори́те по-англи́йски?
- К сожале́нию, нет, а Вы?
- Да, я говорю́ о́чень хорошо́ по-англи́йски.
- Вы <u>лю́бите</u> шокола́д?
- Да, я о́чень <u>люблю́</u> шокола́д и мармела́д, и то́рты. А Вы лю́бите то́рты?
- Нет, я не люблю́ то́рты.

3. Sprechen Sie nach:

говори́ть,
   я говорю́
   ты говори́шь
   он говори́т
   Вы говори́те
по-неме́цки
по-ру́сски
хорошо́
немно́го
отли́чно

жить,
   я живу́
   ты живёшь
   он живёт
   Вы живёте
Росси́я – в Росси́и
Герма́ния – в Герма́нии
Москва́ – в Москве́
Берли́н – в Берли́не

люби́ть,
   я люблю́
   ты лю́бишь
   он лю́бит
   Вы лю́бите
ко́фе
чай
вода́
апельси́н
анана́с

Ру́сский язы́к I, «знако́мство»

4. Stellen Sie sich gegenseitig Fragen nach diesem Muster:

Muster: - Ты лю́бишь ко́фе?   - Вы лю́бите чай?
         - Да, я люблю́ ко́фе.   - Нет, я не люблю́ чай.

ко́фе    кака́о    сала́т

торт    чай    молоко́

5. Stellen Sie sich gegenseitig Fragen zu den Bildern. Benutzen Sie dabei die vorgegebenen Wörter:

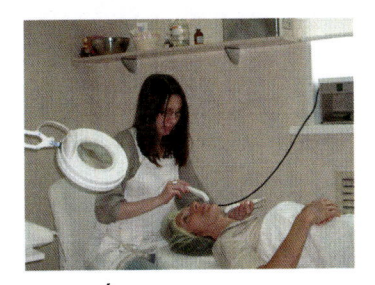

О́льга
ру́сская
космето́лог
Барнау́л

Тама́ра
ру́сская
учи́тель
Новосиби́рск

говори́ть
   по-ру́сски (отли́чно)
   по-испа́нски (немно́го)
   по-англи́йски (хорошо́)
люби́ть
   мо́ре, чай,
   цветы́, кака́о

говори́ть
   по-ру́сски (отли́чно)
   по-неме́цки (хорошо́)

люби́ть
   волейбо́л, апельси́ны
   чай, шокола́д, ро́зы

6. Verneinungen. Machen Sie die Übung nach dem Muster:

Muster: Э́то отли́чно. Э́то неотли́чно.

Э́то о́чень хорошо́.
Э́то пло́хо.
Э́то о́чень пло́хо.
Э́то норма́льно.
Э́то интере́сно.

Господи́н Ви́ммер живёт в Кёльне.
Госпожа́ Петро́ва живёт в О́мске.
Госпожа́ Ивано́ва говори́т по-неме́цки.
Серге́й лю́бит спорт.
Та́ня перево́дчик по профе́ссии.
Па́вел лю́бит бана́ны.

7. Sprechen Sie die neuen Wörter zum Thema «моя́ семья́» – „meine Familie":

семья́ – die Familie	муж – der Ehemann
ма́ма – die Mutter	жена́ – die Ehfrau
па́па – der Vater	сын – der Sohn
роди́тели – die Eltern	дочь – die Tochter
ба́бушка – die Oma	племя́нник – der Neffe
де́душка – der Opa	племя́нница – die Nichte
брат – der Bruder	внук – der Enkel
сестра́ – die Schwester	вну́чка – die Enkelin
дя́дя – der Onkel	друг – der Freund
тётя – die Tante	подру́га – die Freundin

*Das Possessivpronomen **мой** (mein) entspricht dem Maskulinum. **моя́** (meine) ist Femininum. **моё** (mein) entspricht dem Neutrum. Und **мои́** ist die Pluralform.*

8. Füllen Sie die Tabelle aus:

магази́н, ма́ма, и́мя, роди́тели, а́дрес, бана́н, у́лица, парк, апте́ка, суп, диало́г, лимона́д, ра́дио, стадио́н, хокке́й, телегра́мма, фру́кты, бассе́йн, до́ктор, кли́ника, семья́, брат, сестра́, па́па, ба́бушка, де́душка, кни́га, кака́о, спорт, ко́фе, чай, шокола́д, фами́лия, сын, дочь, джи́нсы, компью́тер

мой	моя́	моё	мои́
магази́н	ма́ма	и́мя	роди́тели

9. Hörverstehen. Was haben Sie über Frau Ivanova aus dem Text erfahren? Beantworten Sie die Fragen zum Text:

1. Где живёт госпожа́ Ивано́ва?
2. Где она́ рабо́тает? (Wo arbeitet sie?)
3. Она́ говори́т по-англи́йски?
4. Что она́ лю́бит?
5. У неё есть семья́? (Hat sie eine Familie?)

Ру́сский язы́к I, «знако́мство»
Zusätzliche Übungen

10. Beantworten Sie die Fragen schriftlich:

1. Как Вас зову́т?
2. Как у Вас дела́?
3. Кто Вы по профе́ссии?
4. Где Вы живёте?
5. Вы живёте в Росси́и?
6. Вы живёте в Мю́нхене?
7. Вы говори́те по-ру́сски?
8. Как Вы говори́те по-ру́сски?
9. Вы говори́те по-англи́йски?
10. Вы лю́бите чай и́ли ко́фе?

11. Erzählen Sie über Mischa, benutzen Sie dabei die vorgegebenen Wörter:

Ми́ша
ру́сский
пило́т
Новосиби́рск

говори́ть
   по-ру́сски (отли́чно)
   по-неме́цки (немно́го)
   по-англи́йски (не говори́т)
люби́ть
   мо́ре, чай, конья́к

12. Erzählen Sie über Ihren Kollegen in der Gruppe. Benutzen Sie dabei die Verben „heißen, wohnen, sprechen, mögen" (mündlich und schriftlich).

Der aktive Wortschatz zum Thema „Bekanntschaft"

Begrüssungen:
Добрый день! – Guten Tag!
Здравствуйте! – Guten Tag!
Доброе утро! – Guten Morgen!
Добрый вечер! – Guten Abend!

До свидания! – Auf Wiedersehen!
Пока! – Tschüs!
Спокойной ночи! – Gute Nacht
Всего доброго – Alles Gute!

Fragen/Fragewörter:
Как Вас зовут? – Wie heißen Sie?
Как тебя зовут? – Wie heißt du?
Кто Вы по профессии? – Was sind Sie von Beruf?
Кто ты по профессии? – Was bist du von Beruf?
Кто? – wer? Что? – Was?
Как? – Wie? Где? – Wo?

Substantive/Eigennamen:
имя – der Vorname
фамилия – der Familienname
адрес – die Adresse
телефон – das Telefon
улица, на улице – die Straße, in der Straße
Германия – Deutschland
Россия – Russland
госпожа – die Frau
господин – der Herr

Verben:
говорить – sprechen
жить – wohnen, leben
любить – lieben, mögen

немка – die Deutsche
немец – der Deutsche
русская – die Russin
русский – der Russe

книга – das Buch
газета – die Zeitung
магазин – das Geschäft
какао – der Kakao
стул – der Stuhl
стол – der Tisch
чай – der Tee
кофе – der Kaffe
молоко – die Milch
комната – das Zimmer
торт – die Torte
аптека – die Apotheke

Adjektive, Adverbien:
хорошо – gut
плохо – schlecht
нормально – normal
отлично – sehr gut
здорово – toll
классно – klasse
немного – ein bisschen
супер – super
замечательно – sehr gut
по-немецки – deutsch
по-русски – russisch
по-английски – englisch
по-французски – französisch

Personalpronomina:
я – ich
ты – du
он – er
она – sie
оно – es
мы – wir
Вы – Sie
вы – ihr
они – sie

Possessivpronomina:
мой – mein
моя – meine
моё – mein
мой – meine
его – sein, seine

Präpositionen:
в – in, auf
на – auf, in

Andere Wörter:
спасибо – danke
очень приятно – sehr angenehm
мне тоже – mir auch, ebenso

Sätze:
Меня зовут... – ich heiße ...
Моё имя... – Mein Name ...
Моя фамилия... – Mein Familienname...
Я инженер по профессии. – Ich bin Ingenieur von Beruf.
Я живу в Германии, в Берлине. – Ich wohne in Deutschland, in Berlin.
Я говорю немного по-русски. – Ich spreche ein bisschen Russisch.
Я люблю ... – Ich mag ...
Он/ она живёт ... Er/ sie wohnt ...
Он/ она говорит ... Er/ sie spricht ...
Он/ она любит ... Er/ sie mag ...

Ру́сский язы́к I, «знако́мство»

Konjugationen der Verben «жить», «говори́ть», «люби́ть»

	жить	говори́ть	люби́ть
я	живу́	говорю́	люблю́
ты	живёшь	говори́шь	лю́бишь
он, она́, (оно́)	живёт	говори́т	лю́бит
мы	живём	говори́м	лю́бим
Вы	живёте	говори́те	лю́бите
они́	живу́т	говоря́т	лю́бят

(handschriftliche Notizen: wohnen, sprechen, lieben; Verb e + i Konj.)

Deklination der Personalpronomina

N	я	ты	он	она́	оно́	мы	Вы, вы	они́
G	меня́	тебя́	(н)его́	(н)её	(н)его́	нас	Вас, вас	(н)их
D	мне	тебе́	ему́	ей	ему́	нам	Вам, вам	им
Akk	**меня́**	**тебя́**	его́	её	его́	нас	**Вас, вас**	их
I	мной	тобо́й	(н)им	(н)ей	(н)им	на́ми	Ва́ми, ва́ми	(н)и́ми
P	(обо́) мне	о тебе́	о нём	о ней	о нём	о нас	о Вас, вас	о них

Akkusativ (Akk) haben wir in den folgenden Sätzen gelernt:
1. **Меня́** зову́т **Мари́я**. – Ich heisse Maria (wörtlich: Mich ruft man Maria).
2. Как **тебя́** зову́т? – Wie heisst du?
3. Как **Вас** зову́т? – Wie heißen Sie?

Die Possessivpronomina

	Femininum	Maskulinum	Neutrum	Plural
я	моя́	мой	моё	мои́
ты	твоя́	твой	твоё	твои́
он	его́	его́	его́	его́
она́	её	её	её	её
оно́	его́	его́	его́	его́
мы	на́ша	наш	на́ше	на́ши
Вы, вы	Ва́ша, ва́ша	Ваш, ваш	Ва́ше, ва́ше	Ва́ши, ва́ши
они́	их	их	их	их

ТЕСТ

и́мя ....

1. Übersetzen Sie die Fragen:

Как тебя́ зову́т?	....
Кто э́то?	....
Как Вас зову́т?	....
Как у Вас дела́?	....
Э́то хорошо́?	....
Что э́то?	....
Кто ты по профе́ссии?	....
Где живёт Оле́г?	....

2. Übersetzen Sie den Text:

Э́то Ле́на. Она́ ру́сская и живёт в Москве́ на у́лице Пу́шкина, 59. Ле́на секрета́рь

....

по профе́ссии. Она́ говори́т хорошо́ по-неме́цки и пло́хо по-англи́йски.

....

3. Welche Personalpronomina kennen Sie auf Russisch?

z.B: я, ...

4. Welche Possessivpronomina kennen Sie auf Russisch?

....

5. Schreiben Sie einen kleinen Text über sich selbst:

....
....
....
....

6. Schreiben Sie alle Fragen auf, die Sie auf Russisch stellen können:

ты	Вы
....	....
....	....
....	....
....	....
....	....
....	....
....	....
....	....
....	....
....	....

7. Ergänzen Sie die Fragen:

1. Что ....
2. Кто ....
3. Как ....
4. Как..
5. Ты (говори́ть) ....
6. Где ты ....
7. Ты (люби́ть)..
8. Где Вы ....

8. Vervollständigen Sie die Sätze:

жить	говори́ть	люби́ть
1. Где ты жи.........?	1. Я гово......... по-неме́цки.	1. Я люб......... ко́фе.
2. Я жи......... в Москве́.	2. Вы гово......... по-ру́сски?	2. Ты люб......... чай?
3. Ты жи......... в Герма́нии?	3. Та́ня гово......... по-англи́йски.	3. Вы люб......... молоко́?
4. Вы жи......... в Берли́не?	4. Ты гово......... по-ру́сски?	4. Мари́на не люб......... торт.
5. Мари́я жи......... в О́мске.	5. Как ты гово......... по-ру́сски?	

9. Bestimmen Sie das Geschlecht:

	он/она́/оно́/они́	мой/моя́/моё/мои́		он/она́/оно́/они́	мой/моя́/моё/мои́
не́мка	....	....	ко́мната	....	....
не́мец	....	....	торт	....	....
ру́сская	....	....	фру́кты	....	....
ру́сский	....	....	и́мя	....	....
кни́га	....	....	фами́лия	....	....
газе́та	....	....	а́дрес	....	....
магази́н	....	....	телефо́н	....	....
кака́о	....	....	джи́нсы	....	....
стул	....	....	Герма́ния	....	....
стол	....	....	Росси́я	....	....
чай	....	....	госпожа́	....	....
ко́фе	....	....	господи́н	....	....
молоко́	....	....	маши́ны	....	....

Kapitel II

Мо́я семья́ / Meine Familie

1. Was verbinden Sie mit dem Wort «семья́»?

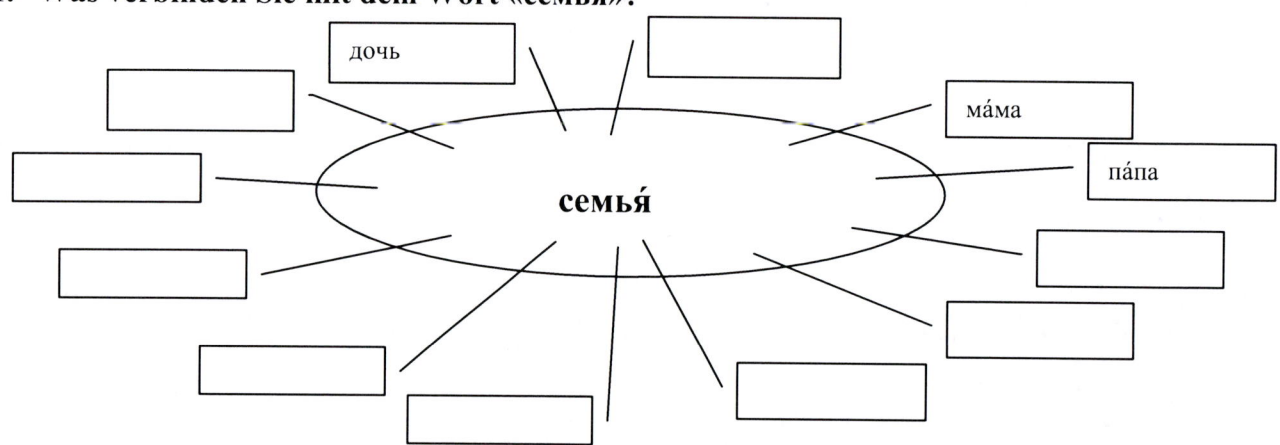

- дочь
- ма́ма
- па́па

(семья́)

2. Bilden Sie Sätze:

Muster: У меня́ есть семья́.
Ich habe eine Familie.

У меня́ есть…	семья́	сын	брат	друг
	роди́тели	дочь	сестра́	подру́га
	ма́ма	де́ти	муж	племя́нник
	па́па	дя́дя	жена́	племя́нница
	де́душка	тётя		внук
	ба́бушка			вну́чка

3. Füllen Sie die Tabelle aus:

сын, семья́, и́мя, роди́тели, ма́ма, па́па, дочь, ба́бушка, де́ти, брат, сестра́, муж, жена́, друг, подру́га, де́душка, дя́дя, тётя, племя́нник, племя́нница, внук, вну́чка, де́ти

мой	моя́	моё	мои́
сын	семья́	и́мя	роди́тели

Русский язык I, «моя семья»

4. Machen Sie die Übung nach dem Muster:

Muster: .... (па́па) по профе́ссии экономи́ст.
Мой па́па по профе́ссии экономи́ст.

1. .... (брат) рабо́тает в фи́рме.
2. .... (роди́тели) живу́т в Москве́.
3. .... (сестра́) по профе́ссии учи́тель.
4. .... (друг) говори́т отли́чно по-англи́йски.
5. .... (муж) лю́бит маши́ны.
6. .... (сын) сейча́с в магази́не.
7. .... (жена́) лю́бит цветы́.
8. .... (ба́бушка и де́душка) не говоря́т по-неме́цки.
9. .... (де́ти) хо́дят в шко́лу.
10. .... (дочь) лю́бит рисова́ть.
11. .... (подру́га) о́чень симпати́чная.
12. .... (кни́га) о́чень интере́сная.
13. .... (дом) дорого́й и о́чень краси́вый.

её – ihr/ihre
их – ihr/ihre
рабо́тать – arbeiten
симпати́чная – hübsch
стро́йная – schlank
спорти́вный - sportlich
гото́вить – zubereiten
кака́я? – wie?

5. Lesen Sie die Texte und beantworten Sie die Fragen zum Text:

жена́   муж   сын

Это А́нна и Ива́н. Их фами́лия Петро́вы. Они́ живу́т в Москве́ на у́лице Пу́шкина. Ива́н рабо́тает в фи́рме, он экономи́ст по профе́ссии. Его́ жена́ парикма́хер, она́ рабо́тает в сало́не. А́нна симпати́чная и стро́йная, а её муж Ива́н – спорти́вный. Они́ говоря́т по-ру́сски, немно́го по-неме́цки и о́чень хорошо́ по-англи́йски. А́нна лю́бит гото́вить, а Ива́н лю́бит спорт.

5.1 Stellen Sie sich gegenseitig Fragen zum Text:

Übersetzen Sie die Fragen: Beantworten Sie die Fragen:
1. Где живёт А́нна?
2. Как её фами́лия?
3. Где А́нна рабо́тает?
4. <u>Кака́я</u> А́нна?
5. Она́ говори́т по-ру́сски?
6. Как она́ говори́т по-ру́сски?
7. Что А́нна лю́бит?
8. Кто её муж?
9. Кто её муж по профе́ссии?
10. Где рабо́тает её муж?

5.2
Übersetzen Sie die Fragen: Beantworten Sie die Fragen auf Russisch:
1. Wo wohnt Ivan?
2. Wie ist sein Familienname?
4. Wo arbeitet Ivan?
5. Spricht er Deutsch oder Englisch?
6. Wie ist Ivan?
7. Was mag er?
8. Was mag seine Frau?
9. Spricht seine Frau Deutsch?

6. Sprechen Sie nach:

	жить	говори́ть	люби́ть
я	живу́	говорю́	люблю́
ты	живёшь	говори́шь	лю́бишь
он, она́, оно́	живёт	говори́т	лю́бит
мы	живём	говори́м	лю́бим
вы, Вы	живёте	говори́те	лю́бите
они́	живу́т	говоря́т	лю́бят

Im Russischen kann man generell die Verben in 2 Gruppen unterteilen: i-Konjugation und e-Konjugation

7. Vervollständigen Sie die Sätze nach diesem Muster:

Muster: Я ………….. непло́хо по-англи́йски (говори́ть).

Я говорю́ непло́хо по-англи́йски.

1. Я ………….. в Бо́нне (жить). 2. Ты ………….. по-ру́сски (говори́ть)? 3. Где ………….. Мари́я? (жить). 4. Мы ………….. спорт (люби́ть). 5. Я ………….. по-францу́зски (говори́ть). 6. Где Вы ………….. (жить)? 7. Вы ………….. по-неме́цки (говори́ть)? 8. Сейча́с я ………….. в Герма́нии, в Маннге́йме (жить). 9. Вы ………….. чай и́ли ко́фе (люби́ть)? 10. Мы ………….. в Герма́нии, во Фра́нкфурте (жить). 11. Мои́ роди́тели не ………….. по-англи́йски (говори́ть). 12. Ты ………….. в Росси́и (жить)? 13. Ты ………….. апельси́ны (люби́ть)? 14. Мой брат не ………….. ко́фе (люби́ть)? 15. Мы не ………….. по-неме́цки (говори́ть). 16. Мои́ де́ти не ………….. молоко́ (люби́ть). 17. Моя́ подру́га ………….. отли́чно по-ру́сски (говори́ть). 18. Я ………….. рабо́тать (люби́ть).

8. Lesen Sie die Dialoge:

Диало́г 1		Диало́г 2	
Вади́м:	Приве́т, Та́ня!	Шмидт:	До́брый день!
Та́ня:	Здоро́во! Как жизнь?	Заха́ров:	Здра́вствуйте, господи́н Шмидт! Как у Вас дела́?
Вади́м:	Норма́льно! А у тебя́?	Шмидт:	Спаси́бо, прекра́сно! А у Вас?
Та́ня:	Да, то́же хорошо́! Ты сейча́с где живёшь?	Заха́ров:	То́же хорошо́. Вы сейча́с в Москве́ живёте?
Вади́м:	Я живу́ на у́лице Балти́йской, а ты?	Шмидт:	Да, на у́лице Тверско́й.
Та́ня:	Я живу́ на у́лице Космона́втов.	Заха́ров:	У Вас семья́ есть?
Вади́м:	А у тебя́ есть брат и́ли сестра́?	Шмидт:	Да, жена́ и де́ти: дочь и сын.
Та́ня:	Да, у меня́ есть брат, он студе́нт. А у тебя́?	Заха́ров:	Они́ то́же живу́т в Москве́?
Вади́м:	А у меня́ есть сестра́, она́ в ба́нке рабо́тает. У меня́ есть чай, торт и шокола́д. Ты лю́бишь шокола́д?	Шмидт:	Нет, они́ живу́т в Герма́нии, в Кёльне. А у Вас семья́ есть?
Та́ня:	С удово́льствием!	Заха́ров:	У меня́ есть роди́тели, они́ пенсионе́ры. И у меня́ есть подру́га. Она́ космето́лог и рабо́тает в сало́не.
		Шмидт:	Где живу́т роди́тели? В Москве́?
		Заха́ров:	К сожале́нию, они́ живу́т не в Москве́, а в Но́вгороде.

9. Bilden Sie die Fragen in der Du-Form:

1. Кто Вы по профе́ссии?	1. Кто ты по профе́ссии?
2. Где Вы живёте?	2. ....
3. Что Вы лю́бите?	3. ....
4. Вы говори́те по-неме́цки?	4. ... .
5. У Вас есть семья́?	5. <u>У тебя́ есть семья́?</u>

9.1 Stellen Sie sich gegenseitig Fragen aus dieser Übung

10. Stellen Sie sich gegenseitig Fragen:

Muster: - У тебя́ / Вас есть семья́?
- Да, у меня́ есть семья́.
Oder: - Нет, не́ту.

1. У тебя́ есть ....? | семья́, ма́ма, па́па, роди́тели, сын, дочь, де́ти, брат, сестра́, муж,
2. У Вас есть ....? | жена́, друг, подру́га, дя́дя, тётя, племя́нник, племя́нница

11. Bilden Sie Sätze:

Muster: Я люблю́ кака́о.
oder: Я не люблю́ кака́о.

Я люблю́	кака́о	супы́	молоко́
	ро́зы	лимо́ны	маши́ны
	тома́ты	шокола́д	спорт
	сала́ты	чай	блины́
	борщ	ко́фе	то́рты

12. Stellen Sie sich gegenseitig Fragen:

- Что ты лю́бишь?
- Да, я люблю́ блины́.
- Нет, я не люблю́ блины́.

- Вы лю́бите борщ?
- Да, я о́чень люблю́ борщ.
- Нет, я не люблю́ борщ.

13. Stellen Sie sich gegenseitig Fragen:
Muster:
- Как ты говори́шь по-ру́сски?
- Я говорю́ непло́хо по-ру́сски.

по-неме́цки	отли́чно
по-францу́зски	о́чень хорошо́
по-англи́йски	(не)пло́хо

14. Hörverstehen. Was haben Sie über Oleg und seine Familie erfahren? Beantworten Sie die Fragen:

1. Где живёт Оле́г?
2. Кто он по профе́ссии? Где рабо́тает Оле́г?
3. Что лю́бит Оле́г?
4. У него́ есть семья́?
5. Где живу́т его́ роди́тели? Где они́ рабо́тают, и кто они́ по профе́ссии?
6. Где рабо́тает его́ сестра́ Све́та, и кто она́ по профе́ссии?
7. Что лю́бит Све́та?

Рýсский язы́к I, «моя́ семья́»
Zusammenfassung der Seiten 72-75

1. Konjugationen der Verben «жить», «говори́ть», «люби́ть», «рабо́тать»

		e-Konjugation	i-Konjugation	i-Konjugation	e-Konjugation
		жить	говори́ть	люби́ть	рабо́тать
1.Person Sg.	я	живу́	говорю́	люблю́	
2.Person Sg.	ты	живёшь	говори́шь	лю́бишь	
3.Person Sg.	он, она́, оно́	живёт	говори́т	лю́бит	рабо́тает
1.Person Pl.	мы	живём	говори́м	лю́бим	
2.Person Pl.	Вы	живёте	говори́те	лю́бите	
3.Person Pl.	они́	живу́т	говоря́т	лю́бят	

Man unterscheidet im Russischen 2 Konjugationen: i-Konjugation und e-Konjugation. In der i-Konjugation ist der Vokal **и** in den Personalendungen der 2., 3. Person Sg und der 1., 2. Person Plural. In der e-Konjugation ist der Vokal **e** oder **ё** in den Personalendungen der 2., 3. Person Sg und der 1., 2. Person Plural.

2. die Possessivpronomina

	Femininum	Maskulinum	Neutrum	Plural
я	моя́	мой	моё	мои́
ты	твоя́	твой	твоё	твои́
он	его́	его́	его́	его́
она́	её	её	её	её
оно́	его́	его́	его́	его́
мы	на́ша	наш	на́ше	на́ши
Вы, вы	Ва́ша, ва́ша	Ваш, ваш	Ва́ше, ва́ше	Ва́ши, ва́ши
они́	их	их	их	их

3. Deklination der Personalpronomina

N	я	ты	он	она́	оно́	мы	Вы, вы	они́
G	**меня́**	**тебя́**	(н)его́	(н)её	(н)его́	нас	**Вас, вас**	(н)их
D	мне	тебе́	ему́	ей	ему́	нам	Вам, вам	им
Akk	**меня́**	**тебя́**	его́	её	его́	нас	**Вас, вас**	их
I	мной	тобо́й	(н)им	(н)ей	(н)им	на́ми	Ва́ми, ва́ми	(н)и́ми
P	(обо́) мне	о тебе́	о нём	о ней	о нём	о нас	о Вас, вас	о них

Den Genitiv (G) haben wir in den folgenden Sätzen gelernt:

1. У **меня́** есть дом и маши́на. - Ich habe ein Haus und ein Auto (wörtlich: Bei mir gibt es ein Haus und ein Auto)
2. У **тебя́** есть ба́бушка и де́душка? - Hast du eine Oma und einen Opa?
3. У **Вас** есть жена́? - Haben Sie eine Ehefrau?

4. Die Präposition «У»

«У» ist eine Genitivpräposition im Russischen. Alle Wörter, die nach dieser Präposition stehen, sind im Genitiv.

Ру́сский язы́к I, «моя́ семья́»

Zusätzliche Übungen:

15. Füllen Sie die Tabellen aus:

Б, б	Б б
Ж, ж	
О, о	
П, п	
Й, й	
Я, я	

У, у	
ы	
Э, э	
Ф, ф	
Щ, щ	
Ч, ч	

16. Füllen Sie die Tabelle aus:

	я	он/она́	Вы	ты	они́	мы
жить						
говори́ть						
люби́ть		лю́бит				

17. Vervollständigen Sie die Sätze:

говори́ть

1. Я .... непло́хо по-ру́сски.
2. Вы .... по-неме́цки?
3. Оле́г .... о́чень хорошо́ по-англи́йски.
4. Я и моя́ подру́га .... отли́чно по-неме́цки.
5. Мои́ роди́тели, к сожале́нию, не .... по-ру́сски.

жить
1. Я жив.............. в Герма́нии.
2. Он жив.............. в Москве́.
3. Где Вы жив..............?
4. Я жив.............. в Росси́и.
5. Где ты жив..............?
6. Я жив.............. в Герма́нии

люби́ть
1. Я .... апельси́ны.
2. Ты .... чай?
3. Моя́ сестра́ не .... шокола́д.
4. Вы .... ро́зы?
5. Я, и А́нна, и Воло́дя .... борщ.
6. Де́ти о́чень .... сала́ты.

18. Bilden Sie Sätze aus den vorgegebenen Wörtern:

1. Он .... по-неме́цки о́чень хорошо́ (говори́ть).
2. Мой друг не .... шокола́д (люби́ть).
3. Я .... в Герма́нии (жить).
4. Ты .... по-ру́сски (говори́ть)?
5. Моя́ сестра́ .... в Росси́и (жить).
6. Вы .... чай (люби́ть)?
7. Я .... немно́го по-ру́сски (говори́ть).
8. Где Вы .... (жить)?
9. Мы .... кино́ (люби́ть).

Ру́сский язы́к I, «моя́ семья́»

10. Вы .... по-неме́цки (говори́ть)?
11. Роди́тели .... ко́фе (люби́ть).
12. Где ты .... (жить)?

19. Bilden Sie Sätze:

Muster: Я говорю́ непло́хо по-ру́сски.

| Я говорю́ | (о́чень) хорошо́
(не)пло́хо
норма́льно
отли́чно
немно́го | по-неме́цки
по-ру́сски
по-англи́йски |

20. Benutzen Sie die Substantive mit richtigem Possessivpronomen: мой, моя́, моё, мои́; его, её, их.

1. Я живу́ во Владивосто́ке. ………….. роди́тели живу́т в Хаба́ровске.
2. Я говорю́ по-испа́нски. ………….. сестра́ не говори́т по-испа́нски.
3. Серге́й рабо́тает в фи́рме. ………….. жена́ рабо́тает в апте́ке.
4. Та́ня лю́бит анана́сы. ………….. муж не лю́бит анана́сы.
5. Я люблю́ не ко́фе, а чай. ………….. друг лю́бит сок.
6. Макси́м живёт в Волгогра́де, а ………….. де́ти живу́т в Санкт-Петербу́рге.
7. Еле́на и Па́вел рабо́тают в теа́тре, а ………….. роди́тели – пенсионе́ры.
8. Ба́бушка говори́т по-францу́зски, а ………….. вну́ки говоря́т по-ру́сски и по-францу́зски.
9. Влади́мир и ………….. тётя лю́бят гото́вить.

21. Übersetzen Sie:

Ich heiße Elena Alekseewna. Ich wohne in Russland in Moskau in der Petrovka-Straße. Ich bin

……………………………………………………………………………………………………

Ärztin von Beruf. Ich spreche sehr gut Englisch und ein bisschen Deutsch. Ich mag sehr gerne Sport.

……………………………………………………………………………………………………

Ich habe eine Familie: einen Ehemann, eine Tochter und einen Sohn. Mein Mann ist von Beruf

……………………………………………………………………………………………………

Ingenieur. Er arbeitet in einer Firma. Meine Tochter wohnt in Novgorod. Mein Sohn ist Student, er

……………………………………………………………………………………………………

arbeitet nicht. Er spricht sehr gut Englisch, Deutsch und ein bisschen Französisch. Er mag Autos.

……………………………………………………………………………………………………

Рýсский язы́к I, «моя́ семья́»

22. Schreiben Sie über sich selbst. Die Übung 21 hilft Ihnen.

....

....

....

....

23. Finden Sie die weichen Konsonanten in den Wörtern:

семья́, роди́тели, ма́ма, па́па, де́душка, ба́бушка, сы́н, дочь, де́ти, дя́дя, тётя, брат, сестра́, муж, друг, подру́га, племя́нник, племя́нница, внук, вну́чка

Ру́сский язы́к I, «моя́ семья́»

1. Lesen Sie und übersetzen Sie den Text:

> её зову́т – sie heisst
> его́ зову́т – er heisst..

Моя́ семья́

Приве́т! Меня́ зову́т Марк. Моя́ фами́лия Петро́в. Я ру́сский. Я экономи́ст по профе́ссии. Я говорю́ хорошо́ по-неме́цки и немно́го по-англи́йски. У меня́ есть семья́: жена́, сын и дочь. Моя́ жена́ по профе́ссии юри́ст. Её зову́т А́нна. А́нна ру́сская. Она́ лю́бит ро́зы. Мой сын студе́нт. Его́ зову́т Пётр. Моя́ дочь по профе́ссии учи́тель. Её зову́т Ле́на.

1.2 Beantworten Sie die Fragen:

1. Кто Марк по профе́сии?
2. Он говори́т по-неме́цки?
3. Кто жена́ по профе́ссии?
4. Кто дочь по профе́ссии?

2. Bilden Sie Sätze:

Muster: У меня́ есть ма́ма. .... зову́т Тама́ра.
У меня́ есть ма́ма. Её зову́т Тама́ра.

1. У меня́ есть ма́ма. .... зову́т Тама́ра.
2. У меня́ есть сын. .... зову́т Алексе́й.
3. У меня́ есть брат. .... зову́т Па́вел.
4. У меня́ есть жена́. .... зову́т Ли́за.

3. Lesen Sie und übersetzen Sie den Text:

> У неё есть – sie hat
> У него́ есть – er hat.
> него́ liest man [ниво́]

Ни́на Бори́совна

Э́то Ни́на Бори́совна. Она́ ру́сская. Она́ живёт в Москве́. Она́ учи́тель по-профе́ссии. Ни́на говори́т хорошо́ по-неме́цки и непло́хо по-францу́зски. Она́ рабо́тает в шко́ле. У неё есть брат и сестра́. Они́ все живу́т в Москве. Ни́на Бори́совна за́мужем. Её муж Серге́й Миха́йлович. Он ру́сский. Он экономи́ст по профе́ссии. Серге́й рабо́тает в ба́нке. У него́ есть брат, его́ зову́т Пётр Миха́йлович. Он живёт в Санкт-Петербу́рге. Он программи́ст по профе́ссии и рабо́тает в университе́те.

3.1 Erzählen Sie über die Personen im Text:

Ни́на Бори́совна	Серге́й Миха́йлович	Пётр Миха́йлович
Muster		
1. Её зову́т Ни́на Бори́совна.	1 .... зову́т Серге́й Миха́йлович.	1 .... зову́т Пётр Миха́йлович.
2. Она́ ру́сская.	2...	2…
3. Она́ живёт в Москве	3. ...	3. ...
4. У неё есть брат и сестра́, муж и де́ти.	4....	4....
5. Она́ по профе́ссии учи́тель.	5...	5. ...
6. Она́ рабо́тает в шко́ле.	6...	6...

4. Lesen Sie:

дéдушка Александр   бáбушка Алина   дéдушка Володя   бáбушка Светлáна

Пáвел пáпа

Мари́на мáма

Тиму́р (брат)   **Виктóрия**

4.1 Stellen Sie sich gegenseitig Fragen und beantworten Sie sie:
Muster:
- Кто Александр?   - Он дéдушка.

4.2 Erzählen Sie über Viktoria. Übersetzen Sie:

1. Das ist Viktorija. Sie hat einen Bruder. Er heisst Timur.
2. Sie hat einen Vater; er heisst Pavel.
3. Sie hat eine Mutter; sie heisst Marina.

5. Lesen und übersetzen Sie den Dialog:

Тáня:	Привéт!
Пáвел:	Здорóво!
Тáня:	Как жизнь?
Пáвел:	Всё хорошó, а у тебя́?
Тáня:	Спаси́бо, тóже хорошó! А у тебя́ есть сестрá?
Пáвел:	Да, у меня́ есть брáт и сестрá.
Тáня:	А кто <u>твой брат</u> по профéссии?
Пáвел:	Он врач и рабóтает в поликли́нике. А сестрá – хи́мик и рабóтает в лаборатóрии. <u>А у тебя есть дочь?</u>
Тáня:	Нет, нéту. <u>У меня́ есть сын.</u>
Пáвел:	<u>Как его зовут?</u>
Тáня:	<u>Его зову́т Алексáндр.</u> Он перевóдчик и рабóтает в фи́рме. <u>А где ты рабóтаешь?</u>
Пáвел:	<u>Я покá не рабóтаю,</u> а ты?
Тáня:	Сейчáс я рабóтаю в бáнке, я касси́р.

5.1 Was wissen Sie über Pavel und Tanja?

5.2 Bilden Sie ähnliche Dialoge zu zweit, benutzen Sie dabei die unterstrichenen Sätze.

6. Lesen und übersetzen Sie den Dialog:

Иванóв:	- Дóбрый день!
Мю́ллер:	- Здрáвствуйте!
Иванóв:	- Как у Вас делá?
Мю́ллер:	- Всё óчень хорошó, спасибо, а как у Вас?
Иванóв:	- Отли́чно! <u>Вы сейчáс где рабóтаете?</u>
Мю́ллер:	- Сейчáс <u>я рабóтаю в бáнке</u>, и моя́ женá тóже рабóтает в бáнке. Мы экономи́сты. Я консультáнт, а моя́ женá касси́р. А где Вы рабóтаете?
Иванóв:	- Я рабóтаю, как и рáньше, в университéте. Я преподавáтель. А где сейчáс <u>Вáша дочь</u>?
Мю́ллер:	- Моя́ дочь студéнтка, живёт в Ганнóвере.
Иванóв:	- А как её зовýт?
Мю́ллер:	- Её зовýт Луи́за. А где живýт <u>Вáши роди́тели</u>? В Москвé?
Иванóв:	- Нет, сейчáс они́ живýт не в Москвé, а в Воронеже. Они́ пенсионéры и бóльше не рабóтают.
Мю́ллер:	- Я́сно, господи́н Мю́ллер, всегó дóброго! До свидáния!
Иванóв:	- Дó свидáния!

6.1 Was wissen Sie über Herrn Müller und Herrn Ivanov.

6.2 Bilden Sie ähnliche Dialoge zu zweit, benutzen Sie dabei die unterstrichenen Sätze.

7. Tragen Sie das passende deutsche Wort ein:

Mechaniker	Lehrer	Sekretärin
Sportler	Elektriker	Fotograf
Chemiker	Schlosser	Chauffeur
Musiker	Buchhalter	Kaufmann
Dolmetscher	Kassierer	Student
Arzt	Architekt	Rentner
Biologe	Geologe	Kosmetikerin

механик	химик	касси́р ....
космето́лог	архите́ктор	экономи́ст ....
гео́лог	фото́граф	био́лог ....
врач	преводчик	сле́сарь ....
спортсме́н	эле́ктрик	шофёр ....
учи́тель	пенсионе́р	бухгáлтер ....
студе́нт	музыкáнт	секретáрь ....

8. Finden Sie die passenden Wörter:

Япóния	италья́нец/ италья́нка
Гермáния, ФРГ	америкáнец/ америкáнка
Амéрика, США	рýсский/ рýсская
Росси́я	япóнец/ япóнка
Афганистáн	францýз/ францýженка
Тýрция	афгáнец/ афгáнка
А́нглия ⟶	тýрок/ турчáнка
Фрáнция	нéмец/ нéмка
Итáлия	⟶ англичáнин/ англичáнка

Ру́сский язы́к I, «моя́ семья́»

9. Ergänzen Sie die Sätze durch Adjektive/ Adverbien:

по-ру́сски, ру́сская, ру́сский, по-неме́цки, не́мец, не́мка

а)
1. Ты говори́шь .... ?
2. Алекса́ндр живёт в Росси́и, он ....
3. Еле́на живёт в Санкт-Петербу́рге, она́ .... ?
4. Господи́н Мю́ллер .... , он живёт в Ганно́вере.
5. Твой брат говори́т .... ?
6. Мо́ника живёт в Кёльне, она́ ....

б)
Bilden Sie Ihre eigenen Sätze mit den Wörtern:

по-неме́цки, не́мец, не́мка   по-ру́сски, ру́сский, ру́сская

1. ....
2. ....
3. ....
4. ....
5. ....
6. ....

10. Lesen Sie den Dialog:

Кла́ус:	- У меня́ есть фотогра́фия. Это моя́ семья́.	Мари́на:	- А у Вас и племя́нники есть?
Мари́на:	- Ва́ша семья́? Здо́рово! А это кто?	Кла́ус:	- Да, у меня́ и племя́нник есть, он студе́нт и моя́ дочь Светла́на то́же студе́нтка.
Кла́ус:	- Это моя́ жена́, а это мои́ де́ти.		
Мари́на:	- У Вас уже́ есть де́ти?	Мари́на:	- Пра́вда? Вы счастли́вый челове́к, у Вас больша́я семья́.
Кла́ус:	- Да, у меня́ есть дочь и сын. А ещё у меня́ есть брат и сестра́.	Кла́ус:	-Да, это пра́вда, спаси́бо!

11. Lösen Sie das Rätsel (der Wortschatz zum Thema „meine Familie"):

(Kreuzworträtsel mit den Buchstaben М-О-Я-С-Е-М-Ь-Я vertikal)

12. Lesen Sie:

То́чка, то́чка – вот глаза́
Нос и рот – вот голова́
У́хо, у́хо, во́лосы
Это я? Нет. Это ты!

Autor unbekannt

Ру́сский язы́к I, «моя́ семья́»

13. Hörverstehen. Was wissen Sie über die Familienmitglieder von Anna?

....
....

....
....

.... Áнна
....

Zusammenfassung der Seiten 80-84

1. Konjugation des Verbs «рабо́тать»

я	рабо́таю
ты	рабо́таешь
он, она́, (оно́)	рабо́тает

мы	
Вы, вы	рабо́таете
они́	

2. Die Possessivpronomina

	Femininum	Maskulinum	Neutrum	Plural
я	моя́	мой	моё	мои́
ты	твоя́	твой	твоё	твои́
он	его́	его́	его́	его́
она́	её	её	её	её
оно́	его́	его́	его́	его́
мы	на́ша	наш	на́ше	на́ши
Вы, вы	Ва́ша, ва́ша	Ваш, ваш	Ва́ше, ва́ше	Ва́ши, ва́ши
они́	их	их	их	их

Рýсский язы́к I, «моя́ семья́»

Zusätzliche Übungen

14. Ergänzen Sie die fehlenden Endungen:

а) жить
1. Вы жив……. в Москвé.
2. Их дочь жив……. в Волгогрáде.
3. Ты жив……. в Мúнске.
4. Мы жив……. в Гáмбурге.
5. Дéти жив……. в Берлúне.
6. Я жив……. в Кёльне.
7. Внук жив……. в Петербýрге.

б) рабóтать
1. Где ты рабó…….?
2. Твоя́ тётя рабó……. в бюрó.
3. Вы рабó……. в салóне?
4. Где Вы рабó…….?
5. Вы рабó……. в бáнке?
6. Вáша женá рабó……. в аптéке?

15. Füllen Sie die Tabelle aus!

а)

твой	твоя́	твоё	твои́

семья́, мáма, пáпа, родúтели, сын, дочь, дéти, брат, сестрá, муж, женá, друг, подрýга, торт, телефóн, áдрес, факс, письмó, ýлица, пáспорт, племя́нник, внук, бáбушка, и́мя, магазúн, вокзáл.

б) Вáша, Вáш, Вáше, Вáши

1. Кто ………… брáт по профéссии?
2. ………… дéти и родúтели живýт в Севастóполе?
3. Э́то ………… какáо?
4. ………… подрýга перевóдчик, но сейчáс онá не рабóтает.
5. ………… сын лю́бит бокс и́ли футбóл?
6. ………… родúтели рабóтают и́ли пенсионéры?

16. Beantworten Sie die Fragen:

1. Как у Вас делá? …………………………
2. Где Вы живёте? …………………………
3. Где Вы рабóтаете? …………………………
4. У Вас есть семья́? …………………………
5. Кто Вáши родúтели по профéссии? …………
6. У Вас есть женá/ муж? …………………………
7. Где живýт Вáши племя́нники? …………
8. Вы лю́бите спорт? …………………………
9. Вáша сестрá/ брат лю́бит футбóл? …………
10. Вáш друг говорúт по-англúйски? …………

17. Übersetzen Sie:

Ich habe eine Schwester, sie heißt Alina. Sie ist Ärztin von Beruf und arbeitet in der Klinik. Jetzt

……………………………………………………………………………………………………

wohnt sie in Wladiwostok in der Matrosov-Straße. Sie spricht Deutsch und Englisch. Deutsch

……………………………………………………………………………………………………

spricht sie sehr gut. Englisch spricht Alina nicht gut. Ihr Hobby ist Sport und sie kocht gerne. Sie

……………………………………………………………………………………………………

hat Eltern und eine Schwester. Ihre Eltern sind Rentner und ihre Schwester ist Kauffrau.

……………………………………………………………………………………………………

Ру́сский язы́к I, «моя́ семья́»

1. Lesen und übersetzen Sie:

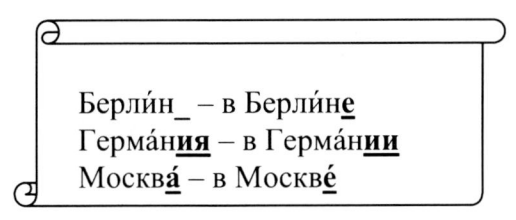

Берли́н_ – в Берли́н**е**
Герма́н**ия** – в Герма́н**ии**
Москв**а́** – в Москв**е́**

1. Э́то Берли́н. Мы живём в Берли́н**е**.
2. Э́то Герма́н**ия**. Я живу́ в Герма́н**ии**.
3. Э́то Москва́. Оле́г живёт в Москв**е́**?

2. Machen Sie die Übung nach dem Muster:

Muster: Москв**а́** – в ………….; Бонн – в ………….; Герма́н**ия** – в ………….;
в Москв**е́**;   в Бо́нн**е**;   в Герма́н**ии**;

Москва́ – в …………..
Бонн – в …………..
Пари́ж – в …………..
Ло́ндон – в …………..
Ге́йдельберг – в …………..
Но́вгород – в …………..
Афганиста́н – в …………..
Аме́рика – в …………..

Герма́ния – в …………..
Росси́я – в …………..
Ита́лия – в …………..
Испа́ния – в …………..
А́нглия – в …………..
Ту́рция – в …………..
Япо́ния – в …………..

3. Machen Sie die Übung:

Muster: Мой де́душка профе́ссор. Он рабо́тает в ………….. (университе́т).
Э́то университе́т. Мой де́душка профе́ссор. Он рабо́тает в университе́те.

1 Мой па́па по профе́сии экономи́ст. Он рабо́тает в ………….. (банк).
2 Моя́ ма́ма по профе́ссии учи́тель. Она́ рабо́тает в ………….. (шко́ла).
3 Моя́ сестра́ по профе́ссии перево́дчик. Она́ рабо́тает в ………….. (фи́рма).
4 Мой брат продаве́ц. Он рабо́тает в ………….. (магази́н).

4. Erzählen Sie auf Russisch über Ihre Familie:

a) *Muster:* Мой брат рабо́тает в магази́не.

Мой брат рабо́тает в …………….	магази́н	апте́ка	кино́
Моя́ сестра́ рабо́тает в …………….	фи́рма	университе́т	бюро́
Моя́ ма́ма рабо́тает в …………….	шко́ла	поликли́ника	сало́н
Моя́ жена́ рабо́тает в ………….	банк	рестора́н	теа́тр

б) Stellen Sie sich gegenseitig Fragen:

Muster:

- Где рабо́тает твоя́/ твой/ твои́ …….
- Где рабо́тает Ва́ша/ Ваш/ Ва́ши ……….

ма́ма, па́па, сын, дочь, дя́дя, тётя, де́душка, ба́бушка, брат, сестра́, муж, жена́, друг, подру́га, племя́нник, племя́нница, внук, вну́чка

Ру́сский язы́к I, «моя́ семья́»

5. Sprechen Sie die neuen Verben nach:

| загора́ть | гото́вить, вари́ть | смотре́ть телеви́зор | отдыха́ть |

| чита́ть | рабо́тать | фотографи́ровать | занима́ться спо́ртом |

5.1 Stellen Sie sich gegenseitig Fragen. Benutzen Sie dabei die neuen Verben aus der Übung 4:
Muster:
- Ты лю́бишь загора́ть?
- Да, я люблю́ загора́ть.
  - Нет, я не люблю́ загора́ть.

- Вы лю́бите гото́вить?
- Да, я о́чень люблю́ гото́вить.
  - Нет, я вообще́ не люблю́ гото́вить.

6. Konjugieren Sie das Verb «люби́ть»

я	любл…………..	мы	люб…………..
ты	лю́б…………..	Вы, вы	люб…………..
он, она́, (оно́)	лю́б…………..	они́	лю́б…………..

7. Vervollständigen Sie die Sätze mit dem Verb «люби́ть»:
люби́ть

1. Я ………….. ко́фе и чай, а что Вы …………..?
2. Моя́ сестра́ ………….. маши́ны.
3. Вы ………….. чай, ко́фе и́ли кака́о?
4. Мы о́чень ………….. говори́ть по-ру́сски.
5. Я не ………….. компью́теры.
6. Брат и сестра́ ………….. шокола́д, мармела́д и лимона́д.

> ничего́ spricht man [ничиво́] aus

8. Ergänzen Sie die fehlenden Endungen:

1. Я любл………….. ко́фе.
2. Ты люб. ………….. рабо́тать?
3. Мой брат не лю́б………….. рабо́тать.
4. Моя́ ма́ма лю́б………….. говори́ть по-ру́сски.
5. Я не любл………….. говори́ть по-ру́сски.
6. Мой друг лю́б………….. футбо́л.
7. Моя́ подру́га лю́б………….. те́ннис.
8. Мои́ роди́тели лю́б………….. игра́ть в те́ннис.
9. Ты лю́б………….. игра́ть на пиани́но.
10. Вы лю́б…………..чай или ко́фе?
11. Мои́ де́ти лю́б………….. ничего́ не де́лать!
12. Ты лю́б………….. ничего́ не де́лать?

Ру́сский язы́к I, «моя́ семья́»

Sprechen Sie die Verben aus:
фотографи́ровать
гото́вить
игра́ть

9. Ergänzen Sie die Dialoge mit dem Verb «люби́ть»:

1
– Ты ………….. фотографи́ровать?
- Да, я ………….. фотографи́ровать. Э́то моё хо́бби.

2
- Андре́й, Ва́ша жена́ ………….. гото́вить?
- К сожале́нию, нет.

3
- И́горь! Мари́на ………….. гото́вить?
- Нет, но я ………….. гото́вить .

4
- Кака́я хоро́шая гита́ра! Э́то Пе́тя игра́ет?
- Да.
- Он хорошо́ игра́ет?
- Да, о́чень хорошо́! Он о́чень ………….. игра́ть на гита́ре.

10. Sprechen Sie die Zahlen nach:

0	ноль
1	оди́н
2	два
3	три

4	четы́ре
5	пять
6	шесть

7	семь
8	во́семь
9	де́вять
10	де́сять

11. Nennen Sie die Zahlen:

Muster: Я ви́жу ваго́н но́мер 3. *oder* Я ви́жу о́блако но́мер 7. *oder* Я ви́жу локомоти́в но́мер 5.

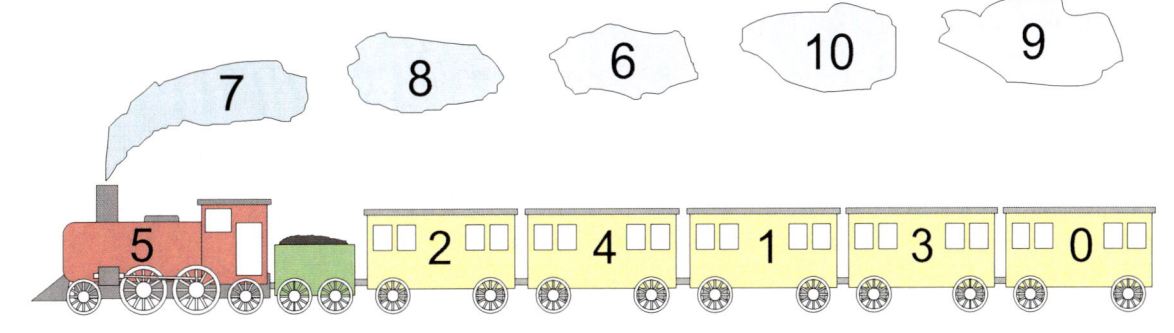

12. Sagen Sie, wo die Leute wohnen. Machen Sie die Übung zu zweit:

Muster: Марк живёт в до́ме но́мер 5, в кварти́ре но́мер 8.
Oder: Я ви́жу о́блако но́мер 3. На рису́нке есть де́рево но́мер 10.

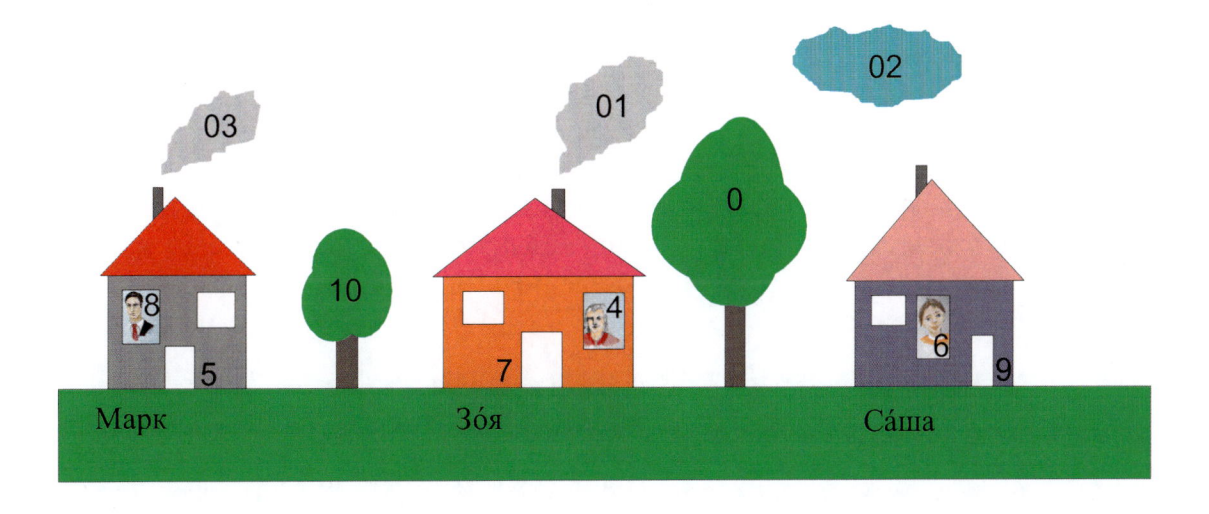

Ру́сский язы́к I, «моя́ семья́»

13. Nennen Sie die Nummern auf den Bildern:

Muster: Я ви́жу но́мер два.
Oder: Э́то Са́ша. У него́ шар но́мер два.

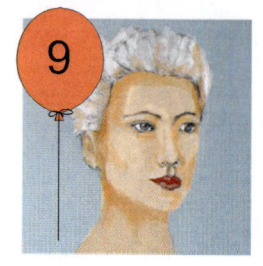

Са́ша (2)	Дми́трий (10)	Влади́мир (8)	И́горь (6)	Ки́ра (0)
Серге́й (5)	Све́та (3)	Ива́н (1)	Еле́на (9)	Вади́м (7)

14. Lesen Sie die Sätze und übersetzen Sie diese:

1. Мой но́мер телефо́на 351670.
2. Мой но́мер до́ма 4.
3. Мой но́мер фа́кса 889016.
4. Како́й у тебя́ но́мер телефо́на?
5. Мой телефо́н 120093
6. Мой факс 347718
7. Мой и́ндекс 2567095
8. Мой но́мер со́тового (телефо́на) 0174/6745312
9. Мой но́мер па́спорта 52 8569 887

15. Sagen Sie auf Russisch:

1. Meine Telefonnummer ist …
2. Meine Faxnummer ist ….
3. Meine Hausnummer ist …
4. Meine Handynummer ist….

16. Stellen Sie sich gegenseitig Fragen:

1. Како́й у тебя́ но́мер телефо́на?	Мой но́мер телефо́на ….
2. Како́й у тебя́ но́мер фа́кса?	Мой но́мер фа́кса...
3. Како́й у тебя́ но́мер до́ма?	Мой но́мер до́ма...
4. Како́й у Вас но́мер кварти́ры?	Мой но́мер кварти́ры...
5. Како́й у Вас но́мер маши́ны?	Мой но́мер маши́ны...
6. Како́й у Вас но́мер моби́льного (телефо́на)?	Мой но́мер моби́льного (телефо́на)...
7. Како́й у тебя́ но́мер па́спорта?	Мой но́мер па́спорта.....

17. Lesen Sie den Dialog:

Али́на:	- Приве́т!
Све́та:	- Здра́вствуй!
Али́на:	- У тебя́ есть телефо́н?
Све́та:	- Да, мой но́мер телефо́на 2-38-52, а како́й у тебя́ но́мер телефо́на?
Али́на:	- У меня́ есть <u>моби́льник</u>.
Све́та	- Здо́рово!
Али́на:	- Мой но́мер моби́льника 906-962-69-38
Све́та:	- Я́сно, пока́!
Али́на:	- Пока́, дорога́я, всего́ до́брого!

> моби́льник = моби́льный телефо́н (oder со́товый телефо́н) – das Handy

18. Lesen und übersetzen Sie den Text:

☎ ---------------------- ☎

Оле́г	Алло́!
Та́ня	Приве́т!
Оле́г	А-а-а, Та́ня, приве́т! Как дела́?
Та́ня	Хорошо́, а у тебя́?
Оле́г	Спаси́бо, пойдёт. Ты где?
Та́ня	Я до́ма.
Оле́г	А-а. Что **ты** <u>**де́лаешь**</u>?
Та́ня	**Я** <u>**де́лаю**</u> уро́ки! (Ich mache Hausaufgaben!)
Оле́г	Молоде́ц!
Та́ня	А ты где?
Оле́г	Я на рабо́те.
Та́ня	А где **ты** <u>**рабо́таешь**</u>?
Оле́г	**Я рабо́таю** в магази́не!
Та́ня	Я́сно!
Оле́г	Пока́!
Та́ня	Пока́!

> **де́лать** – machen, tun
> я де́лаю — мы де́лаем
> ты <u>де́лаешь</u> — Вы де́лаете
> он/она́ де́лает — они́ де́лают

> **рабо́тать** – arbeiten
> я рабо́таю — мы рабо́таем
> ты <u>рабо́таешь</u> — Вы рабо́таете
> он/она́ рабо́тает — они́ рабо́тают

19. Sprechen Sie die Wörter zum Thema «Моя́ кварти́ра» nach:

1. у́лица	die Straße	15. шкаф	der Schrank
2. дом	das Haus	16. телеви́зор	der Fernseher
3. кварти́ра	die Wohnung	17. кре́сло	der Sessel
4. ко́мната	das Zimmer	18. дива́н	das Sofa
5. ку́хня	die Küche	19. по́лка	das Regal
6. зал	das Wohnzimmer	20. ва́за	die Vase
7. коридо́р	der Korridor	21. плита́	der Herd
8. спа́льня	das Schlafzimmer	22. холоди́льник	der Kühlschrank
9. де́тская (ко́мната)	das Kinderzimmer	23. ла́мпа	die Lampe
10. ва́нная	das Bad	24. игру́шки	die Spielzeuge
11. туале́т	die Toilette	25. крова́ть	das Bett
12. балко́н	der Balkon	26. ва́нна	die Badewanne
13. стол	der Tisch	27. зе́ркало	der Spiegel
14. стул	der Stuhl		

Ру́сский язы́к I, «моя́ семья́»

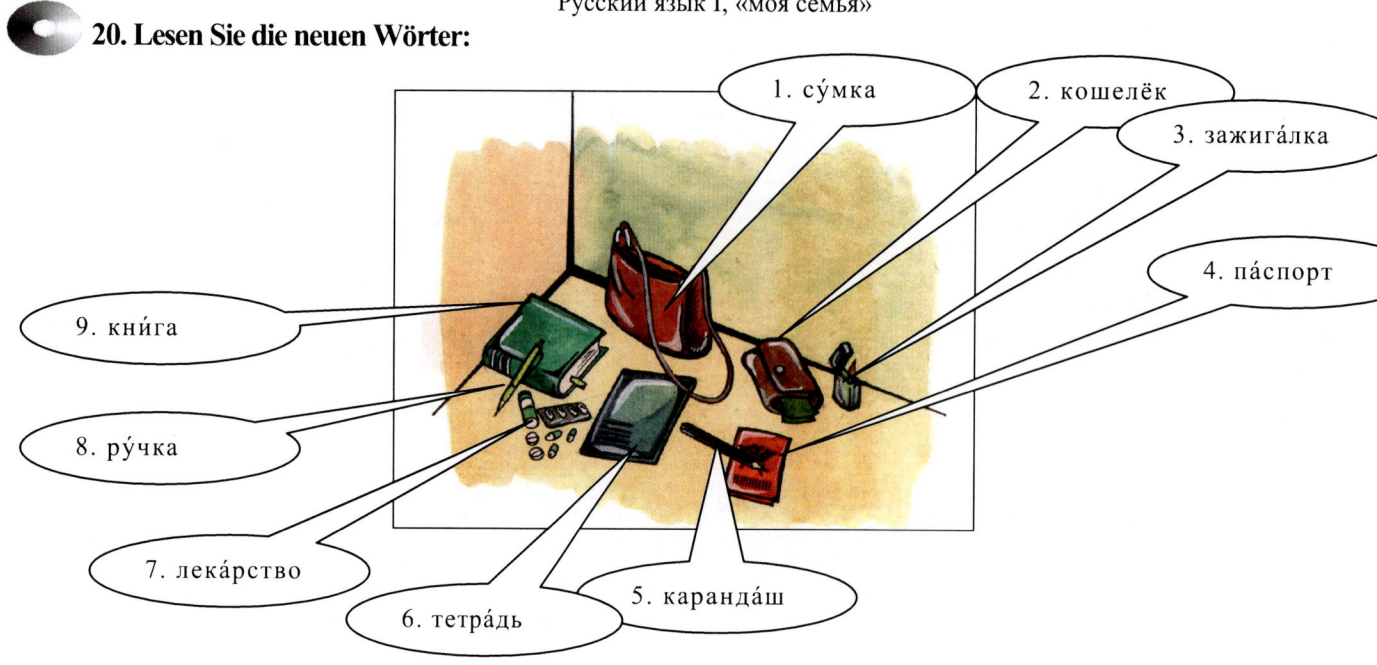

20. Lesen Sie die neuen Wörter:

1. су́мка
2. кошелёк
3. зажига́лка
4. па́спорт
5. каранда́ш
6. тетра́дь
7. лека́рство
8. ру́чка
9. кни́га

21. Hörverstehen. Was haben Sie über Alexander aus dem Text erfahren?

но́мер до́ма ....
но́мер кварти́ры ....
но́мер моби́льного телефо́на ....

но́мер телефо́на ....
но́мер маши́ны ....
но́мер фа́кса ....

Ру́сский язы́к I, «моя́ семья́»
Zusammenfassung der Seiten 87-92

1. Deklination der Substantive

	Kasusfragen	Maskulinum	Femininum		Neutrum
N	кто? что?	Берли́н	Москва́	Герма́ния	письмо́
G					
D					
Akk					
I					
P	über wen? über was? *	о Берли́не	о Москве́	о Герма́нии	о письме́

* Zusätzliche Frage: wo? – где?

Im Russischen gibt es 6 Kasus: Nominativ (N), Genitiv (G), Dativ (D), Akkusativ (Akk), Instrumental (I) und Präpositiv (P). Jeder Kasus hat 2 Kasusfragen; Akkusativ und Präpositiv haben noch Zusatzfragen. Nominativ hat 2 Kasusfragen (wer? – кто? / was? – что?) Präpositiv hat 2 Kasusfragen (über wen? – о ком? / über was? – о чём?) und eine Zusatzfrage (wo? – где?)

Nominativ
(Das ist …) **Was?**
Э́то Герма́н**ия**.
Э́то Берли́н_.

Präpositiv
(Ich lebe …) **Wo?**
Я живу́ в Герма́н**ии**.
Моя́ ма́ма живёт в Берли́н**е**.

2. Einige Besonderheiten der Zahlen im Russischen
а)
Die Zahl 1 heißt auf Russisch nur «оди́н»

Umgangsprachlich zählt man auf Russisch manchmal «раз» statt «оди́н»:
z.B: раз, два, три, четы́ре usw.

б)
Die Zahlen 1 und 2 beziehen sich auf das Geschlecht des Wortes, vor dem sie stehen:
z.B:

    оди́н ко́фе – ein Kaffee   **два ко́фе** – zwei Kaffee
    одна́ маши́на – ein Auto   **две маши́ны** – zwei Autos
    одно́ ра́дио – ein Radio   **два ра́дио** – zwei Radios
    одни́ джи́нсы – eine Jeans   **дво́е джи́нсов** – zwei Jeans

3. Neue Sätze mit Zahlen

1. Мой но́мер телефо́на ….
2. Мой но́мер фа́кса…
3. Мой но́мер до́ма…
4. Мой но́мер кварти́ры…
5. Мой но́мер маши́ны…
6. Мой но́мер моби́льного (телефо́на)…
7. Мой но́мер па́спорта ….

Ру́сский язы́к I, «моя́ семья́»

Zusätzliche Übungen:

22. Benutzen Sie korrekt die Wörter im Präpositiv:

Muster: апте́ка; в ....
в апте́ке

апте́ка	в	лаборато́рия	в ....
библиоте́ка	в	бюро́	в ....
банк	в	о́фис	в ....
поликли́ника	в	сало́н	в ....
магази́н	в	университе́т	в ....
фи́рма	в	фа́брика	на ....

23. Ergänzen Sie die Sätze über Ihre Familie:

1. Моя́ ма́ма рабо́тает ....
2. Мой па́па по профе́ссии .... и рабо́тает ....
3. У меня́ есть брат, он рабо́тает ....
4. Мою́ сестру́ зову́т .... Она́ рабо́тает ....
5. У меня́ есть подру́га, её зову́т .... Она́ рабо́тает ....
6. Мой друг .... по профе́ссии и рабо́тает ....

апте́ка	поликли́ника	лаборато́рия	сало́н
библиоте́ка	магази́н	бюро́	университе́т
банк	фи́рма	о́фис	фа́брика

24. Übersetzen Sie die Verben:

загора́ть – .... чита́ть – ....
гото́вить, вари́ть – .... фотографи́ровать – ....
смотре́ть телеви́зор – .... занима́ться спо́ртом – ....
отдыха́ть – .... игра́ть – ....

25. 1 Ergänzen Sie die Sätze über Ihre Familie:

1. Я о́чень люблю́ ....
2. Моя́ ма́ма по́вар и о́чень лю́бит ....
3. Мой брат фото́граф, у него́ есть фотоаппара́т, он лю́бит ....
4. Я не люблю́ ....
5. Моя́ дочь на мо́ре, она́ лю́бит ....
6. Мои́ ба́бушка и де́душка до́ма, они́ лю́бят ....
7. Мой друг спортсме́н, он лю́бит ....
8. Моя́ жена́ мно́го рабо́тает, но она́ лю́бит и ....
9. Мой муж о́чень лю́бит .... У него́ до́ма есть интере́сные кни́ги.

загора́ть
гото́вить, вари́ть
смотре́ть телеви́зор
отдыха́ть
чита́ть
фотографи́ровать
занима́ться спо́ртом
игра́ть

Ру́сский язы́к I, «моя́ семья́»

26. Beantworten Sie die Fragen:

1. Вы лю́бите гото́вить?
2. Ва́ша подру́га лю́бит игра́ть в те́ннис?
3. Вы лю́бите танцева́ть?
4. Вы лю́бите фотографи́ровать?
5. Вы лю́бите рабо́тать?
6. Ваш сын лю́бит игра́ть в футбо́л?
7. Где рабо́тает твоя́ жена́/ твой муж?
8. Твой племя́нник говори́т по-ру́сски?
9. Твоя́ племя́нница говори́т по-англи́йски?

27. Erzählen Sie über Timur:

де́душка Алекса́ндр пенсионе́р

ба́бушка Али́на пенсионе́р

де́душка Воло́дя врач

ба́бушка Светла́на учи́тель

Па́вел па́па инжене́р фа́брика

Мари́на ма́ма секрета́рь фи́рма

Тиму́р

Викто́рия (сестра́) студе́нтка

Э́то Тиму́р. У него́ есть семья́.

28. Übersetzen Sie schriftlich:

1. Mein Vorname ist Martin.
2. Mein Name ist Weber.
3. Ich habe einen Bruder. Er wohnt in Deutschland in Köln.

4. Das ist meine Freundin Olga. Sie ist Übersetzerin und arbeitet in einer Firma.
5. Das ist Russland. Wohnt Peter in Russland?
6. Sie hat eine Familie. Er hat eine Familie.
7. Seine Eltern sind Rentner.
8. Mein Freund spricht sehr gut Russisch, Deutsch und perfekt Englisch. Er ist Übersetzer von Beruf.
9. Magst du Tee, Kaffee oder Kakao?
10. Haben Sie eine Schwester? Wie heißt sie?
11. Haben Sie einen Bruder? Wie heißt er?
12. Ich habe ein Telefon. Hast du ein Handy?
13. Meine Telefonnummer ist 2-69-72
14. Wie ist deine Hausnummer?
15. Meine Nichte wohnt in Moskau. Ihre Postleitzahl ist

29. Übersetzen Sie. Ergänzen Sie die Sätze auf Russisch:

1. Ich wohne im Haus, meine Hausnummer ist…
2. Hast du ein Handy? Welche Handynummer hast du?
3. Das ist meine Oma. Ihre Telefonnummer ist …
4. Ich habe einen „Opel". Das Kennzeichen meines Autos ist…
5. Mein Bruder wohnt in einer Wohnung, seine Wohnungnummer ist …
6. Wie ist Ihre Paßnummer?
7. Meine Paßnummer ist …
8. Die Faxnummer im Büro ist …
9. Wie ist Ihre Postleitzahl?

Ру́сский язы́к I, «моя́ семья́»
Zusammenfassung zum Thema «моя́ семья́»

Der aktive Wortschatz zum Thema «моя́ семья́»

Substantive:	Verben:	Fragewörter:
семья́ – die Familie	рабо́тать – arbeiten	Како́й? – welcher?
ма́ма – die Mutter	рисова́ть – zeichnen	Где? – wo?
па́па – der Vater	де́лать – machen, tun	
роди́тели – die Eltern	фотографи́ровать – fotografieren	Possessivpronomina:
сын – der Sohn	чита́ть – lesen	мой, моя́, моё, мои́ – mein, meine
дочь – die Tochter	игра́ть – spielen	твой, твоя́, твоё, твои́ – dein, deine
де́ти – die Kinder	танцева́ть – tanzen	его́ – sein, seine
ба́бушка – die Oma	отдыха́ть – sich ausruhen	её – ihr, ihre
де́душка – der Opa	занима́ться спо́ртом – Sport treiben	Ваш, Ва́ша, Ва́ше, Ва́ши – Ihr, Ihre
брат – der Bruder	загора́ть – sich sonnen	
сестра́ – die Schwester		Fragen:
муж – der Ehmann	Zahlen:	У тебя́ есть де́ти? – Hast du Kinder?
жена́ – die Ehfrau	ноль – die Null	У Вас есть семья́? – Haben Sie eine Familie?
друг – der Freund	оди́н – die Eins	Како́й у тебя́ но́мер телефо́на? – Welche Telefonnummer hast du?
подру́га – die Freundin	два – die Zwei	Како́й у Вас но́мер телефо́на? – Welche Telefonnummer haben Sie?
племя́нник – der Neffe	три – die Drei	
племя́нница – die Nichte	четы́ре – die Vier	Sätze:
внук – der Enkel	пять – die Fünf	У меня́ есть ... – Ich habe ...
вну́чка – die Enkelin	шесть – die Sechs	У него́ есть ... – Er hat ...
и́мя – der Vorname	семь – die Sieben	У неё есть ... – Sie hat ...
фами́лия – der Familienname	во́семь – die Acht	Мой но́мер телефо́на ... – Meine Telefonnummer ist ...
	де́вять – die Neun	Мой но́мер фа́кса ... – Meine Faxnummer ist ...
	де́сять – die Zehn	Мой и́ндекс ... – Meine Postleitzahl ist ...

Konjugationen der Verben «жить», «говори́ть», «люби́ть», «рабо́тать»

	жить	говори́ть	люби́ть	рабо́тать
я	живу́	говорю́	люблю́	рабо́таю
ты	живёшь	говори́шь	лю́бишь	рабо́таешь
он, она́, (оно́)	живёт	говори́т	лю́бит	рабо́тает
мы	живём	говори́м	лю́бим	рабо́таем
Вы	живёте	говори́те	лю́бите	рабо́таете
они́	живу́т	говоря́т	лю́бят	робо́тают

Ру́сский язы́к I, «моя́ семья́»
Deklination der Substantive

	Maskulinum	Femininum		Neutrum
N кто? что?	Берли́н	Москва́	Герма́ния	письмо́
G				
D				
Akk				
I				
P worüber?*	о Берли́не	о Москве́	о Герма́нии	о письме́

* zusätzliche Frage wo? –где?

Possessivpronomina

	Femininum	Maskulinum	Neutrum	Plural
я	моя́	мой	моё	мои́
ты	твоя́	твой	твоё	твои́
он	его́	его́	его́	его́
она́	её	её	её	её
оно́	его́	его́	его́	его́
мы	на́ша	наш	на́ше	на́ши
Вы, вы	Ва́ша, ва́ша	Ваш, ваш	Ва́ше, ва́ше	Ва́ши, ва́ши
они́	их	их	их	их

Deklination der Personalpronomina

N	я	ты	он	она́	оно́	мы	Вы, вы	они́
G	меня́	тебя́	(н)его́	(н)её	(н)его́	нас	Вас, вас	(н)их
D	мне	тебе́	ему́	ей	ему́	нам	Вам, вам	им
Akk	меня́	тебя́	его́	её	его́	нас	Вас, вас	их
I	мной	тобо́й	(н)им	(н)ей	(н)им	на́ми	Ва́ми, ва́ми	(н)и́ми
P	(обо́) мне	о тебе́	о нём	о ней	о нём	о нас	о Вас, вас	о них

Ру́сский язы́к I, «моя́ семья́»
ТЕСТ

и́мя ....

1. Benutzen Sie die Substantive im korrekten Kasus:

1. Мы живём в .... Росси́я
2. Моя́ сестра́ живёт в .... Кёльн
3. Мой брат по профе́ссии экономи́ст, он рабо́тает в .... фи́рма
4. Мои́ ро́дители живу́т в .... Герма́ния
5. Твоя́ жена́ рабо́тает в .... бюро́
6. Ваш муж врач? Он рабо́тает в ....? поликли́ника

2. Konjugieren Sie die Verben:

	жить	говори́ть	люби́ть	рабо́тать
я				
ты				
он, она́, (оно́)				
мы				
Вы				
они́				

3. Vervollständigen Sie die Sätze mit Possessivpronomina:

Muster:
.... муж лю́бит гото́вить.
Твой муж лю́бит гото́вить.

ты	он	она́
1. .... муж лю́бит гото́вить.	1. .... дочь не рабо́тает.	1. .... ба́бушка не рабо́тает.
2. .... внук учени́к.	2. .... сын лю́бит танцева́ть.	2. .... де́душка врач.
3. .... вну́чка студе́нтка.	3. .... де́ти живу́т в Бо́нне.	3. .... де́ти лю́бят отдыха́ть.
4. .... ро́дители пенсионе́ры.	4. Э́то не .... ра́дио.	4. .... племя́нник спортсме́н.
5. Э́то .... кака́о.	5. .... шеф в бюро́.	5. Э́то .... бюро́.

Вы	они́	я
1. Кто .... подру́га по профе́ссии?	1. .... дом в Берли́не.	1. .... сестра́ перево́дчик.
2. .... друг лю́бит танцева́ть?	2. .... кварти́ра в Мю́нхене.	2. .... брат говори́т о́чень хорошо́ по-испа́нски.
3. Э́то .... ро́зы?	3. .... де́ти лю́бят шокола́д.	3. .... дя́дя пило́т.
4. Э́то .... бюро́?	4. Э́то .... ра́дио.	4. .... тётя на рабо́те.
5. .... ма́ма учи́тель?	5. .... па́па говори́т по-неме́цки?	5. Э́то не .... де́ти.

4. Benutzen Sie korrekt die Personalpronomina:

Im Genitiv:	Im Akkusativ:
1. У .... есть семья́ (я).	1. .... зову́т А́нна (я).
2. У .... есть де́ти? (Вы).	2. Как .... зову́т? (ты).
3. У .... есть фотоаппара́т? (он).	3. Как .... зову́т (Вы).
4. У .... есть сестра́? (она́).	4. У меня́ есть сестра́. .... зову́т Э́рика (она́).
5. У .... есть вну́ки? (Вы).	5. У меня́ есть муж. .... зову́т Кла́ус (он).
6. У .... есть подру́га? (ты)	6. .... зову́т Ле́на и Па́вел (они́).
7. У .... есть ба́бушка и де́душка (они́).	7. .... зову́т господи́н Мю́ллер? (Вы).
8. У .... есть маши́на (мы).	8. .... зову́т Све́та и Али́на (мы).
9. У .... есть чай? (ты).	9. Как .... зову́т? (она́).

5. Beantworten Sie die Fragen:

1. Како́й у тебя́ но́мер телефо́на?
....
2. Како́й у Вас но́мер фа́кса?
....
3. Како́й у тебя́ но́мер до́ма?
....
4. Како́й у тебя́ но́мер па́спорта?
....
5. Како́й у Вас но́мер моби́льного телефо́на?
....
6. Како́й у Вас и́ндекс?
....
7. Како́й у тебя́ но́мер маши́ны?
....

Ру́сский язы́к I, «моя́ кварти́ра»

Kapitel III

Meine Wohnung/ Моя́ кварти́ра

1. Это кварти́ра:

В кварти́ре есть: гости́ная, зал (1) спа́льня (4), балко́н (3), коридо́р (6), ва́нная (7), туале́т, де́тская (ко́мната) (5), ку́хня (2)

1. 2 Erzählen Sie über Ihre Wohnung. Stellen Sie sich gegenseitig Fragen:

Каки́е ко́мнаты есть у тебя́ в кварти́ре? Каки́е ко́мнаты есть у Вас в кварти́ре?
У меня́ в кварти́ре есть...... У меня́ в кварти́ре есть......

2. Lesen Sie und übersetzen Sie:

<u>гости́ная, зал</u>: телеви́зор, стол, стул, ла́мпа (торше́р), шкаф, дива́н, кре́сло
<u>спа́льня</u>: крова́ть, поду́шка, одея́ло, ла́мпа (торше́р), шкаф
<u>коридо́р</u>: ве́шалка, оде́жда, пальто́, ша́пка, ку́ртка, ла́мпа (торше́р), шкаф
<u>ва́нная</u>: ла́мпа (торше́р), шкаф, ва́нна, зе́ркало
<u>де́тская</u>: ку́кла, мяч, игру́шки, ла́мпа (торше́р), шкаф, стол, стул, по́лка, часы́
<u>ку́хня</u>: кастрю́ля, плита́, холоди́льник, стол, стул, шкаф

Ру́сский язы́к I, «моя́ кварти́ра»

3. Füllen Sie die Tabelle aus:

зал	в за́ле
спа́льня	в ....
ку́хня	в / на ....
туале́т	в ....
коридо́р	в ....
балко́н	на ....
гости́ная	в гости́ной
ва́нная	в ....
де́тская	в ....

	Femininum			Maskulinum	
N	Москва́	спа́льня	гости́ная	Берли́н	коридо́р
G					
D					
Akk					
I					
P	Москве́	спа́льне	гости́ной	Берли́не	коридо́ре

4. Was gibt es in den Zimmern?

гости́ная/ зал	стол,
спа́льня	
де́тская (ко́мната)	
ку́хня	
ва́нная	ва́нна
туале́т	
коридо́р, прихо́жая	

5. Fragen Sie Ihre Kollegen in der Gruppe:

Muster:

- Что есть <u>у тебя́ в за́ле</u>?
- В за́ле у меня́ есть стол, стул, телеви́зор, кре́сло, дива́н, шкаф и цветы́.

- Что есть <u>у Вас в спа́льне</u>?
- В спа́льне у меня́ есть крова́ть, ла́мпа, шкаф, одея́ло, поду́шки

зал	коридо́р	гости́ная	ку́хня
спа́льня	де́тская	ва́нная	балко́н

Ру́сский язы́к I, «моя́ кварти́ра»

6. Nennen Sie die Gegenstände auf Russisch:

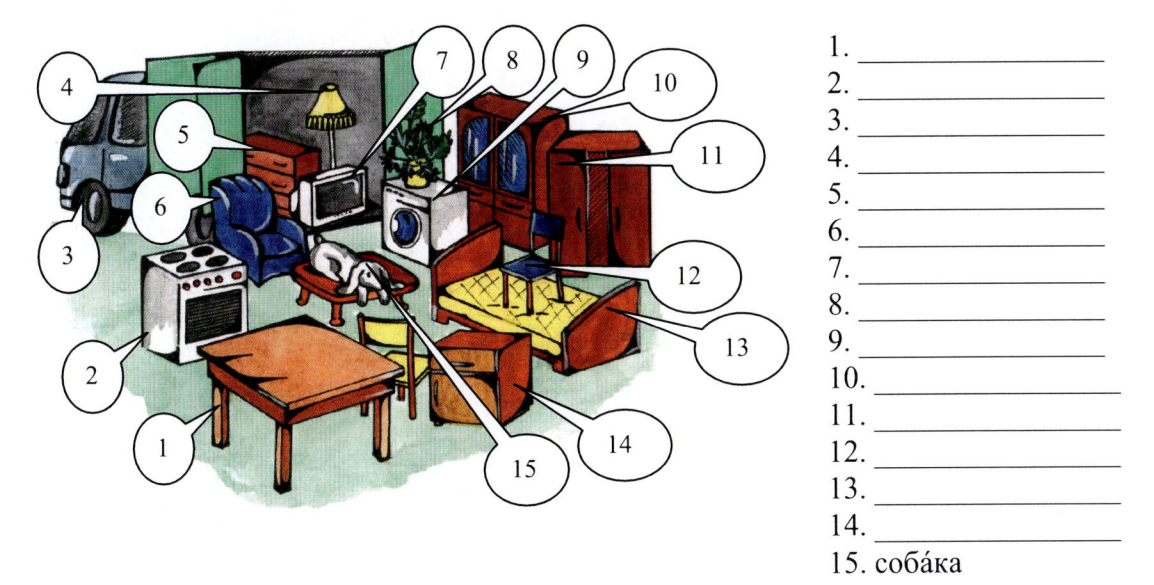

1. _____
2. _____
3. _____
4. _____
5. _____
6. _____
7. _____
8. _____
9. _____
10. _____
11. _____
12. _____
13. _____
14. _____
15. соба́ка

6.1 Beantworten Sie die Fragen zu dem obigen Bild:

1. Что стои́т в маши́не?
2. Что стои́т на стира́льной маши́не?
3. Что стои́т на крова́ти?
4. Где лежи́т соба́ка?
5. Цвето́к стои́т на столе́ и́ли на крова́ти?
6. Соба́ка лежи́т на столе́ и́ли на шкафу́?
7. Сту́л стои́т на полу́, в кре́сле и́ли на крова́ти?
8. Телеви́зор стои́т в маши́не и́ли на ту́мбочке?
9. Торше́р стои́т в маши́не?
10. Где стои́т комо́д?

7. Bilden Sie Dialoge nach dem vorgegebenen Muster. Die Bilder in der Übung 6 helfen Ihnen:

Muster:

- У тебя́ есть стол?
- Да, у меня́ есть стол.
- Где стои́т твой стол?
- Он стои́т в за́ле.

- У Вас есть стира́льная маши́на?
- Да, у меня́ есть стира́льная маши́на.
- Где она́ стои́т?
- Она́ стои́т в ва́нной.

стои́т – steht
стоя́т – stehen
лежи́т - liegt
лежа́т - liegen

8. Beschreiben Sie die Bilder:

1
Э́то ку́хня.
На ку́хне есть холоди́льник, плита́, шкафы́, стол, стул.

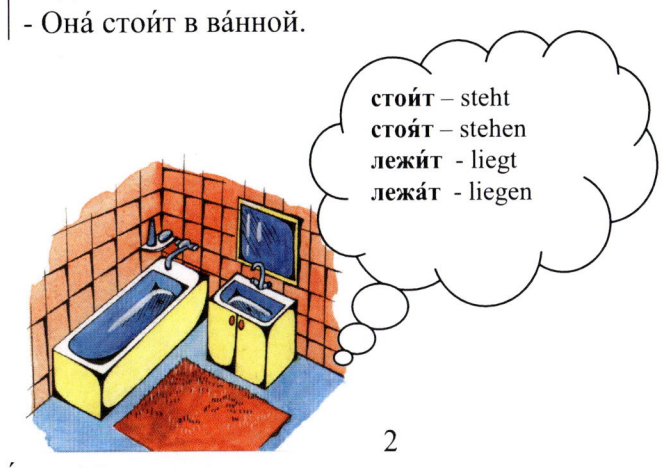

2
Э́то ва́нная.
В ва́нной есть вода́, шкаф, зе́ркало, ва́нна.
На полу́ лежи́т ковёр.

Ру́сский язы́к I, «моя́ кварти́ра»

8. 1 Stellen Sie diese Fragen Ihren Kollegen in der Gruppe:

1. У тебя́ в кварти́ре есть ку́хня?
2. Что у тебя́ стои́т в ку́хне?
3. У тебя́ на ку́хне стои́т холоди́льник?
4. У тебя́ на ку́хне есть шкаф?

1. У Вас в до́ме есть ва́нная?
2. У Вас в ва́нной стои́т ва́нна?
3. Что у Вас лежи́т в ва́нной на полу́?
4. У Вас есть шкаф в ва́нной?

9. Lesen und übersetzen Sie:

Э́то гости́ная. Здесь есть дива́н, кре́сло. В це́нтре стои́т стол. На столе́ лежи́т кни́га. На дива́не лежи́т поду́шка. На полу́ стои́т цвето́к.

Э́то спа́льня. В спа́льне стоя́т крова́ть, шифонье́р, комо́д и ту́мбочка. На ту́мбочке стоя́т часы́. На крова́ти лежа́т поду́шки. На комо́де стои́т ва́за, а в ва́зе стои́т цвето́к.

9. 1 Stellen Sie sich gegenseitig diese Fragen zu den Texten und beantworten Sie diese:

1. Что стои́т в гости́ной?
2. Что стои́т в це́нтре?
3. Что лежи́т на дива́не?
4. Что есть в спа́льне?

10. Bestimmen Sie das Geschlecht der Wörter:

Muster: моя́ гости́ная, мой зал, мои́ игру́шки

гости́ная, зал, игру́шки, спа́льня, балко́н, коридо́р, ва́нная, туале́т, де́тская, ку́хня; кастрю́ля, плита́, холоди́льник, стол, стул, шкаф, ку́кла, мяч, ла́мпа (торше́р), по́лка, часы́

| мой |
| моя́ |
| моё |
| мои́ |

ва́нна, зе́ркало, ве́шалка, оде́жда, пальто́, ша́пка, ку́ртка, крова́ть, поду́шка, одея́ло, дива́н, кре́сло, телеви́зор, стол

| твой |
| твоя́ |
| твоё |
| твои́ |

11. Ergänzen Sie die Säze:

1. Комо́д стои́т в ...
2. Холоди́льник стои́т в ...
3. Ковёр лежи́т в ...
4. Шкаф стои́т у меня́ ...
5. На балко́не стои́т у меня́ ...
6. Крова́ть стои́т в ...

Ру́сский язы́к I, «моя́ кварти́ра»

7. В ку́хне стои́т ...
8. Поду́шки лежа́т на ...
9. В ва́зе стои́т / стоя́т ..../ ....
10. На по́лке лежа́т ....
11. Кни́га лежи́т ...

12. Lassen Sie Ihre Kollegen in der Gruppe ihre Wohnungen beschreiben. (Das Muster hilft Ihnen):

Muster:

1. Ты живёшь в до́ме и́ли в кварти́ре?	1. У Вас в до́ме есть спа́льня?
2. Каки́е ко́мнаты есть у тебя́ в кварти́ре?	2. Что у Вас стои́т в ва́нной?
3. У тебя́ в кварти́ре есть зал?	3. У Вас есть балко́н и́ли терра́са?
4. Что у тебя́ есть в за́ле?	4. А что у Вас стои́т в де́тской?

*13. Lesen Sie und übersetzen Sie den Dialog zwischen Monika und Peter:

1. Das Zimmer von Monika   2. Das Zimmer von Peter

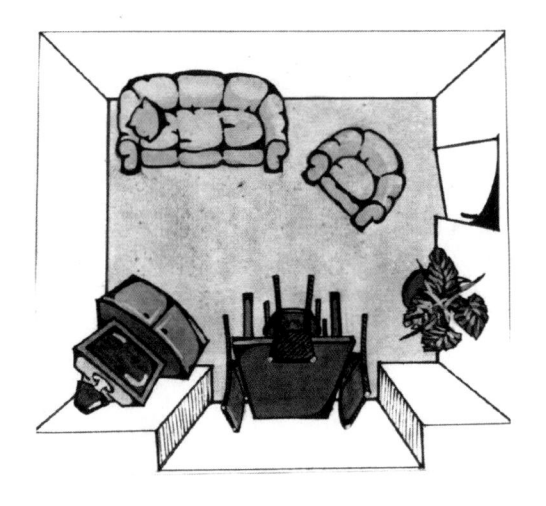

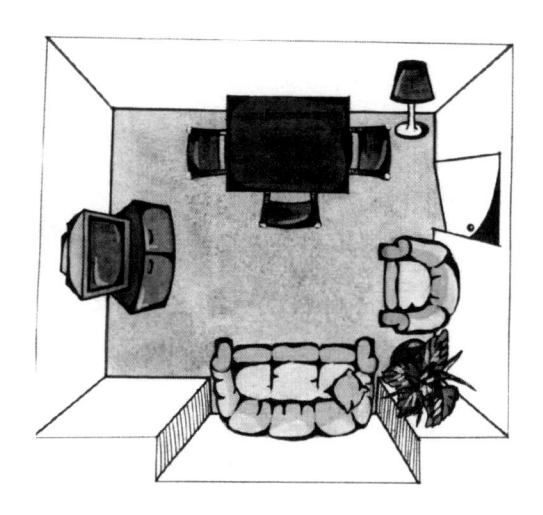

Пётр:	- Приве́т, Мо́ника, как дела́?
Мо́ника:	- Спаси́бо, непло́хо, а у тебя́?
Пётр:	- Отли́чно, у меня́ тепе́рь но́вая ко́мната!
Мо́ника:	- Пра́вда? У меня́ то́же!!! Твоя́ ко́мната больша́я?
Пётр:	- Нет, она́ ма́ленькая, но там есть всё. А твоя́?
Мо́ника:	- Моя́ ко́мната то́же ма́ленькая, но кла́ссная. Там стоя́т дива́н, кре́сло, стол и телеви́зор. А в твое́й ко́мнате?
Пётр:	- У меня́ то́же есть дива́н, кре́сло, стол и телеви́зор. Телеви́зор стои́т у стены́, в углу́ – цвето́к.
Мо́ника:	- О, у меня́ наоборо́т, телеви́зор стои́т в углу́, а цвето́к – у стены́.
Пётр:	- Ты сего́дня до́ма ве́чером?
Мо́ника:	- Да.
Пётр:	- Приходи́ ко мне в го́сти, посмо́тришь как я живу́!
Мо́ника:	- Кла́ссно, пока́, до ве́чера!
Пётр:	- Пока́!

Ру́сский язы́к I, «моя́ кварти́ра»

13. 1 Beantworten Sie die Fragen zum Dialog:

1. Мо́ника живёт в кварти́ре?
2. Пётр живёт в ко́мнате? Кака́я у него́ ко́мната?
3. Что стои́т у неё в ко́мнате?
4. Что стои́т у него́ в ко́мнате?

14. Was gehört nicht in die Reihe?

	Bezeichnung des Zimmers
1. телеви́зор, стол, стул, ла́мпа, шкаф, дива́н, кре́сло, оде́жда, ве́шалка	зал
2. крова́ть, поду́шка, одея́ло, торше́р, шкаф, ва́нна	....
3. ве́шалка, оде́жда, пальто́, ша́пка, ку́ртка, ла́мпа, шкаф, кастрю́ля	....
4. ла́мпа (торше́р), шкаф, ва́нна, зе́ркало, ве́шалка, холоди́льник	....
5. ку́кла, мяч, игру́шки, крова́ть, шкаф, стол, стул, по́лка, плита́	....
6. кастрю́ля, плита́, холоди́льник, стол, стул, шкаф, часы́, крова́ть	....

15. Wiederholen Sie die Zahlen zu zweit. Stellen Sie sich gegenseitig die folgenden Fragen:

1. Како́й у Вас а́дрес? | - Я живу́ ...
2. Како́й у тебя́ но́мер телефо́на? | - Мой но́мер телефо́на....
3. Како́й у тебя́ но́мер фа́кса? | - Мой но́мер фа́кса...
4. Како́й у тебя́ но́мер до́ма? | - Мой но́мер до́ма...
5. Како́й у тебя́ но́мер со́тового (телефо́на)? | - Мой но́мер со́тового (телефо́на) ......
6. Како́й у тебя́ но́мер маши́ны? | - Мой но́мер маши́ны...
7. Како́й у Вас но́мер па́спорта? | - Мой но́мер па́спорта...

16. Wiederholen Sie die Verben. Lesen und übersetzen Sie:

загора́ть

гото́вить, вари́ть

смотре́ть телеви́зор

отдыха́ть

чита́ть

рабо́тать

фотографи́ровать

занима́ться спо́ртом

Рýсский язы́к I, «моя́ кварти́ра»

17 Stellen Sie sich gegenseitig die Fragen:

Muster:
- Ты лю́бишь рабо́тать?
- Да, я люблю́ рабо́тать.

Oder:
- Нет, я не люблю́ рабо́тать.

Ты лю́бишь ...	рабо́тать	вари́ть
	рисова́ть	отдыха́ть
Вы лю́бите ...	чита́ть	фотографи́ровать
	загора́ть	занима́ться спо́ртом
Я люблю́...	смотре́ть телеви́зор	гото́вить

18. Hörverstehen. Beantworten Sie die Fragen zum Text:

1. Каки́е ко́мнаты есть в кварти́ре?
2. В до́ме есть терра́са и балко́н?
3. Что стои́т на балко́не?
4. Что стои́т в за́ле (в гости́ной)?
5. Где стои́т телеви́зор?
6. Где стои́т дива́н?
7. Что стои́т в углу́, в за́ле?
8. Что лежи́т на полу́ в за́ле?
9. Где стоя́т кни́ги?
10. Что есть в ку́хне?
11. Что стои́т в коридо́ре?

Ру́сский язы́к I, «моя́ кварти́ра»
Zusammenfassung zum Thema «моя́ кварти́ра»

Der aktive Wortschatz zum Thema «моя́ кварти́ра»

Substantive:
кварти́ра – die Wohnung
дом – das Haus
ко́мната – das Zimmer
ку́хня – die Küche
зал/гости́ная – das Wohnzimmer
коридо́р – der Flur
балко́н – der Balkon
спа́льня – das Schlafzimmer
де́тская ко́мната – das Kinderzimmer
туале́т – die Toilette
ва́нная – das Bad

гости́ная/зал:
дива́н – das Sofa
кре́сло – der Sessel
стол – der Tisch
шкаф – der Schrank
ковёр – der Teppich
телеви́зор – der Fernseher
ла́мпа – die Lampe
торше́р – die Stehlampe

де́тская (ко́мната)
по́лка – das Regal
игру́шка/ игру́шки – das Spielzeug
часы́ – die Uhr

спа́льня:
крова́ть – das Bett
карти́на – das Bild
поду́шка – das Kissen
одея́ло – die Decke
шифонье́р – der Kleiderschrank
ва́за – die Vase
цвето́к/цветы́ – die Blume/Blumen

ку́хня:
стул/ сту́лья – der Stuhl/Stühle
холоди́льник – der Kühlschrank
што́ра/што́ры – die Vorhänge
плита́ – der Herd
кастрю́ля – der Topf

ва́нная:
ва́нна – die Badewanne
ра́ковина – das Waschbecken
зе́ркало – der Spiegel
вода́ – das Wasser
пол; на полу́ – der Fußboden; auf dem Fußboden

коридо́р:
ве́шалка – die Garderobe
телефо́н – das Telefon
оде́жда – die Kleidung
о́бувь – die Schuhe

Verben:
стоя́ть – stehen
лежа́ть – liegen

Präpositionen:
в – in, auf
на – auf, in

Fragen:
Что есть в за́ле? – Was gibt es im Wohnzimmer?
Что стои́т в ку́хне? – Was steht in der Küche?
Что лежи́т на полу́? – Was liegt auf dem Fußboden?
Где лежи́т кни́га? – Wo liegt das Buch?

Sätze:
В ку́хне есть … In der Küche gibt es …
В за́ле стои́т … Im Wohnzimmer steht …

Die Konjugation der Verben «лежа́ть» «стоя́ть»

	стоя́ть - stehen
я	стою́
ты	стои́шь
она́/он	стои́т
мы	стои́м
Вы	стои́те
они́	стоя́т

	лежа́ть - liegen
я	лежу́
ты	лежи́шь
она́/он	лежи́т
мы	лежи́м
Вы	лежи́те
они́	лежа́т

Deklination der Substantive

N	комната (f)	спальня (f)	гостиная (f)	кровать (f)	Германия (f)
G					
D					
Akk					
I					
P	о комнате	о спальне	о гостиной	о кровати	о Германии

N	зал (m)	коридор (m)	пол (m)	шкаф (m)	кресло (n)
G					
D					
Akk					
I					
P	о зале	о коридоре	о поле на полу (wo?)	о шкафе на шкафу (wo?)	о кресле

Manche männlichen Substantive haben im Präpositiv die Endung **у**, wenn man die Frage **wo?** stellt. Z.B die Wörter «пол» und «шкаф».

Die Possessivpronomina

	Femininum	Maskulinum	Neutrum	Plural
я	моя	мой	моё	мои
ты	твоя	твой	твоё	твои
он	его	его	его	его
она	её	её	её	её
оно	его	его	его	его
мы	наша	наш	наше	наши
Вы, вы	Ваша, ваша	Ваш, ваш	Ваше, ваше	Ваши, ваши
они	их	их	их	их

Deklination der Personalpronomina

N	я	ты	он	она	оно	мы	Вы, вы	они
G	меня	тебя	(н)его	(н)её	(н)его	нас	Вас, вас	(н)их
D	мне	тебе	ему	ей	ему	нам	Вам, вам	им
Akk	меня	тебя	его	её	его	нас	Вас, вас	их
I	мной	тобой	(н)им	(н)ей	(н)им	нами	Вами, вами	(н)ими
P	(обо) мне	о тебе	о нём	о ней	о нём	о нас	о Вас, вас	о них

Ру́сский язы́к I, «моя́ кварти́ра»
Frageworter

	Beispiele - Sätze
кто – wer? (N)	**Кто** э́то?
	Кто ты по профе́ссии?
что – was? (N)	**Что** э́то?
	Что стои́т в за́ле?
как – wie?	**Как** тебя́ зову́т?
	Как дела́?
где – wo? (P)	**Где** ты живёшь?
	Где ты рабо́таешь?
како́й – wie? welcher?	**Како́й** у тебя́ но́мер телефо́на?
кака́я – wie? welche?	**Кака́я** у тебя́ маши́на?
како́е – wie? welches?	**Како́е** у тебя́ зе́ркало?
каки́е – wie? welche?	**Каки́е** ко́мнаты у Вас в кварти́ре?

Ру́сский язы́к I, «моя́ кварти́ра»
Zusätzliche Übungen

19. Beantworten Sie die Fragen:

1. Ты живёшь в до́ме и́ли в кварти́ре? ....
....

2. У тебя́ есть балко́н и́ли терра́са в до́ме? ....
....

3. Каки́е у вас ко́мнаты в до́ме? ....
....

4. Что стои́т у Вас в за́ле? ....
....

5. Что стои́т у Вас в ку́хне? ....
....

6. Что стои́т у Вас в шкафу́? ....
....

20. Übersetzen Sie die Wörter:

Wohnzimmer: Fernseher, Stuhl, Schrank, Sofa, Sessel
....

Schlafzimmer: Bett, Lampe, Federbett, Kissen
....

Flur: Kleidung, Mantel, Mütze, Jacke
....

Bad: Badewanne, Spiegel
....

Kinderzimmer: Puppe, Spielzeug, Regal, Uhr
....

Küche: Kühlschrank, Herd, Topf
....

21. Finden Sie die richtigen Endungen:
Muster: В мое́й .... есть спа́льня, зал, де́тская, коридо́р и балко́н (кварти́ра).
В мое́й кварти́ре есть спа́льня, зал, де́тская, коридо́р и балко́н.
1. В мое́й .... есть спа́льня, зал, де́тская, коридо́р и балко́н (кварти́ра).
2. В .... стоя́т шкаф, стол, сту́лья, холоди́льник и плита́ (ку́хня).
3. Что стои́т у тебя́ в .... (спа́льня)?
4. На .... лежи́т одея́ло (крова́ть).
5. В .... стоя́т цветы́ (ва́за).
6. Игру́шки и ку́кла лежа́т в .... (де́тская).
7. В .... лежа́т кни́ги, журна́лы (шкаф).
8. Что лежи́т на .... (по́лка)?
9. На .... на .... стоя́т сту́лья, стол, шкафы́, холоди́льник и плита́ (ку́хня; пол).
10. На .... стои́т кастрю́ля (плита́).
11. На .... стои́т крова́ть (пол).

22. Beschreiben Sie das Bild:

Здесь есть мебель: стол, стул, ту́мбочка, плита́ ....

23. Ergänzen Sie die Sätze. Finden Sie dabei das richtige Possessivpronomen:

Muster: .... комо́д стои́т в коридо́ре (он).
       Его́ комо́д стои́т в коридо́ре (он).

1. .... комо́д стои́т в коридо́ре (он).
2. .... холоди́льник стои́т в ку́хне, на полу́ (она́).
3. .... ковёр лежи́т в за́ле, на полу́ (я.)
4. .... шкаф стои́т у меня́ в спа́льне (я).
5. На балко́не стои́т .... кре́сло (мы).
6. .... крова́ть стои́т в спа́льне (они́).
7. В ку́хне стои́т .... плита́ (ты)?
8. .... поду́шки лежа́т на дива́не (Вы)?
9. В .... ва́зе стоя́т .... ро́зы (она́; он).
10. На по́лке лежа́т .... кни́ги (они́).
11. .... кни́га лежи́т на столе́ (ты).
12. .... маши́на стои́т в гараже́ (мы).

24. Übersetzen Sie die Fragen:

1. Hast du eine Wohnung?
2. Was steht bei ihr in der Küche?
3. Was steht bei ihm im Wohnzimmer?
4. Wie ist Ihre Telefonnummer?
5. Welche Zimmer gibt es bei uns in der Wohnung?
6. Welches Spielzeug gibt es im Kinderzimmer?

Kapitel IV
Приятного аппетита / Guten Appetit

Wiederholung der Themen «знакомство», «моя семья», «моя квартира»

I Das Thema «знакомство»

1. Welche Begrüssungen kennen Sie auf Russisch:

2. Welche Begrüßungen und Anreden sind offiziell?

• Здравствуйте!	off
• Добрый день!	……
• Доброе утро!	……
• Добрый вечер!	……
• Привет!	inoff
• Здорово!	……
• Алло!	……
• До свидания!	……
• До встречи!	……
• Всего доброго!	……

• Спокойной ночи!	off/inoff
• Пока!	……
• Вы говорите по-русски?	……
• Кто ты по профессии?	……
• Вы живёте в Москве?	……
• Ты говоришь по-немецки?	……
• Кто Вы по профессии?	……
• Где ты живёшь?	……
• Как поживаешь?	……
• Очень приятно!	……

Его - ist das Possessivpronomen sein/ seine. Man liest [евó]

3. Lesen und übersetzen Sie:

Это Александр Петров. Он живёт в Новгороде. Он русский. Александр говорит хорошо по-немецки, немного по-английски. Он по профессии музыкант. Его адрес - улица Пушкина, 25. Его телефон 25-45-90.

фамилия……………………………
имя……………………………
профессия……………………………
адрес……………………………
телефон……………………………
факс……………………………

- Was wissen Sie über Alexander Petrov? Erzählen Sie auf Russisch.

Ру́сский язы́к II, «прия́тного аппети́та»

4. Lesen Sie die Dialoge:

диало́г 1
- Приве́т, Мо́ника!
- Приве́т, Кристи́на!
- Где ты живёшь?
- Я живу́ на у́лице Ломоно́сова, а ты?
- А я живу́ на у́лице Толсто́го.
- Ты <u>лю́бишь</u> ко́фе?
- Да, я <u>люблю́</u> и ко́фе и чай. А ты <u>лю́бишь</u> ко́фе?
- Нет, я не люблю́ ко́фе. Я люблю́ кака́о и чай.

диало́г 2
- До́брое у́тро, Еле́на Алексе́евна!
- Здра́вствуйте, Никола́й Петро́вич!
- Вы говори́те по-англи́йски?
- К сожале́нию, нет, а Вы?
- Да, я говорю́ о́чень хорошо́ по-англи́йски.
- Вы <u>лю́бите</u> шокола́д?
- Да, я о́чень <u>люблю́</u> шокола́д и мармела́д и то́рты. А Вы лю́бите то́рты?
- Нет, я не люблю́ то́рты.

5. Übersetzen Sie:

я	ты	он	она́	оно́	мы	Вы	они́
ich							

6. Lesen Sie den Dialog zum Thema „Bekanntschaft"

господи́н Мю́ллер:	До́брое у́тро!
Пётр Ива́нович:	Здра́вствуйте!
господи́н Мю́ллер:	Как Вас зову́т?
Пётр Ива́нович:	Меня́ зову́т Пётр Ива́нович. А Вас?
господи́н Мю́ллер:	<u>О́чень прия́тно.</u> Меня́ - господи́н Мю́ллер. Вы ру́сский?
Пётр Ива́нович:	Да. Я ру́сский, я из Росси́и. А Вы?
господи́н Мю́ллер:	Я из Герма́нии. (А) <u>где</u> Вы живёте?
Пётр Ива́нович:	Я живу́ в Москве́. А Вы?
господи́н Мю́ллер:	Я живу́ в Берли́не. Как у Вас дела́?
Пётр Ива́нович:	Отли́чно! А у Вас?
господи́н Мю́ллер:	Спаси́бо, хорошо́.
Пётр Ива́нович:	До встре́чи!
господи́н Мю́ллер:	До свида́ния!

II Das Thema «моя́ семья́»

7. Stellen Sie sich gegenseitig diese Fragen:

| 1. У тебя́ есть семья́? | - Да, ... | семья́, ма́ма, па́па, роди́тели, сын, дочь, де́ти, брат, сестра́, муж, жена́, друг, подру́га, дя́дя, тётя, племя́нник, племя́нница |
| 2. У Вас есть семья́? | - Нет, не́ту. | |

8. Lesen Sie den Text und geben Sie den Inhalt wieder:

Это А́нна и Ива́н. **Их** фами́лия Петро́вы. Они́ живу́т в Москве́, на у́лице Пу́шкина, 3. Ива́н рабо́тает в фи́рме, он экономи́ст по профе́ссии. **Его́** жена́ парикма́хер, она́ рабо́тает в сало́не. А́нна симпати́чная и стро́йная, а **её** муж Ива́н - спорти́вный. Они́ говоря́т по-ру́сски, немно́го по-неме́цки и о́чень хорошо́ по – англи́йски. А́нна лю́бит гото́вить, а Ива́н лю́бит спорт.

жена́   муж   сын

9. Erzählen Sie über Timur:

	де́душка Алекса́ндр пенсионе́р	ба́бушка Али́на пенсионе́р	де́душка Воло́дя врач	ба́бушка Светла́на учи́тель	
Па́вел па́па инжене́р фа́брика					Мари́на ма́ма секрета́рь фи́рма
	Тиму́р		Викто́рия (сестра́) студе́нтка		

Это Тиму́р. У него́ есть семья́. ....
....

10. Verwenden Sie die Substantive mit dem Possessivpronomen:

Muster: моя́ семья́, моя́ ма́ма

семья́, ма́ма, па́па, роди́тели, сын, дочь, де́ти, брат, сестра́, муж, жена́, друг, подру́га, дя́дя, тётя, племя́нник, племя́нница

мой
моя́
моё
мои́

семья́, роди́тели, внук, вну́чка, сын, дочь, де́ти, муж, жена́, ба́бушка, друг, подру́га, дя́дя, тётя, племя́нник, племя́нница, де́душка

твой
твоя́
твоё
твои́

Ру́сский язы́к II, «прия́тного аппети́та»

11. Machen Sie die Übung nach dem Muster:

Muster: Москва́ – в …………..; Бонн – в …………..; Герма́ния – в …………..;
в Москве́; в Бо́нне, в Герма́нии,

Москва́ – в …………..	Герма́ния – в …………..
Бонн – в …………..	Росси́я – в …………..
Пари́ж – в …………..	Ита́лия – в …………..
Ло́ндон – в …………..	Испа́ния – в …………..
Ге́йдельберг – в …………..	А́нглия – в …………..
Но́вгород – в …………..	Ту́рция – в …………..
Афганиста́н – в …………..	Япо́ния – в …………..
Аме́рика – в …………..	

12. Erzählen Sie auf Russisch über Ihre Familie:

а)

Мой брат рабо́тает в …………..	магази́н	апте́ка	кино́
Моя́ сестра́ рабо́тает в …………..	фи́рма	университе́т	бюро́
Моя́ ма́ма рабо́тает в …………..	шко́ла	поликли́ника	сало́н
Моя́ жена́ рабо́тает …………..	банк	рестора́н	теа́тр

б) Fragen Sie Ihre Kollegen in der Gruppe:

Muster:
- Где рабо́тает твоя́/ твой/ твои́ ……. | ма́ма, па́па, сы́н, дочь, дя́дя, тётя, де́душка, ба́бушка, брат, сестра́, муж, жена́, друг, подру́га, племя́нник, племя́нница, внук, вну́чка
- Где рабо́тает Ва́ша/ Ваш/ Ва́ши ……

13. Machen Sie die Übung nach dem Muster:

Muster: Я ………….. непло́хо по-англи́йски (говори́ть).

Я говорю́ непло́хо по-англи́йски.

1. Я ………….. в Бо́нне (жить). 2. Ты ………….. по-ру́сски (говори́ть)? 3. Где ………….. Мари́я (жить)? 4. Я ………….. по-францу́зски (говори́ть). 5. Где Вы ………….. (жить)? 6. Вы ………….. по-неме́цки (говори́ть)? 7. Сейча́с я ………….. в Герма́нии, в Мангейме (жить).

14. Beschriften Sie die Bilder mit den Verben:

загора́ть ……………………… ……………………… ………………………

……………………… ……………………… ……………………… ………………………

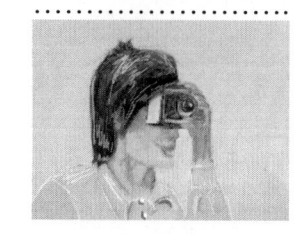

15. Fragen Sie Ihre Kollegen in der Gruppe und benutzen Sie dabei die neuen Verben aus der Übung 4:

Muster:

- Ты лю́бишь загора́ть?	- Вы лю́бите гото́вить?
- Да, я люблю́ загора́ть.	- Да, я о́чень люблю́ гото́вить.
- Нет, я не люблю́ загора́ть.	- Нет, я вообще́ не люблю́ гото́вить.

16. Nennen Sie die Wagonnummern:

Muster: Я ви́жу ваго́н но́мер 3. Я ви́жу о́блако но́мер 7. Я ви́жу локомоти́в но́мер 5.

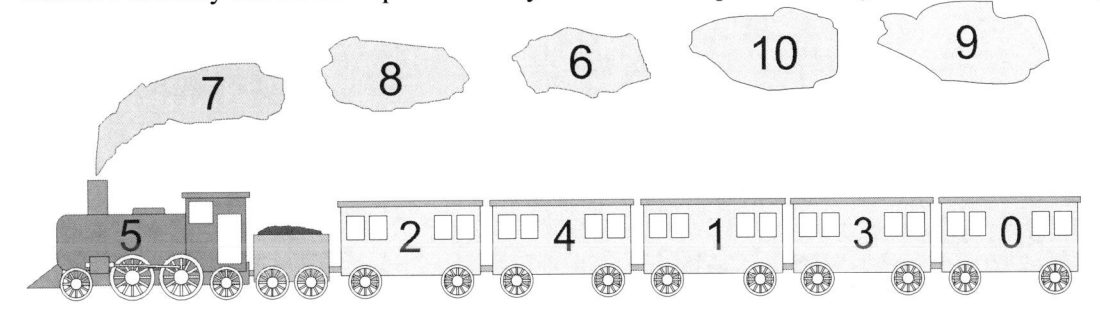

17. Stellen Sie sich gegenseitig diese Fragen:

Како́й у тебя́ но́мер телефо́на?	Мой но́мер телефо́на...
Како́й у тебя́ но́мер фа́кса?	Мой но́мер фа́кса...
Како́й у тебя́ но́мер до́ма?	Мой но́мер до́ма...
Како́й у Вас но́мер кварти́ры?	Мой но́мер кварти́ры...
Како́й у Вас но́мер маши́ны?	Мой но́мер маши́ны...
Како́й у Вас но́мер моби́льного (телефо́на)?	Мой но́мер моби́льного (телефо́на)...
Како́й у тебя́ но́мер па́спорта?	Мой но́мер па́спорта...

III Das Thema «моя́ кварти́ра»

18. Это кварти́ра:

В кварти́ре есть: гости́ная, зал (1), спа́льня (4), балко́н (3), коридо́р (6), ва́нная (7), туале́т, де́тская (ко́мната) (5), ку́хня (2)

19. Füllen Sie die Tabelle aus:

зал	в за́ле
спа́льня	в ....
ку́хня	в / на..
туале́т	в ....
коридо́р	в ....
балко́н	на ....
гости́ная	в гости́ной
ва́нная	в ....
де́тская	в ....

20. Nennen Sie die abgebildeten Gegenstände auf Russisch:

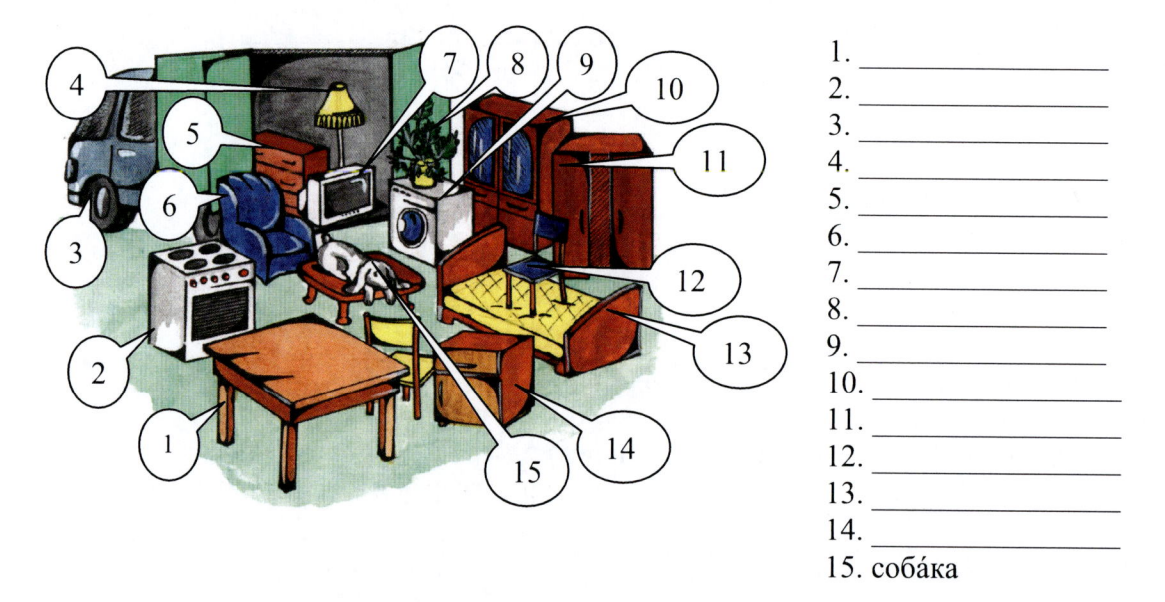

1. _____
2. _____
3. _____
4. _____
5. _____
6. _____
7. _____
8. _____
9. _____
10. _____
11. _____
12. _____
13. _____
14. _____
15. соба́ка

21. Beantworten Sie die Fragen zu dem Bild oben:

1. Что стои́т в маши́не?
2. Что стои́т на стира́льной маши́не?
3. Что стои́т на крова́ти?
4. Где лежи́т соба́ка?
5. Цвето́к стои́т на столе́ и́ли на крова́ти?
6. Соба́ка лежи́т на столе́ и́ли на шкафу́?
7. Сту́л стои́т на полу́, в кре́сле и́ли на крова́ти?
8. Телеви́зор стои́т в маши́не и́ли на ту́мбочке?
9. Торше́р стои́т в маши́не?
10. Где стои́т комо́д?

22. Lesen Sie den Text:

Это спа́льня. В спа́льне стоя́т крова́ть, шифонье́р, комо́д и ту́мбочка. На ту́мбочке стоя́т часы́. На крова́ти лежа́т поду́шки. На комо́де стои́т ва́за, а в ва́зе стои́т цвето́к.

22.1 Stellen Sie sich gegenseitig Fragen zum Text.

23. Ergänzen Sie die Säze:

1. Комо́д стои́т в ....
2. Холоди́льник стои́т в ....
3. Ковёр лежи́т в ....
4. Шкаф стои́т у меня́ ....
5. На балко́не стои́т у меня́ ....
6. Крова́ть стои́т в ....
7. В ку́хне стои́т ....
8. Поду́шки лежа́т на ....
9. В ва́зе стои́т / стоя́т ..../ ....
10. На по́лке лежа́т ....
11. Кни́га лежи́т ....

24. Was passt nicht in die Reihe?

	Bezeichnung des Zimmers
1. телеви́зор, стол, стул, ла́мпа, шкаф, дива́н, кре́сло, оде́жда, ве́шалка	зал
2. крова́ть, поду́шка, одея́ло, торше́р, шкаф, ва́нна	....
3. ве́шалка, оде́жда, пальто́, ша́пка, ку́ртка, ла́мпа, шкаф, кастрю́ля	....
4. ла́мпа (торше́р), шкаф, ва́нна, зе́ркало, ве́шалка, холоди́льник	....
5. ку́кла, мяч, игру́шки, крова́ть, шкаф, стол, стул, по́лка, плита́	....
6. кастрю́ля, плита́, холоди́льник, стол, стул, шкаф, часы́, крова́ть	....

25. Beantworten Sie die Fragen:

1. Как тебя́ зову́т?
2. Где ты живёшь?
3. Како́й у тебя́ а́дрес?
4. Кто ты по профе́ссии?
5. Где ты рабо́таешь?
6. Ты хорошо́ говори́шь по-ру́сски?
7. Что ты лю́бишь де́лать?
8. У Вас есть сестра́? Где она́ живёт?
9. У тебя́ есть друг? Кто он по профе́ссии?
10. Ты лю́бишь занима́ться спо́ртом?

1. Меня́ зову́т ....

Ру́сский язы́к II, «прия́тного аппети́та»

За́втрак / Das Frühstück

за́втрак
У́тром я за́втракаю. Я пью ко́фе и ем бутербро́ды.

1. Sprechen Sie nach:

за́втрак – за́втракать   есть – я ем
обе́д – обе́дать   пить – я пью
у́жин – у́жинать

2. Was verbinden Sie mit dem Wort «за́втрак»?

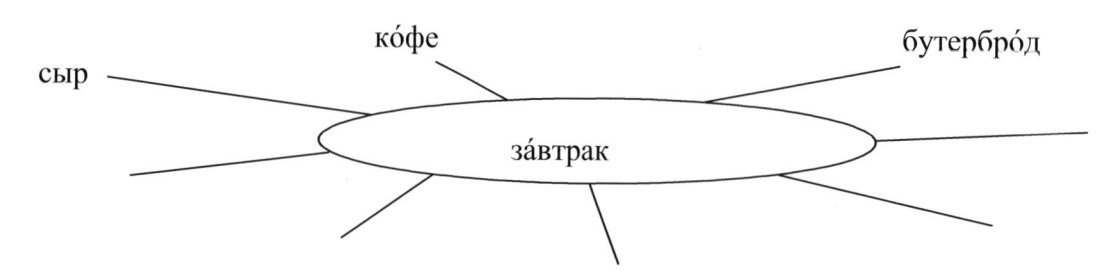

сыр   ко́фе   бутербро́д
за́втрак

3. Füllen Sie die Tabelle aus:

f	m	n	Pl
колбаса́	сыр	ма́сло	бутербро́ды

колбаса́, сыр, ма́сло, бутербро́ды, чай, ка́ша, ко́фе, кака́о, хлеб, джем, яи́чница, бу́лочка, торт, вода́, сала́т, суп, сок, молоко́, са́хар, йо́гурт, яйцо́, мёд, ветчина́, мю́сли, фру́кты, тост.

4. Machen Sie die Übung nach dem Muster:

Muster: колбаса́ - она́

колбаса́, сыр, ма́сло, йо́гурт, яйцо́, мёд, ветчина́, мю́сли, фру́кты, тост, бутербро́ды, чай, ка́ша, ко́фе, кака́о, хлеб, джем, яи́чница, бу́лочка, торт, вода́, сала́т, суп, сок, молоко́, са́хар

5. Beantworten Sie die Fragen. (Sie könnnen sich diese Fragen gegenseitig stellen):
1. У тебя́ есть до́ма колбаса́? Она́ лежи́т в холоди́льнике?
2. У тебя́ есть до́ма сыр? Он лежи́т на холоди́льнике?
3. У Вас есть до́ма ма́сло? Оно́ лежи́т на балко́не?
4. У Вас есть до́ма ко́фе? Он стои́т на телеви́зоре?
5. У тебя́ есть до́ма на балко́не хлеб?
6. У тебя́ есть до́ма вода́? Где она́ стои́т?
7. У Вас есть до́ма сок? Где он стои́т?
8. У Вас есть до́ма ветчина́? Она́ лежи́т на крова́ти?
9. Где у тебя́ до́ма стои́т мёд?

10. Где у тебя дома стоит йогурт?
11. У тебя дома есть мюсли? Они стоят на комоде?
12. У Вас дома есть фрукты? Какие? Где они стоят или лежат?

6. Lesen und übersetzen Sie die Sätze:

1. Это яичница. Я ем яичницу. Это торт, я ем торт.
2. Это чай. Я пью чай. Это вода. Я пью воду.

> Weibliche Substantive bekommen im Akkusativ (wen, was?) die Endung **у**. Akkusativ folgt auf die Verben «**есть**», «**пить**».

Я ем	торт	Я пью	чай
	масло		молоко
	хлеб		воду
	мюсли		кофе
	кашу		сок

7. Bilden Sie Sätze:

Я ем	сыр	Я пью ...	кофе
Я не ем ...	бутерброд	Я не пью ...	какао
	торт		молоко
Я люблю есть	масло	Я люблю пить ...	чай
Я не люблю есть ...	салат	Я не люблю пить ...	вода !
	суп		вино
	яичница !		сок
	джем		коктейль

8. Beantworten Sie die Fragen. (Sie könnnen sich diese Fragen gegenseitig stellen):

1. Ты любишь есть на завтрак бутерброды?
2. Ты ешь на завтрак яичницу?
3. Что ты пьёшь на завтрак?
4. Ты пьёшь на завтак кофе, чай, какао или молоко?
5. Ты ешь на завтрак суп или кашу?
6. Ты ешь на завтрак салат?
7. Ты пьёшь утром воду или сок?
8. Ты пьёшь на завтрак вино?

> **пить** - trinken
> **я пью** – ich trinke
> **ты пьёшь** – du trinkst
>
> **есть** – essen
> **я ем** – ich esse
> **ты ешь** – du isst

9. Nennen Sie die Lebensmittel auf dem Bild:

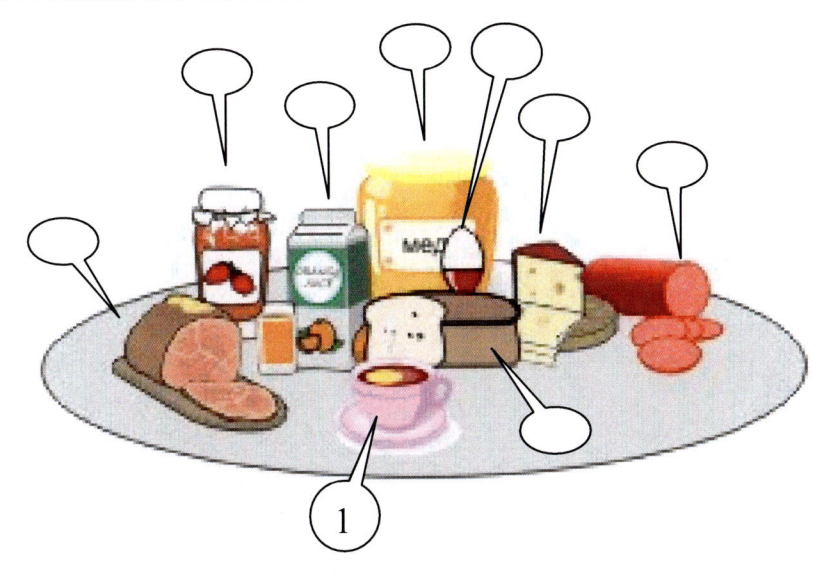

1 кофе – der Kaffee
2 хлеб – ....
3 сыр – ....
4 колбаса – ....
5 ветчина – ....
6 варенье – ....
7 сок – ....
8 яйцо – ....
9 мёд – ....

10. Lesen und übersetzen Sie den Text:

> сего́дня – heute, man spricht [сиво́дня]

За́втрак

Сего́дня воскресе́нье. А́нна, Ди́ма, Ле́на и Рома́н за́втракают до́ма. А́нна **пьёт** ко́фе и **ест** хлеб с джемом и́ли с сы́ром. Её муж то́же пьёт ко́фе, но с са́харом. Он **ест** яи́чницу и бутербро́ды. Её сестра́ Ле́на **пьёт** кака́о, а Рома́н **пьёт** сок и ест яи́чницу.

11. Schauen Sie sich die Bilder an. Was essen Anna und Dima zum Frühstück?

А́нна: ко́фе, джем, хлеб, сыр

Ди́ма: яи́чница, ко́фе с са́харом, бутербро́ды

Stellen Sie sich gegenseitig Fragen zu den Bildern. Beginnen Sie die Sätze und Fragen nach dem Muster:

Muster:
- Что ест на за́втрак Рома́н?
- Он ест на за́втрак....

Ле́на: кака́о, хлеб с джемом, бутербро́ды

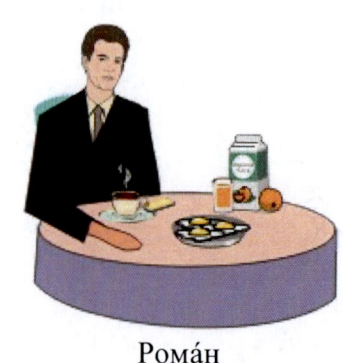

Рома́н: сок, чай, яи́чница, апельси́н, хлеб с ма́слом

12. Merken Sie sich die neuen Regeln:

хлеб, бу́лочка, тост, круасса́н	с	джем**ом** (джем - m) сы́р**ом** (сыр - m) ма́сл**ом** (ма́сло - n) варе́нь**ем** (варе́нье - n) нуте́лл**ой** (нуте́лла - f) колбас**о́й** (колбаса́ - f)

> Die Präposition **с** in der Bedeutung „mit, zusammen", erfordert im Russischen den Instrumental. In diesem Kasus bekommen männliche und sächliche Substantive die Endungen **–ом, –ем**, weibliche die Endungen **–ой, –ей**.

ко́фе, чай	с	са́хар**ом** (са́хар - m) лимо́н**ом** (лимо́н - m) молок**о́м** (молоко́ - n)

13. Füllen Sie die Tabelle aus:

m, n		f	
-ом	-ем	-ой	-ей
сыр - сы́ром	чай -	колбаса́ -	ка́ша - ....
йо́гурт -		ветчина́ -	яи́чница - ....
мёд -	варе́нье -	бу́лочка -	
тост -		вода́ -	
хлеб -			
джем -			
торт -			
сала́т -			
сок -			
са́хар -			
ма́сло -			
яйцо́ -			
молоко́ -			

14. Benutzen Sie die Wörter mit den richtigen Endungen:

Muster: Я ем бу́лочку с .... (мёд, ветчина́, ма́сло, колбаса́)
Я ем бу́лочку с мёдом, ветчино́й, ма́слом, колбасо́й.

1. Я ем бу́лочку с .... (мёд, ветчина́, ма́сло, колбаса́).
2. Я люблю́ торт с .... (шокола́д, джем).
3. Я пью во́ду с .... (сок, газ).
4. Я ем на за́втрак мю́сли с .... (молоко́).
5. Я не ем тост с .... (ветчина́, нуте́лла, варе́нье).
6. Я всегда́ пью ко́фе с .... (молоко́, са́хар).
7. Я не ем фру́кты с .... (са́хар).
8. Ты пьёшь чай с .... (лимо́н, са́хар, молоко́)?
9. Ты ешь на за́втрак круасса́н с .... (ма́сло, нуте́лла)?
10. Я не пью вино́ с .... (вода́).

15. Lesen und übersetzen Sie den Text:

Э́то Оле́г. Он живёт в Петербу́рге на у́лице Пу́шкина, № 5. Ка́ждый день он хо́дит на рабо́ту. Он рабо́тает в фи́рме. Его́ рабо́та недалеко́ от до́ма. Ка́ждый день он за́втракает. Обы́чно он **пьёт** ко́фе и **де́лает** бутербро́д. Он лю́бит бутербро́д с сы́ром и варе́ньем. На за́втрак он иногда́ **ва́рит** ка́шу.

15.1 Beantworten Sie die Fragen zum Text:

1. Где живёт Оле́г?
2. Где рабо́тает Оле́г?
3. Где нахо́дится (befindet sich) его́ рабо́та?
4. Что де́лает Оле́г у́тром?
5. Он ест бутербро́д с сы́ром и колбасо́й?
6. Что пьёт Оле́г на за́втрак?
7. Что ест Оле́г на за́втрак?

16. Stellen Sie Ihren Kollegen in der Gruppe Fragen nach folgendem Muster:

Muster:
- Что ест твоя́ сестра́ на за́втрак?
- Моя́ сестра́ ест на за́втрак яи́чницу и бу́лочки с ма́слом, сы́ром и варе́ньем.

- Что пьёт твой сын на за́втрак?
- Он пьёт сок и ко́фе с молоко́м.

брат	муж
сестра́	жена́
ма́ма	дочь
па́па	сын
подру́га	ба́бушка
друг	де́душка

17. Schreiben Sie 2-3 Sätze über das, was Sie zum Frühstück essen und trinken.

18. Merken Sie sich die Konjugation der Verben «есть» und «пить»:

есть

я	ем	мы	еди́м
ты	ешь	Вы	еди́те
он	ест	они́	едя́т

пить

я	пью	мы	пьём
ты	пьёшь	Вы	пьёте
он	пьёт	они́	пьют

19. Stellen Sie sich gegenseitig die folgenden Fragen auf Russisch und beantworten Sie diese:

Du - Form	Sie - Form
- Was isst du zum Frühstück? - Ich esse … - Und was trinkst du gewöhnlich zum Frühstück? - Ich trinke …	- Was essen Sie zum Frühstück? - Ich esse … - Und was trinken Sie zum Frühstück? - Ich trinke …

20. Benutzen Sie «есть» oder «пить»

1. На за́втрак я .... ко́фе и .... бутербро́ды.
2. А́нна .... на за́втрак хлеб и сыр.
3. Что ты .... на за́втрак (essen, trinken) ?
4. Пётр .... кака́о, а я .... чай.
5. Что Вы .... на за́втрак: чай и́ли ко́фе?
6. – Что ты .... на за́втрак (essen)?
   - На за́втрак я .... бутербро́ды, а что ты .... на за́втрак?
   - Я .... яи́чницу, а что ты обы́чно .... (trinken)?
   - Я .... обы́чно ко́фе, а ты?
   - Я .... то́же ко́фе с са́харом

21. Lesen und übersetzen Sie den Text:

За́втрак в воскресе́нье

Э́то Ле́на и Ива́н. Они́ студе́нты и живу́т в Москве́. Сего́дня воскресе́нье, и за́втрак в воскресе́нье - э́то всегда́ здо́рово. На столе́ стоя́т колбаса́, паште́т, ветчина́, бу́лочки, йо́гурт. Ря́дом с Ива́ном стоя́т мю́сли и джем. Ле́на пьёт ко́фе, а Ива́н пьёт чай с са́харом. Ле́на о́чень лю́бит на за́втрак йо́гурт. Ещё она́ ест бу́лочки с ма́слом и с сы́ром, а Ива́н ест бу́лочки с ма́слом и джемом. Иногда́ они́ едя́т на за́втрак яи́чницу.

21.1 Beantworten Sie folgende Fragen:

1. Где живу́т Ле́на и Ива́н?
2. Кто они́ по профе́ссии?
3. Что они́ де́лают в воскресе́нье у́тром?
4. Что стои́т на столе́?
5. Что пьёт Ле́на?
6. Что пьёт Ива́н на за́втрак?
7. Ива́н пьёт чай с лимо́ном и́ли с молоко́м?
8. Что ест Ле́на на за́втрак?
9. Что ест Ива́н на за́втрак?
10. Кто ест бу́лочку с ма́слом и с сы́ром?
11. Кто лю́бит йо́гурт на за́втрак?
12. Что едя́т иногда́ на за́втрак Ле́на и Ива́н?

*22. Lesen Sie den Dialog:

официа́нт:	- До́брое у́тро! Как Вас зову́т?
господи́н Ивано́в:	- Здра́вствуйте! Меня́ зову́т Ивано́в.
официа́нт:	- Что жела́ете на за́втрак, господи́н Ивано́в?
господи́н Ивано́в:	- На за́втрак я обы́чно ем яи́чницу, йо́гурт, бутербро́ды: хлеб с сы́ром, с колбасо́й и́ли ветчино́й.
официа́нт:	- Жела́ете ка́шу?
господи́н Ивано́в:	- Нет, спаси́бо. И ещё, пожа́луйста, бу́лочки с ма́слом, варе́ньем и́ли джéмом.
официа́нт:	- Хорошо́. Что жела́ете пить?
господи́н Ивано́в:	- Апельси́новый сок и ко́фе.
официа́нт:	- Ко́фе с молоко́м и́ли с са́харом?
господи́н Ивано́в:	- Пожа́луйста, и с молоко́м, и с са́харом.
официа́нт:	- Вот, пожа́луйста, господи́н Ивано́в, здесь Ваш за́втрак, прия́тного аппети́та!
господи́н Ивано́в:	- Спаси́бо!

23. Beschreiben Sie das Bild:

- На столе́ есть ......
- На столе́ стои́т ...
- На столе́ стоя́т ...

23.1 Erzählen Sie, was Sie gerne zum Frühstück essen.

24. Lesen Sie und übersetzen Sie den Dialog:

Ваня: - Доброе утро, дорогая!
Таня: - Доброе утро, дорогой!
Ваня: - Что у нас есть на завтрак?
Таня: - У нас есть булочки, масло, джем и паштет.
Ваня: - А сыр?
Таня: - Ах, да, сыр лежит в холодильнике.
Ваня: - Классно, кофе стоит уже на столе!
Таня: - Ты хочешь кофе с молоком или с сахаром?
Ваня: - Сегодня я пью кофе и с молоком и сахаром. Ты хочешь сок?
Таня: - Нет, я пью воду, спасибо.
Ваня: - Приятного аппетита!
Таня: - Приятного аппетита!

24.1 Stellen Sie die Fragen zum Dialog.

25. Lösen Sie das Rätsel:

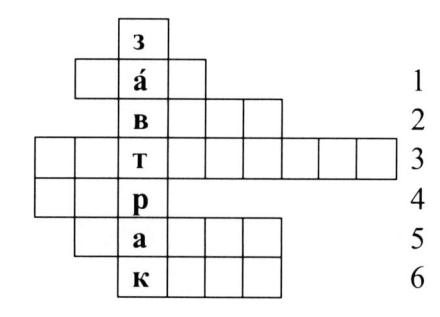

```
     з
     а        1
     в        2
     т        3
     р        4
     а        5
     к        6
```

26. Hörverstehen. Was haben Sie über Anna aus dem Text erfahren?

Zusammenfassung der Seiten 120–126

1. Konjugation der Verben „essen" und „trinken". Die Verben erfordern das Objekt im Akkusativ

	есть
я	ем
ты	ешь
она/он	ест
мы	едим
Вы	едите
они	едят

	пить
	пью
	пьёшь
	пьёт
	пьём
	пьёте
	пьют

2. Der Akkusativ (wen? was?) – винительный падеж (кого? что?)

Manche Verben (transitive Verben) wie z.B. «пить», «есть» erfordern das Objekt im Akkusativ, d.h. die Substantive auf –a (meistens Femininum) bekommen im Akkusativ die Endung –y:

Это булочка. Я ем булочку. Das ist ein Brötchen. Ich esse ein Brötchen.

Das Neutrum und das Maskulinum (Nichtlebewesen) bekommen keine Endungen im Akkusativ.

Это сыр и варенье. Я ем сыр и варенье. Das ist Käse und Konfitüre. Ich esse Käse und Konfitüre.

Ру́сский язы́к II, «прия́тного аппети́та»

	Femininum			Maskulinum		Neutrum
N кто? что?	бу́лочка (f)	ка́ша (f)	крова́ть (f)	сыр (m)	варе́нье (n)	молоко́(n)
G						
D						
A кого? что?	бу́лочк**у**	ка́ш**у**	крова́ть	сыр	варе́нье	молоко́
I mit wem? womit?						
P über wen? worüber? *	о бу́лочк**е**	о ка́ш**е**	о крова́т**и**	о сы́р**е**	о варе́нь**е**	о молок**е́**

* zusätzliche Frage: Wo?- Где?

Den Akkusativ (A) haben wir in den folgenden Sätzen gelernt:
  Я ем ка́шу. Ich esse Brei.
Den Präpositiv (P) haben wir in den folgenden Sätzen gelernt:
  В ка́ше лежи́т ма́сло. Im Brei liegt Butter.

3. Der Instrumental (Mit wem? Womit?) – твори́тельный падеж (с кем? с чем?)

Die Präposition **c** in der Bedeutung „mit, zusammen" erfordert den Instrumental, d.h. Maskulinum und Neutrum bekommen die Endungen – **ом**, –**ем**. (seltener –**ём**: рубл**ём**, дн**ём**)
Das Neutrum auf –**е** (варе́нь**е**) und das Maskulinum mit weichen Konsonanten am Wortende (учи́тель – учи́тел**ем**, чай – ча́**ем**) bekommen im Instrumental die Endung –**ем**, die anderen –**ом**.

-ом		-ем	
m	n	m	n
сыр – сы́р**ом**	молоко́ – молок**о́м**	чай – ча́**ем**	варе́нье – варе́ньем
джем – дже́м**ом**		учи́тель – учи́тел**ем**	

z.B: Э́то сыр и варе́нье. Я ем хлеб с сы́р**ом** и варе́нь**ем**.
  Э́то мой учи́тель. Я рабо́таю с учи́тел**ем**.
  Э́то чай. Я ем торт с ча́**ем**.

Aber(!): муж – му́ж**ем**, това́рищ – това́рищ**ем**

Die Substantive auf –**а** (meistens Femininum) bekommen im Instrumental die Endungen –**ой**, –**ей** (seltener –**ью**: но́ч**ью**). Nach den Zischlauten (ж, ш, ч, щ, manchmal ц) bekommen die Substantive die Endungen –**ей**. Die Substantive mit dem Weichheitszeichen im Nominativ bekommen im Instrumental – **ью** (дочь – до́чер**ью**, мать – ма́тер**ью**).

die Substantive auf –**а**	
–ой	–ей
бу́лоч**ка** – бу́лочк**ой**	ка́**ша** – с ка́ш**ей**
вод**а́** – вод**о́й**	яи́чни**ца** – яи́чниц**ей**

N кто? что?	бу́лочка (f)	ка́ша (f)	Крова́ть (f)	сыр (m)	варе́нье (n)	молоко́ (n)
G						
D						
A кого? что?	бу́лочк**у**	ка́ш**у**	крова́ть	сыр	варе́нье	молоко́
I с кем? с чем?	бу́лочк**ой**	ка́ш**ей**	крова́т**ью**	сы́р**ом**	варе́нь**ем**	молок**о́м**
P über wen? worüber?*	о бу́лочк**е**	о ка́ш**е**	о крова́т**и**	о сы́р**е**	о варе́нь**е**	о молок**е́**

* zusätzliche Frage: Wo?- Где?

Рýсский язы́к II, «прия́тного аппети́та»

Den Instrumental (I) haben wir in den folgenden Sätzen gelernt:

Я ем колбасу́ с бу́лочкой. Ich esse Wurst mit Brötchen.
Я ем хлеб с сы́ром и варе́ньем. Ich esse Brot mit Käse und Konfitüre.

Zusätzliche Übungen

27. Vervollständigen Sie die Sätze mit den Verben «есть», «пить»:

«есть»

1. Я .... хлеб с сы́ром. 2. Что ты обы́чно .... на за́втрак? 3. До́ма мы .... на за́втрак всегда́ бу́лочки с ма́слом, с сы́ром, с дже́мом и́ли колбасо́й. 4. Мой па́па всегда́ .... йо́гурт. 5. Что Вы .... на за́втрак? 6. Мои́ роди́тели .... ка́ждый день на за́втрак фру́кты, а Вы?

«пить»

1. Что ты .... на за́втрак? 2. Я .... на за́втрак обы́чно ко́фе. 3. Я .... ко́фе с молоко́м, а мой брат .... ко́фе и с молоко́м, и с са́харом. 4. Де́ти .... молоко́. 5. Что Вы .... на за́втрак: чай, ко́фе, кака́о, молоко́, сок и́ли во́ду?

28. Beantworten Sie schriftlich die Fragen:

1. Что Вы еди́те на за́втрак? ....
2. Вы еди́те яи́чницу на за́втрак? ....
3. Вы еди́те суп и́ли сала́т на за́втрак? ....
4. Что Вы пьёте на за́втрак? ....
5. Вы пьёте чай и́ли ко́фе на за́втрак? ....
6. Ва́ша сестра́ ест йо́гурт на за́втрак? ....
7. Ваш друг ест мю́сли на за́втрак? ....
8. Ва́ши роди́тели едя́т фру́кты на за́втрак? ....
9. Что Вы не еди́те и не пьёте на за́втрак? ....

29. Bilden Sie die Sätze:

Muster: Я пью ко́фе с / молоко́, са́хар
   Я пью ко́фе с молоко́м и с са́харом.

1. Я пью ко́фе с	молоко́, са́хар
2. Я пью чай с	молоко́, са́хар, лимо́н
3. Я люблю́ есть тост с	колбаса́, сыр, ма́сло, варе́нье
4. Я люблю́ есть круасса́н с	сыр, ма́сло, мёд, джем, нуте́лла
5. Я люблю́ есть спаге́тти с	сыр, ке́тчуп, со́ус
6. Я пью во́ду с	сок, вино́, газ

7. Я люблю́ торт с .... крем, варе́нье, шокола́д

30. Vervollständigen Sie die Sätze nach diesem Muster:

Muster: Я ем на за́втрак .... (яи́чница, ка́ша)
Я ем на за́втрак яи́чницу и́ли ка́шу

1. Я ем на за́втрак .... (яи́чница, ка́ша)
2. На́ши де́ти едя́т на за́втрак .... (йогурт, мю́сли с молоко́м)
3. Мой оте́ц ест обы́чно на за́втрак .... (яйцо́, бутербро́ды)
4. Ты ешь на за́втрак .... (фру́кты)
5. Я пью у́тром обы́чно .... (ко́фе, чай)
6. Мои́ роди́тели пьют всегда́ на за́втрак .... (сок, вода́)
7. Их дочь и сын лю́бят пить на за́втрак .... (кака́о)
8. Мой друг не лю́бит пить .... (во́дка)
9. Мои́ де́ти не лю́бят пить .... (молоко́)

31. Übersetzen Sie die Wörter:

1. der Kaffee ....
2. der Saft ....
3. die Wurst ....
4. der Schinken ....
5. der Käse ....
6. der Joghurt ....
7. das Ei ....
8. der Tee ....
9. das Brötchen ....
10. der Honig ....
11. das Brot ....
12. die Milch ....
13. die Marmelade ....
14. die Butter ....
15. der Zucker ....
16. das Wasser ....

32. Übersetzen Sie:

Ich frühstücke gewöhnlich zu Hause. Ich esse gerne Spiegelei oder Brei, aber oft esse ich

....

Joghurt. Ich esse zum Frühstück Brot mit Wurst und Käse oder Croissant mit Butter, Nutella,

....

Honig oder Konfitüre. Ich trinke zum Frühstück Tee oder Kaffee. Ich trinke Kaffee immer mit

....

Milch und Tee mit Milch oder Zitrone. Manchmal trinke ich zum Frühstück Saft.

....

33. Schreiben Sie in 5-6 Sätzen, was Sie gerne zum Frühstück essen.

34. Beschreiben Sie das Bild. Was gibt es zum Frühstück:

Ру́сский язы́к II, «прия́тного аппети́та»

Обе́д, обе́дать

> Обе́д
>
> Днём я обе́даю. Я ем суп, сала́т, а пото́м пью чай с то́ртом.

1. Lesen Sie die Wörter:

der Salat	сала́т
die Kartoffel	карто́фель
die Nudel	лапша́
das Gemüse	о́вощи

der Fisch	ры́ба
die Suppe	суп
der Reis	рис
das Fleisch	мя́со

2. Welche Assoziationen haben Sie bei dem Wort «обе́д»?

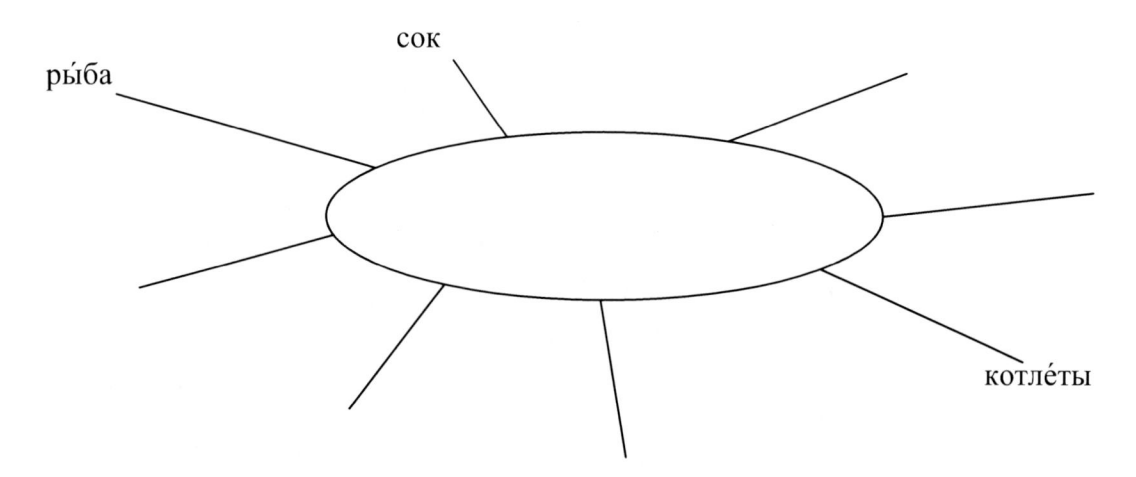

сок
ры́ба
котле́ты

3. Bestimmen Sie das Geschlecht der Wörter:

m	f	n	Pl

сала́т, карто́фель, лапша́, суп, ры́ба, рис, мя́со, о́вощи, помидо́ры, спаге́тти, ко́фе, чай, вода́, вино́, сок, пи́во, кокте́йль, лимона́д, ко́ка-ко́ла, ке́тчуп, со́ус, пи́цца

4. Machen Sie die Übung nach dem Muster:

Muster: сала́т - он

сала́т, пи́во, кокте́йль, лимона́д, ко́ка-ко́ла, ке́тчуп, со́ус, пи́цца, карто́фель, лапша́, суп, ры́ба, рис, мя́со, о́вощи, помидо́ры, спаге́тти, ко́фе, чай, вода́, вино́, сок.

5. Was sehen Sie auf den Bildern? Der Wortschatzkasten hilft Ihnen:

1 .... 2 .... 3 ....

4 .... 5 .... 6 ....

7 .... 8 .... 9 ....

10 .... 11 .... 12 ....

суп	óвощи	фрикадéльки с сóусом и картóфелем
мя́со, рис, брóкколи	ры́ба	óвощи с мя́сом и ри́сом
салáт	торт	óвощи с сóусом и ри́сом
лапшá	фрýкты	брóкколи с мя́сом и ри́сом
картóфель с мя́сом	морóженое	лапшá с капýстой
мя́со	рис	

6. Beantworten Sie die Fragen. (Sie können sich diese Fragen gegenseitig stellen):

1. Ты лю́бишь салáт? У тебя́ есть дóма салáт?
2. У тебя́ есть дóма пи́во? Онó стои́т в холоди́льнике?
3. У тебя́ есть дóма пи́цца? Где онá лежи́т?

4. У Вас есть до́ма рис? Он стои́т в шкафу́?
5. У Вас есть до́ма лапша́? Она́ лежи́т в кре́сле?
6. У тебя́ есть до́ма о́вощи? Каки́е о́вощи у тебя́ лежа́т до́ма? Где они́ лежа́т?

7. Was passt nicht in die Reihe:

1. чай, ко́фе, фа́нта, вино́, пи́во, вода́, кокте́йль, сок, лимона́д, котле́та, ко́ка-ко́ла, шампа́нское
2. ка́ша, яи́чница, омле́т, яйцо́, бутербро́д, ры́ба, бу́лочки, фру́кты, торт, мю́сли
3. пи́цца, хлеб, бу́лочка, торт, круасса́н, мя́со, лапша́, спаге́тти
4. карто́фель, рис, о́вощи, фру́кты, помидо́р, ку́рица, помидо́ры, гриб, грибы́
5. суп, со́ус, борщ, бу́лочка, ке́тчуп, майоне́з

8. Machen Sie die Übung. Bilden Sie die Sätze:

Muster: Я ем суп и мя́со на обе́д, и я пью во́ду и́ли сок.

Я ем	сала́т	Я пью ...	ко́фе
Я люблю́ есть	карто́фель	Я люблю́ пить	фа́нт**а** !
	лапша́		чай
	суп		вод**а́** !
Я не ем ...	ры́б**а** !		вино́
Я не люблю́ есть ...	рис		сок
	мя́со		пи́во
	о́вощи		кокте́йль
	помидо́ры		лимона́д
	спаге́тти		ко́ка-ко́л**а** !
	пи́цц**а** !		

9. Instrumental. Füllen Sie die Tabelle aus:

m, n		f	
-ом	-ем	-ой	-ей
сала́т - сала́том	чай -	лапша́ -	пи́цца - ....
суп -	карто́фель -	ры́ба -	
рис -	кокте́йль -	вода́ -	
сок -		ко́ка-ко́ла -	
лимона́д -			
ке́тчуп -			
со́ус -			
мя́со -			
вино́ -			
пи́во -			

10. Benutzen Sie die Wörter im richtigen Kasus:

Instrumental (Womit? Mit wem?)
1. Я ем на обе́д мя́со с .... (рис).
2. Моя́ сестра́ ест спаге́тти с .... (со́ус, ке́тчуп).

3. Мой брат всегда ест на обед рыбу с .... (лапша).
4. Я люблю овощи с .... (картофель или рис).
5. Моя подруга предпочитает на обед мясо или рыбу с .... (соус).
6. Вы едите на обед котлеты с .... (лапша)?
7. Салат я всегда ем с .... (соус) или оливковым .... (масло).
8. На обед у нас картофель с .... (мясо).

11. Machen Sie die Übung:

Akk. (Wen? Was?)
1. Я очень люблю есть .... (рыба, борщ).
2. Роман ест на обед .... (картофель и мясо).
3. Моя мама очень любит .... (суп).
4. Вы любите .... (рис или суп)?
5. Я ем на обед сегодня только .... (салат).
6. Мой сын очень любит .... (пицца).
7. Кто любит есть .... (овощи)?
8. Дети любят есть .... (лапша).

12. Schreiben Sie in 2-3 Sätzen, was Sie gerne essen und erzählen Sie es Ihrem Gesprächspartner.

13. Lesen Sie und übersetzen Sie den Text und füllen Sie zum Text die Tabelle aus:

Лена и Иван обедают сегодня в ресторане. Лена пьёт сок, а Иван воду. На обед Лена любит есть салат, рис и котлеты. Иван тоже очень любит салат, но сегодня он ест картофель и рыбу. Они очень редко едят на обед суп. На обед они пьют сегодня вино.

	рис	котлеты	салат	картофель	рыба	суп	вино	сок
Лена								+
Иван								

13.1 Stellen Sie sich gegenseitig Fragen zum Text.

14. Machen Sie die Übung:

1. Что ты .... обычно на обед (есть)?
2. Вы .... рыбу или мясо (есть)?
3. Таня .... кока-колу (пить).
4. Мы не .... молоко (пить).
5. Я .... котлеты с картофелем на обед (есть).
6. Вы .... шампанское или вино (пить)?
7. Ты .... воду или сок (пить)?
8. Олег не .... салат (есть).
9. Дети .... спагетти с кетчупом и с сыром (есть).
10. Я не .... водку, я .... фанту (пить).

Рýсский язы́к II, «прия́тного аппети́та»

15. Erzählen Sie, was die Leute essen:

> **ду́мать** – denken, meinen
> я ду́маю — мы ду́маем
> ты ду́маешь — вы ду́мaете
> он ду́мает — они́ ду́маете

Muster: Ми́ша ест ры́бу, карто́фель. <u>Я ду́маю</u>, он пьёт пи́во.

Андре́й
ку́рица
карто́фельное пюре́
сок

Све́та
карто́фель
котле́та/ котле́ты
вода́

О́льга и Ната́ша
суп
ко́фе
торт

Ми́ша 
ры́ба
карто́фель
пи́во

Марк и А́лла
сала́т
чай
моро́женое

16. Stellen Sie sich gegenseitig ähnliche Fragen und beantworten Sie diese:

1. Что ты лю́бишь есть на за́втрак?
2. Что ты лю́бишь есть на обе́д?
3. Что ты сего́дня ешь на обе́д?
4. Вы еди́те на обе́д суп?
5. Что Вы не еди́те на обе́д?
6. Что ты сего́дня ешь на обе́д?

17. Stellen Sie sich gegenseitig folgende Fragen auf Russisch und beantworten Sie diese:

Du - Form	Sie - Form
- Что ты ешь/ не ешь на обе́д?	- Что Вы пьёте/ не пьёте обы́чно на обе́д?
- Я ем/ не ем	- Я пью/ не пью ....
- Что ты пьёшь обы́чно на обе́д?	- Что Вы еди́те / не еди́те на обе́д?
- Я пью обы́чно	- Я ем/ не ем ....

18. Fragen Sie Ihren Gesprächspartner nach seinen Verwandten:

Muster:
- Что ест твой/ твоя́ .... на обе́д?
- Она́ / он ест ....

- Что пьёт твой/ твоя́ .... на обе́д?
- Er trinkt …

Bruder	- брат
Mutter	- ....
Vater	- ....
Freundin	- ....
Freund	- ....
Mann	- ....
Frau	- ....
Tochter	- ....
Sohn	- ....

Ру́сский язы́к II, «прия́тного аппети́та»

19. Finden Sie die Wörter, die zum Thema «обед» gehören.

г	з	ц	м	я	с	о	ю	п
р	щ	й	д	в	о	д	а	и
и	р	ы	б	а	м	х	ш	ц
б	о	с	о	к	с	у	п	ц
ы	б	и	щ	о	в	о	а	а
к	а	р	т	о	ф	е	л	ь

по горизонта́ли (horizontal)	по вертика́ли (vertikal)

20. Üben Sie die Konjugation der Verben «есть», «пить» im Spiel «Seeschlacht»:
Regeln auf Seite 157.

я	ты	он, она́	мы	вы	они́			я	ты	он, она́	мы	вы	они́
пью	пьёшь	пьёт	пьём	пьёте	пьют	Морско́й бой (Seeschlacht) Schiffe versenken		ем	ешь	ест	еди́м	еди́те	едя́т
						чай	мя́со						
						ко́фе	ры́бу						
						молоко́	рис						
						сок	о́вощи						
						вино́	пи́ццу						
						лимона́д	сала́т						
						во́ду	суп						
						ко́ка-ко́лу	котле́ту						

Daneben! - ми́мо!; Getroffen! – Попа́л! (wenn der Gegner ein Mann ist), попа́ла! (wenn der Gegner eine Frau ist)

21. Hörverstehen. Was haben Sie aus dem Text erfahren? Beantworten Sie die Fragen:

1. - Где я сего́дня за́втракаю и обе́даю?
2. - С чем я ем бу́лочки?
3. - Что стои́т на столе́?
4. - Что я пью на за́втрак?
5. - С чем я пью ко́фе?
6. - Что я ем на обе́д?
7. - Что я пью на обе́д?

Ру́сский язы́к II, «прия́тного аппети́та»
Zusammenfassung der Seiten 130 – 135

1. Achten Sie noch ein Mal auf die Deklination der Substantive

N кто? что?	ры́ба(f)	пи́цца (f)	Герма́ния (f)	ночь (f)	рис (m)	карто́фель (m)	мя́со (n)
G							
D							
A кого́? что?	ры́бу	пи́ццу	Герма́нию	ночь	рис	карто́фель	мя́со
I с кем? с чем?	ры́б**ой**	пи́цц**ей**	Герма́ни**ей**	но́**чью**	ри́с**ом**	карто́фел**ем**	мя́с**ом**
P über wen? worüber? *	о ры́б**е**	о пи́цц**е**	о Герма́н**ии**	о но́**чи**	о ри́с**е**	о карто́фел**е**	о мя́с**е**

* zusätzliche Frage: Wo?- Где?

2. Der Instrumental (Mit wem? Womit?) – твори́тельный паде́ж (с кем? с чем?)

Die Präposition **с** in der Bedeutung „mit, zusammen" erfordert den Instrumental, d.h. Maskulinum und Neutrum bekommen die Endungen – **ом**, –**ем** (seltener –**ём**: рубл**ём**, дн**ём**).
Das Neutrum auf –**е** (варе́нь**е**) und das Maskulinum mit weichen Konsonanten am Wortende (учи́тел**ь** – учи́тел**ем**, ча**й** – ча́**ем**) bekommen im Instrumental die Endung –**ем**, die anderen –**ом**.

-ом		-ем	
m	n	m	n
со́ус – со́ус**ом** ке́тчуп – ке́тчуп**ом**	мясо́ – мяс**ом**	чай – ча́**ем** карто́фел**ь** - карто́фел**ем**	варе́нь**е** – варе́нь**ем**

Aber(!): муж – му́ж**ем**, това́рищ – това́рищ**ем**

> Э́то со́ус, ке́тчуп и мя́со. Я ем мя́со с со́ус**ом** и ке́тчуп**ом**. oder Я ем со́ус с мя́с**ом** – Das ist die Soße, Ketschup und Fleisch. Ich esse Fleich mit Soße und Ketschup. Ich esse Soße mit Fleisch.
> Э́то карто́фель. Я ем котле́ты с карто́фел**ем**. – Das ist die Kartoffel. Ich esse Buletten mit Kartoffeln.

Die Substantive auf –**а** (meistens Femininum) bekommen im Instrumental die Endungen –**ой**, –**ей**. Nach den Zischlauten (ж, ш, ч, щ, manchmal ц) bekommen die Substantive die Endungen –**ей**. Die Substantive mit dem Weichheitszeichen im Nominativ bekommen im Instrumental – **ью** (дочь – до́черью, мать – ма́терью). Und die Substantive auf –**ья** (семья́) haben die Endung im Instrumental –**ьёй** (семьёй).

die Substantive auf –а		die Substantive auf –ья, –ь	
–ой	–ей	–ёй	–ью
ры́ба – ры́б**ой** вода́ – вод**ой**	пи́цца – пи́цц**ей** ку́рица – ку́риц**ей** яи́чница – яи́чниц**ей**	семья́ – семь**ёй**	ночь – но́**чью** дочь – до́черь**ю** мать – ма́терь**ю**

Aber (!): лапша́ – лапш**ой**

> Э́то вода́. Я пью сок с водо́й. – Das ist Wasser. Ich trinke Saft mit Wasser.
> Э́то моя́ семья́. Я живу́ с семьёй. – Das ist meine Familie. Ich wohne mit der Familie.
> Э́то мать и дочь. Дочь живёт с ма́терью. – Das ist die Mutter und die Tochter. Die Tochter wohnt mit der Mutter.

3. Weiche und harte Konsonanten

Vor den Vokalen **е, ё, и, ю, я** und vor dem Weichheitszeichen sind die Konsonanten weich. Der Konsonant **й** ist immer weich.

Zusätzliche Übungen

22. Benutzen Sie die Substantive im korrekten Kasus:

а)
Muster: Вы еди́те .... (ку́рица, ры́ба, мя́со)?
　　　　Вы еди́те ку́рицу, ры́бу и́ли мя́со?

1. Вы еди́те .... (ку́рица, ры́ба, мя́со)?
2. Ты ешь .... на обе́д (пи́цца)?
3. Моя́ подру́га ча́сто на за́втрак ест .... (яи́чница), а на обе́д обы́чно ест .... с овоща́ми и .... (рис, сала́т).
4. Я не люблю́ суп и никогда́ не ем .... (суп).
5. Мои́ де́ти никогда́ не едя́т .... (ка́ша), но о́чень лю́бят есть .... и .... (лапша́, спаге́тти).
6. Мы пьём на обе́д .... и .... (вода́, сок).
7. Вы пьёте .... и́ли .... (вино́, во́дка).
8. Марк не ест .... (ры́ба).
9. Мой племя́нник пьёт .... и́ли .... (ко́ка-ко́ла, фа́нта).

б)
1. Вы еди́те лапшу́ с ...., ... и́ли с .... (со́ус, ке́тчуп, сыр)?
2. Яи́чницу я люблю́ есть с .... (майоне́з).
3. Мой па́па пьёт сок и вино́ обы́чно с .... (вода́).
4. Я пью ко́фе с .... и с .... (молоко́, са́хар).
5. Котле́ты с .... и с .... о́чень вку́сные. (карто́фель, со́ус).
6. Я ем ку́рицу не с ...., а с .... (карто́фель, рис).
7. Мои́ роди́тели едя́т на обе́д лапшу́ с .... и .... (мя́со, со́ус).
8. Мой брат ест ры́бу с .... и́ли с .... (карто́фель, со́ус).

23. Beantworten Sie die Fragen schriftlich:

1. Что Вы лю́бите есть на обе́д?
2. Вы лю́бите есть ку́рицу, мя́со и́ли ры́бу?
3. Что Вы обы́чно пьёте на обе́д?
4. Вы лю́бите ко́ка-ко́лу, фа́нту, во́ду и́ли сок?
5. Вы лю́бите пить шампа́нское?
6. Что Вы еди́те и пьёте сего́дня на обе́д?
7. Вы лю́бите есть котле́ты с карто́фелем, ри́сом и́ли с лапшо́й?
8. С чем Вы еди́те мя́со? С со́усом и́ли ке́тчупом?
9. С чем Вы пьёте ко́фе? С молоко́м и́ли с са́харом?

24. Füllen Sie die Tabelle aus:

N кто? что?	фа́нта (f)	ку́рица (f)	со́ус (m)	кокте́йль (m)	вино́ (n)
G					
D					
A кого́? что?	....	....	....	....	....
I с кем? с чем?	....	....	....	....	....
P über wen? worüber? *	....	....	....	....	....

* zusätzliche Frage: Wo?- Где?

25. Finden Sie die weichen Konsonanten in den Wörtern:

обе́д, мя́со, карто́фель, спаге́тти, рис, тётя, Ка́тя, Герма́ния, Ко́ля, дя́дя

26. Sortieren Sie die Substantive:

Instrumental

Maskulinum, Neutrum

—ом	—ем	—ём

хлеб, сыр, ма́сло, бутербро́д, сок, ко́фе, мёд, чай, са́хар, джем, варе́нье, молоко́, карто́фель, муж, брат, ру́бль, мя́со, рис, суп, гриб, борщ, това́рищ, сын, Серге́й, яйцо́, йо́гурт.

Femininum:

—ой	—ей	—ью

бу́лочка, колбаса́, ветчина́, вода́, яи́чница, ка́ша, дочь, ночь, ры́ба, лапша́, капу́ста, ку́рица, котле́та, ма́ма, племя́нница, во́дка, Ка́тя, тётя, Герма́ния, дя́дя (m), па́па (m), Ко́ля (m).

Ру́сский язы́к II, «прия́тного аппети́та»

У́жин, у́жинать

У́жин

Я у́жинаю обы́чно до́ма, но иногда́ я хожу́ в рестора́н. До́ма я ем на у́жин обяза́тельно сала́т, иногда́ пи́ццу. О́чень ре́дко я пью ве́чером пи́во.

за́втракать – frühstücken, обе́дать – zu Mittag essen, у́жинать – zu Abend essen. Alle Verben gehören zur e-Konjugation

1. Konjugieren Sie die Verben:

	за́втракать	обе́дать	у́жинать
я	за́втрака...	обе́да...	у́жина...
ты	за́втрака...	обе́да...	у́жина...
он, она́	за́втрака...	обе́да...	у́жина...
мы	за́втрака...	обе́да...	у́жина...
Вы, вы	за́втрака...	обе́да...	у́жина...
они́	за́втрака...	обе́да...	у́жина...

2. Machen Sie die Übung:

1. Мы всегда́ .... до́ма (за́втракать).
2. - Что ты де́лаешь? – Я .... (обе́дать).
3. – Ты .... обы́чно до́ма? (за́втракать) – Да, я .... до́ма, но на рабо́те я обяза́тельно пью ко́фе.
4. – Сего́дня я .... и .... до́ма (обе́дать, у́жинать).
5. Моя́ сестра́ .... сего́дня с дру́гом в рестора́не (у́жинать).
6. - Где Вы сего́дня .... (обе́дать)?
7. - Воло́дя, что мы еди́м сего́дня на у́жин? – У меня́ сюрпри́з: сего́дня мы .... в рестора́не (у́жинать).
8. Мы всегда́ .... и .... до́ма, (за́втракать, у́жинать) .... я на рабо́те (обе́дать), а де́ти и жена́ .... до́ма (обе́дать).

3. Setzen Sie die Verben in der korrekten Form ein:

1. Она́ .... на рабо́те (обе́дать).
2. Мать и де́ти .... до́ма, на ку́хня (за́втракать).
3. Вы .... на балко́не (у́жинать)?
4. Где ты сего́дня .... (обе́дать)?
5. Дочь .... с бра́том до́ма (за́втракать).
6. Мой сын ча́сто .... (за́втракать) в кафе́.
7. У́тром мы всегда́ .... (за́втракать).
8. А что мы .... ве́чером (есть)?
9. Ве́чером мы .... в рестора́не (у́жинать).

Ру́сский язы́к II, «прия́тного аппети́та»

4. Beantworten Sie die Fragen:

Muster: Я за́втракаю до́ма, на ку́хне, и́ли на рабо́те.

1.	Где Вы за́втракаете?	дом
2.	Где Вы обе́даете?	рестора́н (в)
3.	Где Вы у́жинаете?	рабо́та (на)
4.	Где ты обе́даешь?	буфе́т (в)
5.	Где за́втракает Ва́ша сестра́?	ку́хня (в/ на)
6.	Где у́жинает Ваш брат?	балко́н (на)
7.	Где обе́дает Ва́ша семья́?	кафе́ (в)

zur Erinnerung:
Die angegebenen Wörter bekommen im Präpositiv die Endung –е. Außer кафе́, das man nicht dekliniert. Und „zu Hause" heisst – до́ма.

5. Vervollständigen Sie die Sätze mit den vorgegebenen Wörtern:

1. Я живу́ с .... (ма́ма и па́па).
2. Мой брат живёт с .... (жена́).
3. Ты рабо́таешь с .... (шеф)?
4. Моя́ подру́га рабо́тает с её .... в фи́рме (сестра́).
5. Обы́чно я за́втракаю до́ма с .... и .... на ку́хне (сестра́, брат).
6. Сейча́с мы в кафе́ с до́черью и .... Мы пьём чай и еди́м торт (сын).
7. Где ты у́жинаешь сего́дня с .... (друг)?
8. Я люблю́ торт с .... и́ли с .... (шокола́д, крем).

6. Bilden Sie Sätze:

за́втракать, обе́дать, у́жинать, рабо́тать, идти́ на рабо́ту, вари́ть, отдыха́ть, смотре́ть телеви́зор, чита́ть, идти́ в кино́

у́тро →	у́тром	1. У́тром я за́втракаю. 2. У́тром я не варю́.	за́втракать рабо́тать идти́ на рабо́ту (я иду́) вари́ть; (я варю́) отдыха́ть смотре́ть телеви́зор чита́ть идти́ в кино́ (я иду́)
день →	днём	1. Днём я .... 2. Днём я не ...	обе́дать рабо́тать идти́ на рабо́ту (я иду́) вари́ть; (я варю́) отдыха́ть смотре́ть телеви́зор чита́ть идти́ в кино́ (я иду́)
обе́д →	в обе́д до обе́да по́сле обе́да	1. В обе́д я .... 2. До обе́да ... 3. По́сле обе́да ...	за́втракать рабо́тать идти́ на рабо́ту (я иду́)

		4. В обе́д я не .... 5. До обе́да не... 6. По́сле обе́да не ...	вари́ть; (я варю́) отдыха́ть смотре́ть телеви́зор чита́ть идти́ в кино́ (я иду́)
ве́чер →	ве́чером	1. Ве́чером я .... 2. Ве́чером я не ...	у́жинать за́втракать рабо́тать идти́ на рабо́ту (я иду́) вари́ть; (я варю́) отдыха́ть смотре́ть телеви́зор чита́ть идти́ в кино́ (я иду́)
ночь	но́чью	1. Но́чью я .... 2. Но́чью я не	спать (я сплю) рабо́тать чита́ть вари́ть

6.1 Stellen Sie sich die Fragen gegenseitig auf Russisch. Benutzen Sie dabei die Tabelle.

Muster:

- Что ты де́лаешь у́тром?
- У́тром я за́втракаю и иду́ на рабо́ту.

- Когда́ и где ты обы́чно обе́даешь?
- Обы́чно я обе́даю днём на рабо́те.

7. Geben Sie eine passende Antwort:

Muster: Я люблю́ писа́ть име́йлы и не люблю́ гото́вить обе́д.

Я люблю́ ... Я не люблю́ ... Я о́чень люблю́ ... Я не о́чень люблю́ ...	рабо́тать писа́ть име́йлы отдыха́ть за́втракать гото́вить обе́д у́жинать чита́ть вари́ть у́жин

8. Beantworten Sie die Fragen:

1. Что вы обы́чно де́лаете у́тром? 2. Что вы обы́чно де́лаете днём? 3. Что вы обы́чно де́лаете до обе́да? 4. Что вы обы́чно де́лаете по́сле обе́да? 5. Что вы обы́чно де́лаете ве́чером?	я рабо́таю я у́жинаю я иду́ на рабо́ту я отдыха́ю я варю́ я за́втракаю я обе́даю я иду́ в кино́

9. Nennen Sie die Gegenstände und beantworten Sie die Fragen:

1.
1. Что это?
2. Вы любите молоко?

2.
1. Что это?
2. Вы пьёте воду с газом?

3.
1. Что это?
2. Когда вы пьёте сок?
3. Вы пьёте сок на обед?

4.
1. Что это?
2. Вы пьёте чай с лимоном или с сахаром?

5.
1. Что это?
2. Кто любит кофе?
3. Вы любите кофе с молоком или с сахаром?

6.
1. Что это?
2. Кто любит сыр?
3. Вы едите сыр на ужин?

7.
1. Что это?
2. Кто любит есть торт?
3. Вы едите торт на завтрак?

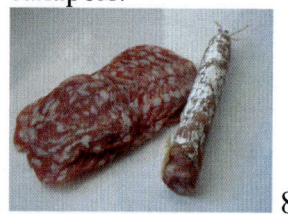

8.
1. Что это?
2. Вы едите хлеб с колбасой?

9.
1. Что это?
2. Вы едите салат на обед или на ужин?

10.
1. Что это?
2. Когда вы едите рыбу?
3. С чем Вы едите рыбу?

11.
1. Что это?
2. Вы любите готовить суп?
3. Ваша семья часто ест суп?

12.
1. Что это?
2. Вы едите овощи на обед или на ужин?

10. Schreiben Sie in 2-3 Sätzen, was Sie zum Abendessen essen, und erzählen Sie es Ihrem Gesprächspartner.

*11. Lesen Sie den Text:

Что едя́т в Росси́и на за́втрак, обе́д и у́жин.

В при́нципе, ру́сские едя́т на за́втрак то же са́мое, что и не́мцы: яи́чницы, бутербро́ды, мю́сли, йо́гурт. Но ру́сские, наприме́р, ча́сто едя́т ка́шу на за́втрак. Не́мцы лю́бят бо́льше ко́фе, чем чай, а ру́сские – наоборо́т. Ча́ще всего́ они́ пью́т чёрный чай с лимо́ном или с молоко́м.

Обе́д и у́жин в Росси́и ма́ло отлича́ются от обе́да и у́жина в Герма́нии. Ру́сские то́же едя́т карто́фель, лапшу́, мя́со, ры́бу, рис, о́вощи и так да́лее. Но по́сле еды́ ру́сские сра́зу пьют чай, наприме́р, с конфе́тами и́ли пече́ньем. На обе́д и у́жин ру́сские почти́ всегда́ едя́т горя́чие блю́да.

11. 1 Beantworten Sie die Fragen zum Text:

1. Что едя́т ру́сские на за́втрак?
2. Ру́ские лю́бят чай и́ли ко́фе?
3. Како́й чай пьют ру́сские?
4. Что ру́сские едя́т на обе́д и́ли у́жин?
5. С чем ру́сские лю́бят пить чай?
6. Что пьют ру́сские по́сле еды́?

12. Hörverstehen. Hören Sie den Text und übersetzen Sie jeden Satz. Was ist richtig und was ist falsch:

	richtig ве́рно	falsch неве́рно
1. Я за́втракаю на рабо́те.		
2. На за́втрак я ем бу́лочки с дже́мом.		
3. Я варю́ ка́шу на за́втрак.		
4. Я пью ко́фе с молоко́м.		
5. На обе́д я ем рис и сала́т.		
6. Иногда́ я пью чай с молоко́м.		
7. До обе́да я в магази́не.		
8. По́сле обе́да я отдыха́ю.		
9. Ве́чером я у́жинаю в рестора́не.		
10. Ве́чером я иду́ в кино́ и́ли чита́ю кни́гу.		

Ру́сский язы́к II, «прия́тного аппети́та»
Zusammenfassung der Seiten 139 – 143

1. Die Konjugation der Verben „frühstücken", „zu Mittag essen", „zu Abend essen":

		за́втрак**ать** – frühstücken	обе́д**ать** – zu Mittag essen	у́жин**ать** – zu Abend essen
1. Person Sg.	я	за́втрака**ю**	обе́да**ю**	у́жина**ю**
2. Person Sg.	ты	за́втрака**ешь**	обе́да**ешь**	у́жина**ешь**
3. Person Sg.	он, она́	за́втрака**ет**	обе́да**ет**	у́жина**ет**
1. Person Pl.	мы	за́втрака**ем**	обе́да**ем**	у́жина**ем**
2. Person Pl.	Вы, вы	за́втрака**ете**	обе́да**ете**	у́жина**ете**
3. Person Pl.	они́	за́втрака**ют**	обе́да**ют**	у́жина**ют**

Alle drei Verben (auf –ать) gehören zu **e-Konjugation**, d.h. 2., 3. Person Sg. und 1., 2. Person Pl. haben –**e** in den Personalendungen.

2. Die Tageszeit:

у́тро – у́тром der Morgen – am Morgen	день – днём der Tag – am Tag	обе́д – до обе́да der Mittag – der Vormittag	обе́д – по́сле обе́да der Mittag – der Nachmittag

обе́д – в обе́д der Mittag – am Mittag	ве́чер – вечеро́м der Abend – am Abend	ночь – но́чью die Nacht – in der Nacht

3. Das Geschlecht der Substantive:

Das Femininum hat meistens die Endung –**a**:

> вода́, котле́т**а**, ко́ка-ко́л**а**

oder –**я**, –**ия**, oder das Weichheitszeichen –**ь**.

> семь**я́**, Герма́**ния**, ноч**ь**, доч**ь**, крова́т**ь**

Das Maskulinum hat oft einen Konsonanten am Ende:

> сок, лимона́д, чай, рис, со́ус

oder das Weichheitszeichen –**ь**.

> кокте́йл**ь**, шни́цел**ь**

Das Neutrum kann folgende Endungen haben: –**е**, –**о**, –**я**

> мо́р**е**, каф**е́**, мя́с**о**, пи́в**о**, и́м**я**

Ausnahme: ко́фе (m)

Der Plural hat im Russischen die Endungen **–и** oder **–ы**:

> спаге́тт**и**, фру́кт**ы**, о́вощ**и**, гриб**ы́**

4. Der Präpositiv

N кто? что?	ку́хн**я** (f)	рабо́т**а** (f)	Герма́н**ия** (f)	рестора́**н** (m)	балко́**н** (m)	мо́р**е** (n)
G						
D						
A кого́? что?	ку́хню	рабо́ту	Герма́нию	рестора́н	балко́н	мо́ре
I с кем? с чем?	ку́хней	рабо́той	Герма́нией	рестора́ном	балко́ном	мо́рем
P über wen? worüber? *	о ку́хн**е**	о рабо́т**е**	о Герма́н**ии**	о рестора́**не**	о балко́**не**	о мо́р**е**

* zusätzliche Frage: wo? – **где?**

Der Präpositiv in den Sätzen:

1. Мы за́втракаем всегда́ на ку́хн**е**.
2. Днём я на рабо́т**е**.
3. Я живу́ в Герма́н**ии**.
4. Ты ве́чером у́жинаешь в рестора́**не**?
5. Я люблю́ за́втракать на балко́**не**.
6. Моя́ семья́ лю́бит отдыха́ть на мо́р**е**.

5. Die Präpositionen в (in), на (auf, an, in)

Die Präpositon **в** und **на** verwendet man zur Angabe des Ortes. **в** benutzt man, wenn sich ein Objekt oder Gegenstand innerhalb bestimmter Grenzen befindet. **На** benutzt man, wenn sich ein Gegenstand auf einer Fläche befindet.

zum Beispiel:

Сыр лежи́т **в** холоди́льнике.
Сыр лежи́т **на** столе́.

Die Ausnahme: на рабо́те

6. Fragewörter

кто – wer?	что – was?	как – wie?	где – wo?	когда́ – wann?	с кем? – mit wem? с чем? – womit?

Ру́сский язы́к II, «прия́тного аппети́та»
Zusätzliche Übungen

13. Vervollständigen Sie die Sätze:

Muster: Где Вы за́втра .... (за́втракать) ?
Где Вы за́втра за́втракаете?

1. Где Вы за́втра .... (за́втракать)?
2. Моя́ сестра́ .... на рабо́те (обе́дать).
3. На́ша семья́ .... в рестора́не (у́жинать).
4. Мои́ роди́тели .... на терра́се (за́втракать).
5. Что Вы .... на за́втрак (есть)?
6. На обе́д мой друг .... сок и́ли во́ду (пить).
7. Ве́чером мы ча́сто .... пи́во и́ли вино́ (пить).
8. Ве́чером я не .... (у́жинать).
9. Вы .... на рабо́те (обе́дать)?
10. Где мы сего́дня .... (за́втракать)?

14. Bilden Sie die Sätze mit den Tageszeiten:

1. .... я иду́ на рабо́ту.
2. .... моя́ ба́бушка смо́трит телеви́зор.
3. .... мои́ роди́тели отдыха́ют.
4. .... де́ти иду́т в кино́.
5. .... ма́ма ва́рит обе́д.
6. .... мы рабо́таем.
7. Моя́ подру́га чита́ет газе́ты ....

днём
ве́чером
но́чью
у́тром
до обе́да
в обе́д
по́сле обе́да

15. Beantworten Sie die Fragen:

1. Когда́ ты обы́чно за́втракаешь?
2. Когда́ ты гото́вишь обе́д?
3. Когда́ ты идёшь в кино́?
4. Когда́ ты обы́чно чита́ешь кни́ги?
5. Когда́ ты обы́чно отдыха́ешь?
6. С чем ты лю́бишь есть спаге́тти?
7. С чем ты лю́бишь пить чай? С са́харом, молоко́м и́ли лимо́ном?
8. С чем ты лю́бишь пить ко́фе?
9. С кем ты живёшь?

16. Bestimmen Sie das Geschlecht:

Femininum	Maskulinum	Neutrum	Plural

сала́т, карто́фель, лапша́, суп, ры́ба, рис, мя́со, о́вощи, помидо́ры, спаге́тти, ко́фе, чай, вода́, вино́, сок, пи́во, кокте́йль, лимона́д, ко́ка-ко́ла, ке́тчуп, со́ус, пи́цца, фа́нта, котле́та, майоне́з, шампа́нское, ка́ша, яи́чница, омле́т, яйцо́, бутербро́д, фру́кты, торт, мю́сли, хлеб, круасса́н, ку́рица, гриб, грибы́, борщ

17. Benutzen Sie den Präpositiv:

Muster: Мой брат живёт сейча́с в...... (Москва́)
Мой брат живёт сейча́с в Москве́.

1. Мой брат живёт сейча́с в .... (Москва́).
2. Твоя́ подру́га О́ля рабо́тает в .... (фи́рма).
3. Мы сего́дня у́жинаем в .... (рестора́н).
4. На .... (стол) стоя́т ко́фе, молоко́, бу́лочки и колбаса́.
5. Мы за́втракаем на .... (ку́хня).
6. Моя́ ма́ма сейча́с в .... (Росси́я).
7. - Где сыр? – Он в .... (холоди́льник).
8. Ба́бушка смо́трит телеви́зор в .... (ко́мната).
9. В .... (спа́льня) стоя́т крова́ть, шкаф, кре́сло и оди́н стул.
10. Ле́на сейча́с отдыха́ет в .... (Герма́ния).
11. В .... (сок) о́чень мно́го витами́нов.
12. В .... (кни́га) есть о́чень интере́сный текст.

18. Beantworten Sie die Fragen:

1. Где ты за́втракаешь ка́ждый день?
2. Где ты обы́чно обе́даешь?
3. Где ты у́жинаешь сего́дня?
4. Что ты лю́бишь есть на за́втрак?
5. Что ты сего́дня ешь на обе́д?
6. Что ты ешь сего́дня на у́жин?

19. Übersetzen Sie die Sätze. Achten Sie auf Substantive im Präpositiv:

1. Wir frühstücken oft im Wohnzimmer. Und deine Familie?
2. Ich mag auf dem Balkon frühstücken, zu Mittag essen und zu Abend essen. Und wo magst du essen?
3. Heute Abend esse ich mit einer Freundin im Restaurant.
4. Wo ist die Mutter? – Sie ist in der Küche.
5. Mein Vater isst meistens auf der Arbeit zu Mittag. Und wo isst dein Vater zu Mittag?
6. Sind deine Eltern zu Hause?
7. Was steht im Korridor?

20. Übersetzen Sie:

1. Ich esse zum Frühstück Brot mit Käse.
2. Was isst du zum Frühstück?
3. Meine Schwester isst zum Frühstück ein Spiegelei, ein Brötchen mit Butter oder Marmelade.
4. Was essen Sie zum Frühstück?
5. Ich trinke zum Frühstück meistens Kaffee und du?
6. Mein Bruder trinkt zum Frühstück nur Saft oder Tee.
7. Trinkst du Kaffee mit Milch oder Zucker?
8. Ich frühstücke nicht.
9. Ich esse nichts zum Frühstück. Ich trinke nur Kakao.
10. Ich esse keine Wurst.
11. Ich koche und esse keinen Brei, und du?
12. Was trinken Sie zum Frühstück?

21. Beschreiben Sie das Bild. Achten Sie auf den Gebrauch der Präpositionen в, на:

1. Кни́ги стоя́т .... по́лке.
2. Часы́ стоя́т то́же .... по́лке.
3. Ми́шка лежи́т .... крова́ти.
4. Ла́мпа стои́т .... столе́.
5. Мяч лежи́т .... полу́.

1. Цвето́к стои́т .... ва́зе.
2. Ва́за стои́т .... комо́де.
3. Поду́шки лежа́т .... крова́ти.
4. Буди́льник стои́т .... ту́мбочке.
5. Карти́на виси́т .... стене́.

22. Füllen Sie die Tabellen aus:

Femininum

N	вода́	бу́лочка	пи́цца	ку́хня	Герма́ния	крова́ть
G						
D						
Akk	....	....	....	....	....	....
I	....	....	....	....	....	....
P	....	....	....	....	....	....

Maskulinum

N	хлеб	со́ус	па́па	карто́фель	Берли́н
G					
D					
Akk	....	....	....	....	....
I	....	....	....	....	....
P	....	....	....	....	....

Neutrum

N	ма́сло	пи́во	яйцо́	варе́нье
G				
D				
Akk	....	....	....	....
I	....	....	....	....
P	....	....	....	....

23. Hörverstehen. Übersetzen Sie den Text, schreiben sie die Übersetzung auf.

Ру́сский язы́к II, «прия́тного аппети́та»

Der aktive Wortschatz und die Grammatik zum Thema
«прия́тного аппети́та»

за́втрак - das Frühstück	обе́д – das Mittagessen	гото́вить (Akk) - zubereiten
на за́втрак – zum Frühstück	на обе́д – zum Mittagessen	вари́ть (Akk) – kochen
бу́лочка – das Brötchen	ры́ба – der Fisch	идти́ (я иду́) – gehen (ich gehe)
хлеб – das Brot	мя́со – das Fleisch	стоя́ть – stehen
колбаса́ – die Wurst	карто́фель – die Kartoffel	лежа́ть – liegen
ветчина́ – der Schinken	карто́шка umg	отдыха́ть – sich ausruhen
сыр – der Käse	лапша́ – die Nudel	рабо́тать – arbeiten
ма́сло – die Butter	спаге́тти – die Spaghetti	чита́ть – lesen
бутербро́д – belegtes Brot	рис – der Reis	смотре́ть телеви́зор – fernsehen
вода́ – das Wasser	капу́ста – der Kohl	
сок – der Saft	суп – die Suppe	вопро́сы
апельси́новый сок – der Orangensaft	ку́рица – das Hähnchen	с чем? с кем? – womit? mit wem?
ко́фе – der Kaffee	гриб, грибы́ – der Pilz, Pilze	когда́? – wann?
мёд – der Honig	котле́та – die Frikadelle	
фру́кты – die Früchte		други́е слова́
чай – der Tee	у́жин – das Abendessen	днём – am Tag
са́хар – der Zucker	на у́жин – zum Abendessen	ве́чером – am Abend
джем – der Jem	пи́цца – die Pizza	в обе́д – in der Mittagszeit
варе́нье – die Konfitüre	о́вощи – die Gemüse	до обе́да – vormittags
мю́сли – die Müsli	сала́т – der Salat	по́сле обе́да – nachmittags
молоко́ – die Milch	помидо́р, помидо́ры – die Tomate, die Tomaten	но́чью – in der Nacht
яи́чница – das Spiegelei		ка́ждый день – jeden Tag
яйцо́ – das Ei	Verben	сего́дня – heute
кака́о – der Kakao	за́втракать – frühstücken	обы́чно – gewöhnlich
йо́гурт – der Joghurt	обе́дать – zu Mittag essen	иногда́ – manchmal
ка́ша – der Brei	у́жинать – zu Abend essen	обяза́тельно – unbedingt
	есть (Akk) – essen	прия́тного аппети́та – guten Appetit
	пить (Akk) – trinken	

Deklination der Substantive

Femininum

N кто? что?	рабо́та	ку́рица	ку́хня	Герма́ния	крова́ть	ночь
G						
D						
A кого́? что?	рабо́ту	ку́рицу	ку́хню	Герма́нию	крова́ть	ночь
I с кем? с чем?	рабо́той	ку́рицей	ку́хней	Герма́нией	крова́тью	но́чью
P über wen? worüber? *	о рабо́те	о ку́рице	о ку́хне	о Герма́нии	о крова́ти	о но́чи

Maskulinum

N кто? что?	ресторáн	сóус	Бонн	картóфель	пáпа
G					
D					
A когó? что?	ресторáн	сóус	Бонн	картóфель	пáпу
I с кем? с чем?	ресторáн**ом**	сóус**ом**	Бóнн**ом**	картóфел**ем**	пáп**ой**
P über wen? worüber? *	о ресторá**не**	о сóус**е**	о Бóнн**е**	о картóфел**е**	о пáп**е**

Neutrum

N кто? что?	яйцó	молокó	мóре	варéнье
G				
D				
A когó? что?	яйцó	молокó	мóре	варéнье
I с кем? с чем?	яйц**óм**	молок**óм**	мóр**ем**	варéньем
P über wen? worüber? *	о яйц**é**	о молок**é**	о мóр**е**	о варéнье

* zusätzliche Frage: wo? – **где ?**

Ру́сский язы́к II, «прия́тного аппети́та»
ТЕСТ

и́мя ....

1. Vervollständigen Sie die Sätze mit den vorgegebenen Verben:

1. Я .... (есть) на за́трак мю́сли с молоко́м и .... (пить) ко́фе и апельси́новый сок. А что ты .... (есть) и .... (пить) на за́втрак?
2. Мой брат .... (есть) на обе́д всегда́ сала́т, карто́фель и ры́бу и .... (пить) во́ду и́ли сок.
3. Что Вы .... (пить) и .... (есть) на у́жин?
4. Де́ти .... (есть) на за́втрак бу́лочки с ма́слом и мёдом. Они́ не .... (пить) молоко́.
5. Мы до́ма всегда́ .... (есть) на у́жин суп и́ли пи́ццу и .... (пить) чай и́ли кака́о, а вы?

2. Benutzen Sie die Substantive im richtigen Kasus:

1. Я ем хлеб с .... (ма́сло), ... (колбаса́), ... (сыр) и́ли .... (варе́нье).
2. Ты лю́бишь есть .... (суп), ... (колбаса́) и .... (ка́ша)?
3. Вы лю́бите .... (во́дка)? Нет, я не люблю́ .... (во́дка)!
4. Я живу́ в .... (Берли́н).
5. Мой друг де́лает .... (яи́чница).
6. Мы пьём .... (чай) и еди́м .... (торт).

3. Beantworten Sie die Fragen:

1. Что ты лю́бишь есть и пить на за́втрак?
2. Что ты обы́чно ешь и пьёшь на обе́д?
3. Что ты ешь и пьёшь сего́дня на у́жин?

4. Füllen Sie die Tabelle aus:

N	хлеб	сыр	Берли́н	бу́лочка	ма́сло
G					
D					
Akk	....	....	....	....	....
I	....	....	....	....	....
P	....	....	....	....	....

Ру́сский язы́к II, «мой о́тпуск»

Kapitel V

Мой о́тпуск / Mein Urlaub

чита́ть

в о́тпуске я люблю́ .....

смотре́ть телеви́зор

1. Sprechen Sie nach:

о́тпуск, в о́тпуске – Urlaub, im Urlaub
кани́кулы, на кани́кулах – Ferien, in den Ferien
пла́вать – schwimmen
ныря́ть – ins Wasser springen
загора́ть – sich sonnen
путеше́ствовать – reisen
безде́льничать – faulenzen
танцева́ть – tanzen
смотре́ть телеви́зор – fernsehen
игра́ть – spielen

ходи́ть в кино́ – ins Kino gehen
ходи́ть в похо́д – wandern
ходи́ть на дискоте́ку – in die Disco gehen
занима́ться спо́ртом – Sport treiben
ката́ться на велосипе́де – Fahrrad fahren
велосипе́д – Fahrrad
отдыха́ть – sich ausruhen
гото́вить, вари́ть – zubereiten, kochen
купа́ться – baden
ката́ться на лы́жах – Ski laufen

2. Beantworten Sie die Fragen:
1. Ты лю́бишь о́тпуск?
2. Твоя́ дочь лю́бит кани́кулы?
3. Ты лю́бишь пла́вать?
4. Твоя́ подру́га лю́бит загора́ть?
5. Твой друг лю́бит путеше́ствовать?

6. Ты лю́бишь ве́чером смотре́ть телеви́зор?
7. Ваш сын лю́бит ходи́ть в похо́д?
8. Ваш брат лю́бит занима́ться спо́ртом?
9. Что Вы лю́бите гото́вить?
10. Что Вы не лю́бите гото́вить?

3. Vervollständigen Sie die Sätze. Verwenden Sie dabei die Verben aus der Übung 1:
1. В о́тпуске я люблю́... .
2. На кани́кулах де́ти лю́бят обы́чно ... .
3. В о́тпуске я не люблю́ ... .
4. В о́тпуске мой брат лю́бит ... .
5. В о́тпуске мой брат не лю́бит ... .
6. Вы лю́бите ....?

4. Lernen Sie die Jahreszeiten; Lesen Sie:

весна́ – весно́й (der Frühling – im Frühling)
ле́то – ле́том (der Sommer – im Sommer)
о́сень – о́сенью (der Herbst – im Herbst)
зима́ – зимо́й (der Winter – im Winter)

Ру́сский язы́к II, «мой о́тпуск»

5. Fragen Sie Ihren Gesprächspartner:

Когда́ у тебя́ о́тпуск? - У меня́ о́тпуск ле́том.

Когда́ у Вас о́тпуск? - У меня́ о́тпуск весно́й.

6. Vervollständigen Sie die Sätze:

Muster: - Когда́ ты лю́бишь о́тпуск?
- Я люблю́ о́тпуск зимо́й.
- Почему́ ты лю́бишь о́тпуск зимо́й?
- Я люблю́ о́тпуск зимо́й, потому́ что я люблю́ ката́ться на лы́жах.

зимо́й весно́й ле́том о́сенью	потому́ что	пла́вать - schwimmen ныря́ть - ins Wasser springen загора́ть - sich sonnen путеше́ствовать - reisen ката́ться на велосипе́де - Fahrrad fahren купа́ться - baden ката́ться на лы́жах - Ski laufen

7. Konjugieren Sie das Verb „wollen" – «хоте́ть»

хоте́ть

я	хочу́	мы	хоти́м
ты	хо́чешь	Вы, вы	хоти́те
она	хо́чет	они	хотя́т

8. Lesen und übersetzen Sie:
1. Что ты хо́чешь есть на за́втрак?
2. Что ты хо́чешь де́лать в о́тпуске?
3. Вы хоти́те отдыха́ть на мо́ре?
4. Я хочу́ идти́ домо́й.
5. Моя́ сестра́ не хо́чет вари́ть обе́д.
6. Ты хо́чешь загора́ть? – Нет, я не хочу́ загора́ть.
7. – Что хо́чет де́лать твой ма́ленький брат: купа́ться, пла́вать и́ли загора́ть?
   – Он хо́чет купа́ться.
8. – У тебя́ есть велосипе́д?
   – Да.
   – Ты хо́чешь ката́ться на велосипе́де?
   – Коне́чно, я о́чень хочу́ ката́ться на велосипе́де.

9. Vervollständigen Sie die Sätze mit dem Verb «хоте́ть»:
1. Что ты .... сейча́с де́лать?
2. Я .... идти́ в кино́.
3. Мы .... отдыха́ть.
4. Вы .... загора́ть, ныря́ть и́ли пла́вать?
5. Моя́ сестра́ вообще́ не .... рабо́тать, она́ .... то́лько отдыха́ть: и ле́том, и зимо́й, и весно́й.
6. Де́ти не .... пить молоко́ и есть ка́шу, они́ .... есть моро́женое и конфе́ты.
7. У меня́ есть кла́ссный велосипе́д, и я о́чень .... ката́ться на велосипе́де.

Ру́сский язы́к II, «мой о́тпуск»

10. Stellen Sie sich gegenseitig die Fragen mit dem Verb «хоте́ть»:

Muster: Ты хо́чешь пла́вать?
        Нет, я не хочу́ пла́вать, я хочу́ ныря́ть./ Да, я хочу́ пла́вать.

Ты хо́чешь ...

Вы хоти́те ...

пла́вать	ходи́ть в похо́д
ныря́ть	ходи́ть на дискоте́ки
загора́ть	занима́ться спо́ртом
путеше́ствовать	ката́ться на велосипе́де
безде́льничать	ката́ться на лы́жах
ходи́ть в кино́	

11. Vervollständigen Sie die Sätze mit dem Verb «хоте́ть»:

Muster: Я иду́ на рабо́ту, но я не ....
        Я иду́ на рабо́ту, но я не хочу́ идти на рабо́ту.

1. Я иду́ на рабо́ту, но я не ....
2. Мы о́чень уста́ли и ....
3. У нас есть но́вый телеви́зор, мы ....
4. А́нна пи́шет име́йл, но она́ не ....
5. О́льга не хо́чет гото́вить, она́ ....
6. Ты .... кни́гу и́ли журна́л?
7. Я не хочу́ идти́ в библиоте́ку, я .... !
8. Де́ти не .... на за́втрак ка́шу.
9. Сейча́с ле́то, и мы ....
10. Ты идёшь в тренажёрный зал? ....?
11. Я сейча́с в о́тпуске и ....

идти́ на рабо́ту
у́жинать в рестора́не
безде́льничать
занима́ться спо́ртом
чита́ть
идти́ домо́й
есть
отдыха́ть
смотре́ть телеви́зор
писа́ть име́йл
пла́вать в мо́ре

12. Beantworten Sie die Fragen:

1. Что ты хо́чешь де́лать сего́дня ве́чером?
2. Что ты хо́чешь де́лать на выходны́х?
3. Ты хо́чешь за́втра рабо́тать?
4. Когда́ ты хо́чешь занима́ться спо́ртом?
5. С кем Вы хоти́те путеше́ствовать?
6. С чем Вы хоти́те пить ко́фе?
7. Вы хоти́те ката́ться на велосипе́де?
8. Что Ва́ши де́ти хотя́т де́лать на кани́кулах?

13. Übersetzen Sie die Verben:

рабо́тать	kochen
отдыха́ть	arbeiten
за́втракать	leben
жить	zubereiten
люби́ть	spielen
вари́ть	zu Mittag essen
идти́	lesen
игра́ть	essen
ходи́ть	sprechen
у́жинать	zu Abend essen
чита́ть	trinken
есть	schwimmen
де́лать	sich erholen
обе́дать	gehen
говори́ть	machen
пить	frühstücken
пла́вать	lieben
гото́вить	

Ру́сский язы́к II, «мой о́тпуск»

14. Konjugieren Sie die Verben:

	идти́ (gehen)	ходи́ть (gehen)
я	иду́	хожу́
ты	идёшь	хо́дишь
он, она́	идёт	хо́дит
мы	идём	хо́дим
Вы, вы	идёте	хо́дите
они́	иду́т	хо́дят

> «ходи́ть» bedeutet die Bewegung hin und zurück. (im Sinne „oft, regelmäßig") «идти́» bedeutet eimalige Bewegung mit einem konkreten Ziel.

15. Vervollständigen Sie die Sätze mit den vorgegebenen Verben:

а) ходи́ть
1. Я люблю́ .... в кино́ и на дискоте́ки.
2. Твой брат уже́ .... в шко́лу?
3. Ты .... ле́том в шко́лу?
4. Вы .... по утра́м на рабо́ту?
5. Мы не .... в библиоте́ку.
6. Ты лю́бишь .... в похо́д?
7. В воскресе́нье я обы́чно .... в го́сти.

в) идти́
1. Куда́ ты ....?
2. Сейча́с я .... на рабо́ту.
3. Когда́ твой оте́ц .... в о́тпуск?
4. Ле́том мы .... на кани́кулы.
5. Де́вушки и па́рни .... на дискоте́ку.
6. Студе́нты .... в университе́т.
7. Де́душка .... в магази́н, а ба́бушка ва́рит обед.
8. Сего́дня я не .... в банк: он закры́т.

16. Machen Sie die Übung mit den Verben «идти́» «ходи́ть»:

1. Ка́ждый день я .... на рабо́ту (иду́, хожу́).
2. Сейча́с я .... в кино́ (иду́, хожу́).
3. Твой де́ти .... в шко́лу (иду́т, хо́дят)?
4. Ты лю́бишь .... в кино́ (ходи́ть, идти́)?
5. Ты лю́бишь .... на дискоте́ки (ходи́ть, идти́)?
6. Когда́ ты .... в о́тпуск (хо́дишь, идёшь)?
7. Когда́ твой де́ти .... на кани́кулы (иду́т, хо́дят)?
8. Куда́ ты сейча́с .... (хо́дишь, идёшь)?

17. Sprechen Sie nach:

идти́ в о́тпуск	Я иду́ в о́тпуск ...	зимо́й
идти́ на кани́кулы	Я иду́ на кани́кулы...	весно́й
		ле́том
		о́сенью

17. 1 Stellen Sie sich gegenseitig Fragen:

Muster: Когда́ у тебя́ о́тпуск? *Oder:* Когда́ ты идёшь в о́тпуск?

Русский язык II, «мой отпуск»

18. Benutzen Sie die Verben „идти́ – ходи́ть":

идти́ – ходи́ть

диало́г 1
- Здра́вствуй, Ле́на!
- До́брый день, Ко́стя!
- Куда́ ты ....?
- Я .... в кафе́ «Визи́т».
- Ты ча́сто .... в кафе́ «Визи́т»?
- Да, ча́сто. Там вку́сно гото́вят.

диало́г 2
- Приве́т, Са́ша!
- Здра́вствуй!
- Ты куда́ ....?
- Я .... на ры́нок.
- И я .... на ры́нок.
- Ты всегда́ .... пешко́м в центр?
- Да.

диало́г 3
- Здра́вствуй, Та́ня!
- Здоро́во, Воло́дя!
- Куда́ ты .... ?
- Я .... в кафе́.

диало́г 4
- Здра́вствуй, Ко́ля!
- Приве́т, Све́та!
- Куда́ ты .... ?
- Я .... на рабо́ту.
- Ты ка́ждый день .... на рабо́ту?
- Нет, я .... че́рез день.

19. Setzen Sie die korrekten Formen des Verbs «идти́» ein:

1. Я .... в библиоте́ку. 2. Серге́й .... в шко́лу. 3. Кузнецо́вы .... в теа́тр. 4. Константи́н Семёнович сего́дня .... в о́тпуск. 5. А когда́ вы .... в о́тпуск? 6. Ка́тя и Ви́ктор .... в центр го́рода. 7. Куда́ ты .... в пя́тницу ве́чером? 8. К кому́ вы .... в воскресе́нье?

20. Hörverstehen. Beantworten Sie die Fragen zum Text:

1. Как зову́т сестру́?
2. Как зову́т бра́та?
3. Та́ня и Ва́ня больши́е и́ли ма́ленькие?
4. Ле́том де́ти хо́дят в шко́лу?
5. Де́ти лю́бят кани́кулы, и́ли они́ лю́бят ходи́ть в шко́лу?
6. Что де́ти не де́лают на кани́кулах?
7. У них есть ба́бушка и́ли де́душка?
8. Где живёт их ба́бушка?
9. Что гото́вит ба́бушка на за́втрак?
10. Что пьют де́ти на за́втрак?
11. Что де́лают де́ти в дере́вне?
12. С кем игра́ют Та́ня и Ва́ня?

Ру́сский язы́к II, «мой о́тпуск»

21. Üben Sie die Konjugation der Verben «идти́», «ходи́ть» im Spiel.
Regeln

Dieses Spiel spielt man zu zweit. Zu Beginn müssen die Schiffe (Kreuze) gesetzt werden, indem Sie 2-3 Kreuze auf das linke Spielfeld machen. Das rechte Feld ist für Ihren Gegner. Der Gegner sollte natürlich nicht sehen können, wo Sie Ihre Schiffe eingetragen haben, denn es geht in diesem Spiel darum die Schiffe des anderen zu finden.

Das Spiel beginnt. Links sind Ihre Schiffe, die Ihr Gegner versuchen wird zu treffen. Rechts ist das Spielfeld, wo der Gegner Schiffe gesetzt hat. Der erste Spieler fängt an und bestimmt ein Feld auf dem Spielplan. Die Felder ergeben sich aus den Kreuzungspunkten der Verben und den Substantiven. Der Spieler nennt zuerst den Anfang des Satzes mit dem Verb der senkrechten Reihe, also z.B. «Я иду́» und dann das Substantiv aus der waagerechten Reihe z.B. «в шко́лу». Daraufhin schaut der andere Spieler auf seinen Plan, ob in dem genannten Kästchen ein Schiff liegt. Hat der Gegner ein Schiff gefunden, dann sagt der Spieler: "попа́л". Ist da aber kein Schiff zu finden, dann sagt er "ми́мо".

Der Spieler, der am Zug war, markiert danach das abgefragte Feld in seinem leeren, rechten Spielplan. Wie er das macht, ist ihm überlassen. So kann man z.B. bei "ми́мо" einen Kreis und bei "попа́л" ein Kreuz malen, oder man nimmt zwei verschiedene Farbstifte und markiert so die unterschiedlichen Felder.

Gespielt wird immer im Wechsel. Wenn ein Spieler ein Schiff getroffen hat, dann darf er noch einmal raten. Das Spiel geht so lange, bis einer der beiden Spieler alle Schiffe seines Gegners gefunden bzw. "versenkt" hat. Damit hat er dann das Spiel gewonnen.

я иду́	ты идёшь	он, она́ идёт	мы идём	вы идёте	они́ иду́т	**Морско́й бой** (Seeschlacht) Schiffe versenken	я хожу́	ты хо́дишь	он, они́ хо́дит	мы хо́дим	вы хо́дите	они хо́дят
						в шко́лу / в магази́н						
						на рабо́ту / в библиоте́ку						
						в фи́рму / на стадио́н						
						в теа́тр / на дискоте́ку						
						в кино́ / на трениро́вку						
						в го́сти / в университе́т						

Daneben! - ми́мо!; Getroffen! – Попа́л! (wenn der Gegner ein Mann ist), попа́ла! (wenn der Gegner eine Frau ist)

Ру́сский язы́к II, «мой о́тпуск»

22. Spielen Sie in der Gruppe. Üben Sie dabei Akkusativ, Präpositiv und das Verb "gehen":

Gespielt wird in Gruppen zu 3-5 Personen. Es wird der Reihe nach gewürfelt. Jeder Spieler rückt um so viele Felder vor, wie er Punkte gewürfelt hat. Gerät man auf ein Feld mit einer Zahl, bildet man den Satz mit dem Verb «идти́»:

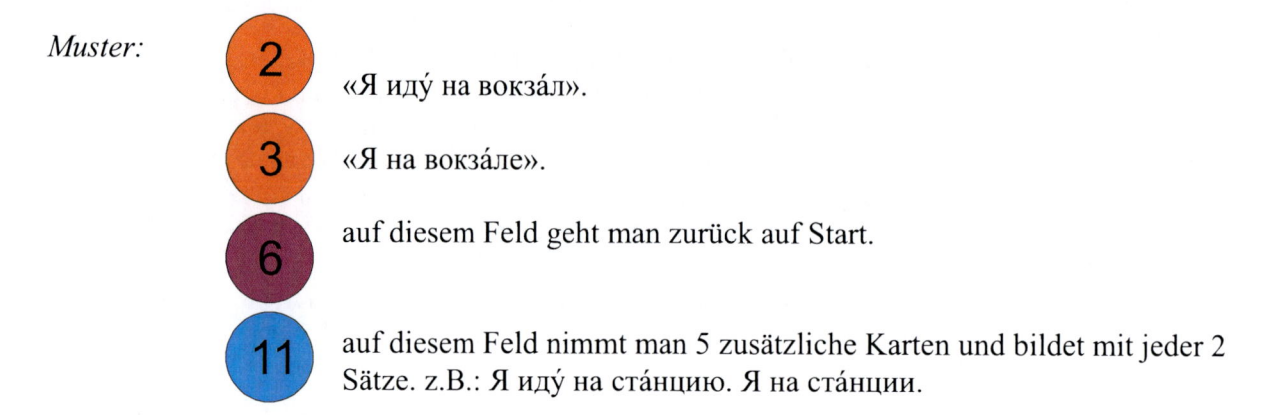

Muster:

2 «Я иду́ на вокза́л».

3 «Я на вокза́ле».

6 auf diesem Feld geht man zurück auf Start.

11 auf diesem Feld nimmt man 5 zusätzliche Karten und bildet mit jeder 2 Sätze. z.B.: Я иду́ на ста́нцию. Я на ста́нции.

Karten:

ста́нция	фа́брика	клуб	гара́ж	музе́й
стадио́н	теа́тр	парк	университе́т	рестора́н
рабо́та	шко́ла	бар	цирк	фи́рма
остано́вка	база́р	дискоте́ка	банк	кафе́

Die Sätze, Substantive im Akkusativ und Präpositiv, Beispiele:

Я иду́	на вокза́л в гости́ницу в парикма́херскую в апте́ку на по́чту в поликли́нику в метро́ в аэропо́рт в казино́ в опере́тту в Москву́	Я	на вокза́ле в гости́нице в парикма́херской в апте́ке на по́чте в поликли́нике в метро́ в аэропо́рту в казино́ в опере́тте в Москве́

Рýсский язы́к II, «мой о́тпуск»

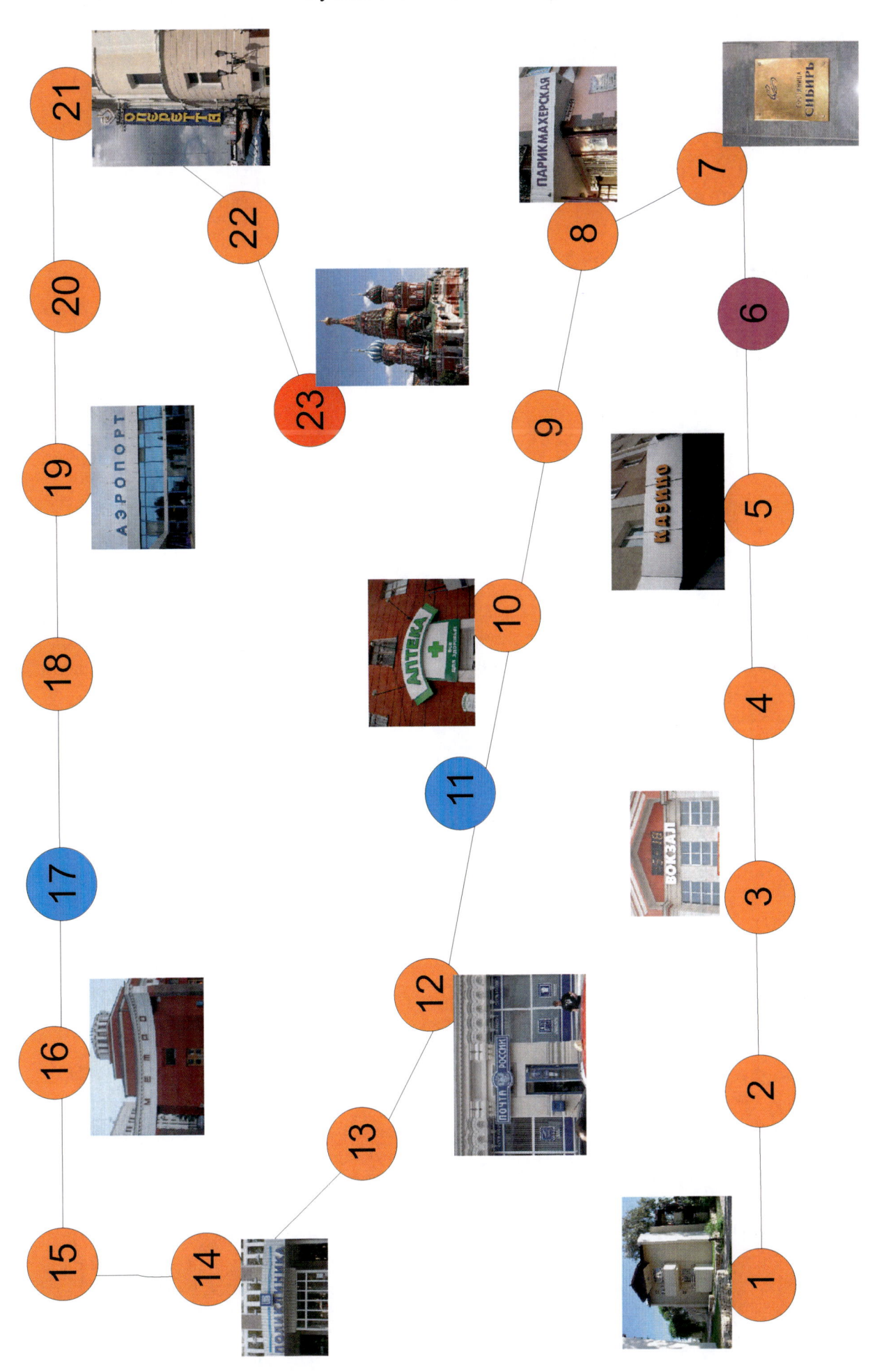

Ру́сский язы́к II, «мой о́тпуск»

Zusammenfassung der Seiten 152 – 159

1. Die Jahreszeiten
весна́ – весно́й   зима́ – зимо́й
ле́то – ле́том   о́сень – о́сенью

2. Die Konjugation des Verbs
хоте́ть

я	хочу́	мы	хоти́м
ты	хо́чешь	Вы, вы	хоти́те
она	хо́чет	они	хотя́т

3. Die Konjugation der Verben
идти́/ ходи́ть

	идти́ (gehen)	ходи́ть (gehen)
я	иду́	хожу́
ты	идёшь	хо́дишь
он, она́	идёт	хо́дит
мы	идём	хо́дим
Вы, вы	идёте	хо́дите
они́	иду́т	хо́дят

Die Verben **идти́/ ходи́ть** sind Verbalpaare, weil sie dieselbe Fortbewegung bezeichnen – „gehen". Das Verb **идти́** (bestimmt) ist ein zielgerichtetes Verb, weil es eine einmalige Bewegung in eine bestimmte Richtung bezeichnet. Mit diesem Verb können solche Wörter in einem Satz stehen, wie z.B. **сейча́с** (jetzt), **сего́дня** (heute) usw.
  Сейча́с я иду́ в кино́. Jetzt gehe ich ins Kino.

Das Verb **ходи́ть** bezeichnet man als unbestimmt. Es ist ein nicht zielgerichtetes Verb. Mit diesem Verb drückt man die wiederholte Bewegung (hin und zurück) aus. Mit diesem Verb können solche Wörter in einem Satz stehen, wie: **ча́сто** (oft), **ка́ждый день** (jeden Tag), **регуля́рно** (regelmäßig) usw.
  Ка́ждый день я хожу́ на рабо́ту. Jeden Tag gehe ich zur Arbeit.

4. Fragewörter
кто, что? – wer? was?   с чем? – womit?   кака́я – wie? welche?
как? – wie?   когда́? – wann?   како́е – wie? welches?
куда́? – wohin?   с кем? – mit wem?   каки́е – wie? welche?
где? – wo?   како́й – wie? welcher?

5. Die Konjunktion „потому́ что".

У меня́ о́тпуск ле́том, <u>потому́ что</u> я люблю́ ле́то. – Ich habe Urlaub im Sommer, <u>weil</u> ich den Sommer mag.
„У меня́ о́тпуск ле́том" – ist der Hauptsatz. „потому́ что я люблю́ ле́то" – ist der Nebensatz. Der Nebensatz mit der Konjunktion „потому́ что" folgt immer dem Hauptsatz. Der Nebensatz antwortet auf die Frage „warum?" – Warum habe ich Urlaub im Sommer?
  An der ersten Stelle im Nebensatz steht die Konjunktion „потому́ что". Nach der Konjunktion ist die Wortfolge im Nebensatz flexibel. Die klassische Wortfolge im Nebensatz: „потому́ что" – das Subjekt (я) – das Prädikat (люблю́).

Ру́сский язы́к II, «мой о́тпуск»

Zusätzliche Übungen

23. Finden Sie die korrekte Antwort:

зимо́й   весно́й   о́сенью   ле́том

1. .... я люблю́ ката́ться на лы́жах.
2. .... мо́жно купа́ться в мо́ре и́ли загора́ть.
3. Я люблю́ о́тпуск ....
4. .... мо́жно ката́ться на велосипе́де.
5. Твой сле́дующий о́тпуск ....?
6. ...., в сентябре́ мой муж идёт в о́тпуск.
7. Де́ти лю́бят кани́кулы и ...., и ...., и .... и ....
8. Я не люблю́ купа́ться ....

24. Übersetzen Sie die Sätze:
1. Ich gehe im Winter in den Urlaub.
2. Wann gehst du in den Urlaub?
3. Im Urlaub mag ich lesen und faulenzen.
4. Ich habe bald Ferien.
5. In den Ferien mögen die Kinder schwimmen, sich sonnen und spielen.

25. Vervollständigen Sie die Sätze mit dem Verb «хоте́ть»:
хоте́ть
1. Я .... занима́ться спо́ртом.
2. Что ты .... де́лать ле́том?
3. Мой брат не .... рабо́тать в ба́нке.
4. Где ты .... рабо́тать ле́том?
5. Моя́ племя́нница .... рабо́тать на кани́кулах в библиоте́ке.
6. Что вы .... гото́вить сего́дня ве́чером?
7. Мы .... купа́ться в мо́ре.
8. Мой ба́бушка и де́душка бо́льше не .... рабо́тать, они́ на пе́нсии.

идти́
1. Куда́ ты .... сего́дня ве́чером?
2. Сейча́с я .... в магази́н. А куда́ ты ....?
3. Моя́ сестра́ .... сейча́с в кино́.
4. За́втра мой муж .... в о́тпуск.
5. Вы .... на рабо́ту?
6. Мы .... в шко́лу.

ходи́ть
1. Я .... ка́ждый день на рабо́ту.
2. Ты .... на трениро́вки.
3. Мой де́ти не .... в шко́лу, они́ ещё ма́ленькие.
4. Вы .... на дискоте́ки?
5. Моя́ подру́га .... в библиоте́ку, она́ лю́бит чита́ть.
6. Мы не .... ка́ждый день в рестора́н и́ли кафе́.

Ру́сский язы́к II, «мой о́тпуск»

26. Vewenden Sie korrekt die Verben «ходи́ть» und «идти́»:

диало́г 1
- Ле́на, куда́ ты сейча́с .... ?
- Я .... в библиоте́ку.
- Ты ча́сто .... в библиоте́ку?
- Обы́чно я .... в библиоте́ку раз в неде́лю.

диало́г 2
- Здра́вствуй, Све́та!
- До́брый день, Ве́ра!
- Куда́ ты .... ?
- Я .... в рестора́н.
- Ты всегда́ .... в рестора́н ве́чером?
- Да, о́чень ча́сто, но иногда́ я .... туда́ днём. А куда́ ты сейча́с .... ?
- Я .... домо́й.

27. Vervollständigen Sie die Sätze:
идти́, ходи́ть

1. Я ид................... на рабо́ту.
2. Куда́ ты ид................... ?
3. Мой брат ид................... в воскресе́нье в похо́д.
4. Студе́нты ид................... в университе́т.
5. Ты лю́бишь ход................... в похо́д?
6. В воскресе́нье я всегда́ хо................... на дискоте́ку.
7. Ты хо................... в кино́?
8. Твоя́ подру́га ча́сто хо................... в го́сти?
9. Моя́ ба́бушка ка́ждый день хо................... в магази́н.
10. Я не ид................... сего́дня в банк.

28. Beantworten Sie die Fragen:
кто?	Кто ты по профе́ссии?
что?	Что ты лю́бишь де́лать в о́тпуске?
как?	Как у тебя́ дела́? Как ты говори́шь по-ру́сски?
куда́?	Куда́ ты идёшь?
где?	Где ты живёшь? Где ты рабо́таешь?
когда́?	Когда́ ты идёшь в о́тпуск? Когда́ у тебя́ о́тпуск?
с кем?	С кем ты живёшь?
с чем?	С чем ты лю́бишь пить ко́фе?

28. 1 Bilden Sie Ihre eigenen Fragen mit den Fragewörtern!

29. Beantworten Sie die Fragen:
1. Когда́ у тебя́ о́тпуск?
2. Когда́ ты идёшь в о́тпуск?
3. Что ты лю́бишь де́лать в о́тпуске?
4. Ты хо́дишь на рабо́ту ка́ждый день?
5. Ты идёшь сего́дня ве́чером в кино́ и́ли в теа́тр?
6. Ты хо́чешь у́жинать сего́дня в рестора́не?
7. Что ты лю́бишь де́лать ле́том в о́тпуске?

30. Hörverstehen. Übersetzen Sie den Text und schreiben Sie die Übersetzung auf.

Ру́сский язы́к II, «мой о́тпуск»

1. Man unterscheidet e-Konjugation, i-Konjugation, Verben auf –ова/ -ева und die Verben mit der Partikel –ся.

	e-Konjugation чита́**ть**	i-Kongugation вар**и́ть**	Verbe auf -**ова** путеше́ствовать	Verben mit der Partikel -**ся** ката́ть**ся**
я	чита́**ю**	вар**ю́**	путеше́ству**ю**	ката́**юсь**
ты	чита́**ешь**	ва́р**ишь**	путеше́ству**ешь**	ката́**ешься**
он/она́	чита́**ет**	ва́р**ит**	путеше́ству**ет**	ката́**ется**
мы	чита́**ем**	ва́р**им**	путеше́ству**ем**	ката́**емся**
вы	чита́**ете**	ва́р**ите**	путеше́ству**ете**	ката́**етесь**
они́	чита́**ют**	ва́р**ят**	путеше́ству**ют**	ката́**ются**

Merken Sie sich!

	смотре́ть	писа́ть	гото́вить
я	смотр**ю́**	пи**шу́**	гото́в**лю**
ты	смо́тр**ишь**	пи́**шешь**	гото́в**ишь**
он/она́	смо́тр**ит**	пи́**шет**	гото́в**ит**
мы	смо́тр**им**	пи́**шем**	гото́в**им**
вы	смо́тр**ите**	пи́**шете**	гото́в**ите**
они́	смо́тр**ят**	пи́**шут**	гото́в**ят**

1.1 Ordnen Sie die Verben in Gruppen ein:

Muster: смотре́ть (i-Konjugation)

смотре́ть, чита́ть, отдыха́ть, игра́ть, рабо́тать, писа́ть, пла́вать, ныря́ть, загора́ть, ката́ться, безде́льничать, рисова́ть, вари́ть, гото́вить, фотографи́ровать, путеше́ствовать, купа́ться, де́лать, занима́ться, отдыха́ть, танцева́ть

2. Lesen und übersetzen Sie die Dialoge:

- Приве́т, А́нна!
- Приве́т! Как дела́?
- Отли́чно. Я в о́тпуске и занима́юсь мно́го спо́ртом.

- Ты лю́бишь купа́ться?
- Да, я живу́ на мо́ре и ча́сто купа́юсь.

- Я о́чень люблю́ занима́ться спо́ртом, осо́бенно ката́ться на велосипе́де. У тебя́ есть велосипе́д?
- Да, а что?
- Я хочу́ с тобо́й ката́ться на велосипе́де.
- Отли́чная иде́я!

3. Bilden Sie Cátze:

Muster: В о́тпуске я люблю́ купа́ться в мо́ре.

я	купа́ться	в о́тпуске
	ходи́ть в кино́	ле́том
	занима́ться спо́ртом	зимо́й
	ката́ться на велосипе́де	о́сенью
	смотре́ть телеви́зор	всегда́
	чита́ть	мно́го
	ката́ться на лы́жах	о́чень
	пла́вать	весно́й
	гото́вить	ча́сто

Ру́сский язы́к II, «мой о́тпуск»

4. Stellen Sie sich gegenseitig Fragen. Das Muster hilft Ihnen:
Muster: Что ты обы́чно де́лаешь у́тром? / Когда́ ты занима́ешься спо́ртом?
Я за́втракаю, а пото́м иду́ на рабо́ту. / Обы́чно я занима́юсь спо́ртом ве́чером.

у́тром	смотре́ть телеви́зор, чита́ть, отдыха́ть, пла́вать,
днём	ныря́ть, загора́ть, ката́ться на велосипе́де,
до обе́да	безде́льничать, вари́ть, гото́вить, фотографи́ровать,
по́сле обе́да	путеше́ствовать, купа́ться, занима́ться спо́ртом,
в обе́д	отдыха́ть
ве́чером	

5. Beantworten Sie die Fragen:
1. Ты чита́ешь кни́ги?
2. У тебя́ до́ма есть телеви́зор? Когда́ ты обы́чно смо́тришь телеви́зор?
3. Что ты лю́бишь де́лать на мо́ре? Загора́ть, ныря́ть и́ли пла́вать?
4. Ты лю́бишь занима́ться спо́ртом? Когда́ ты занима́ешься спо́ртом?
5. Ты ча́сто безде́льничаешь?
6. Что ты ва́ришь осо́бенно ча́сто?
7. Где ты лю́бишь пла́вать: в реке́, в мо́ре и́ли в бассе́йне?
8. Ты ча́сто путеше́ствуешь? С кем ты обы́чно путеше́ствуешь?
9. Ты загора́ешь иногда́ в соля́рии?
10. Ты ката́ешься иногда́ на лы́жах?

6. Lesen Sie den Text und beantworten Sie die Fragen:

У Све́ты сейча́с о́тпуск. Она́ отдыха́ет на мо́ре. Све́та загора́ет на пля́же. Она́ чита́ет кни́гу и́ли пла́вает.

1. Кто э́то?
2. Как зову́т де́вушку?
3. Что она́ де́лает?
4. Где сиди́т де́вушка?

> коне́чно liest man [кане́шна]
> у него́ liest man [у ниво́]

7. Lesen Sie und übersetzen Sie den Text:

Свобо́дное вре́мя и о́тпуск.

А

Та́ня живёт в Но́вгороде. Она́ рабо́тает в библиоте́ке. У неё есть кварти́ра на у́лице Чайко́вского. Её кварти́ра ма́ленькая, но ую́тная. Ка́ждый день она́ хо́дит на рабо́ту и, <u>коне́чно</u>, лю́бит отдыха́ть. Ве́чером она́ смо́трит телеви́зор и́ли чита́ет. О́тпуск у неё обы́чно ле́том. Она́ лю́бит отдыха́ть на Чёрном мо́ре. Та́ня хорошо́ пла́вает и о́чень лю́бит загора́ть.

Её брат Пётр то́же живёт в Но́вгороде. Он о́чень мно́го рабо́тает. В воскресе́нье <u>у него́</u> есть свобо́дное вре́мя, и он занима́ется спо́ртом, а ле́том хо́дит в похо́д. Иногда́ Та́ня и Пётр хо́дят вме́сте в кино́ и́ли теа́тр. Сего́дня они́ иду́т в кино́.

Ру́сский язы́к II, «мой о́тпуск»

Та́ня

1   2   3

Пётр

1   2   3

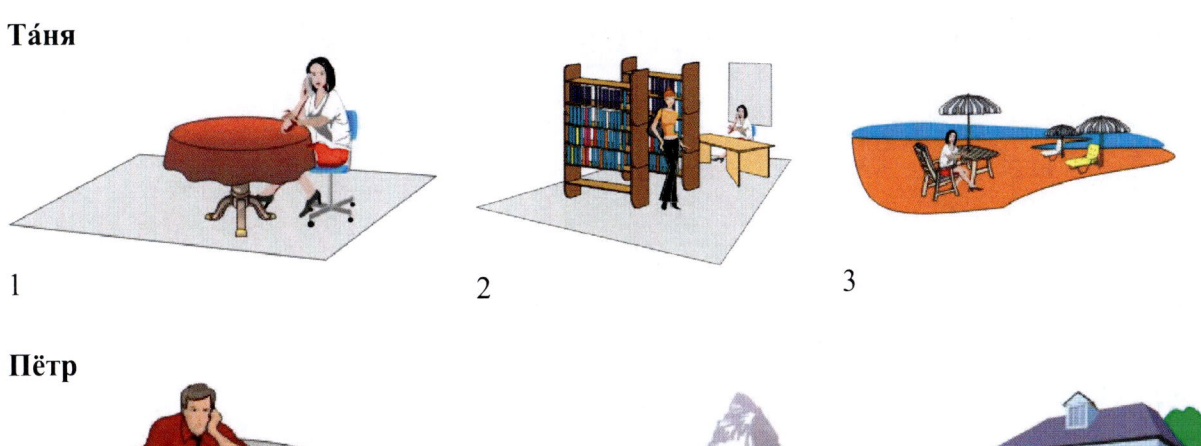

Б

Са́ша и О́льга – муж и жена́. Они́ живу́т в Москве́. Са́ша рабо́тает в университе́те, а О́льга – домохозя́йка. Ка́ждый день они́ вме́сте за́втракают: пьют ко́фе с молоко́м, едя́т бутербро́ды с сы́ром и колбасо́й и иногда́ ва́рят ка́шу. Пото́м Са́ша идёт на рабо́ту, а О́льга гото́вит обе́д и у́жин. Ле́том Са́ша идёт в о́тпуск. Са́ша и О́ля о́чень лю́бят путеше́ствовать. Они́ е́дут на Чёрное мо́ре. Там о́чень тепло́. Са́ша лю́бит пла́вать и ныря́ть, а О́льга – загора́ть. Они́ хорошо́ игра́ют в те́ннис. У них есть велосипе́ды. В свобо́дное вре́мя они́ о́чень лю́бят ката́ться на велосипе́дах.

8. Füllen Sie die Tabelle zu beiden Texten (А, Б) aus:

	Та́ня	Пётр	Са́ша	О́льга
чита́ть				
рабо́тать				
пла́вать				
игра́ть в те́ннис				
смотре́ть телеви́зор	+			
занима́ться спо́ртом				
загора́ть				
путеше́ствовать				
ныря́ть				
ката́ться на велосипе́де				
ходи́ть в кино́				

Ру́сский язы́к II, «мой о́тпуск»

9. Erzählen Sie über Tanja, Peter, Sascha und Olga. Benutzen Sie die Wörter in der Tabelle:

Та́ня

жить
библиоте́ка
кварти́ра
смо́трит телеви́зор
ве́чером
пла́вает

Пётр

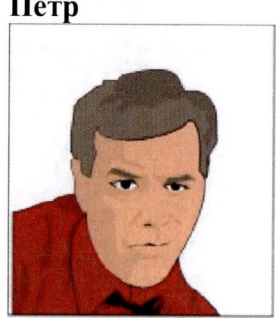

жить
маши́на
занима́ется спо́ртом
кино́ или теа́тр

Са́ша и О́льга:

1 Москва́, муж, жена́, домохозя́йка университе́т

2 за́втракать, вари́ть

3 о́тпуск, пла́вать, ныря́ть, мо́ре, фотографи́ровать

4 те́ннис

5 велосипе́ды путеше́ствовать

10. Lesen Sie und übersetzen Sie den Text:

Андре́й и кани́кулы

Меня́ зову́т Андре́й. Я студе́нт. Сейча́с у меня́ кани́кулы. На кани́кулах я почти́ не рабо́таю и мно́го отдыха́ю. Я чита́ю кни́ги, хожу́ в кино́ и́ли на дискоте́ки. У меня́ есть кла́ссный велосипе́д. Ка́ждый день я ката́юсь на велосипе́де и́ли занима́юсь спо́ртом. Ле́том я мно́го пла́ваю и загора́ю. Кани́кулы – э́то замеча́тельное вре́мя!

10.1 Übersetzen Sie die Fragen und beantworten Sie sie:

1. Was ist Andrej von Beruf?
2. Was macht Andrej in den Ferien?
3. Liest er Bücher, Zeitungen oder Zeitschriften?
4. Was macht Andrej jeden Tag?
5. Treibt er Sport?
6. Was macht Andrej im Sommer?
7. Geht er in die Disko?

Ру́сский язы́к II, «мой о́тпуск»

11. Vervollständigen Sie die Sätze mit den vorgegebenen Verben:

купа́ться занима́ться ката́ться

1. Я о́чень люблю́ .... на велосипе́де (ката́ться).
2. Ле́том мы всегда́ отдыха́ем на мо́ре: мы .... и загора́ем (купа́ться).
3. Ле́на сейча́с до́ма, она́ .... (занима́ться).
4. В свобо́дное вре́мя я .... на маши́не (ката́ться).
5. У тебя́ есть лы́жи? Ты .... зимо́й на лы́жах (ката́ться)?
6. Мой брат ка́ждый день .... спо́ртом (занима́ться).
7. В о́тпуске де́ти .... (ката́ться) на велосипе́де, ...
(купа́ться) и́ли .... (занима́ться) спо́ртом.

12. Beschreiben Sie die Bilder:

купа́ться, загора́ть, пла́вать, смотре́ть телеви́зор, отдыха́ть, чита́ть, игра́ть, слу́шать му́зыку, ныря́ть, ходи́ть в похо́д, безде́льничать, ката́ться на лы́жах

1. Кто в ко́мнате?
2. Где сидя́т же́нщина и мужчи́на?
3. Что есть в ко́мнате?
4. Кто чита́ет газе́ту?
5. Кто говори́т по телефо́ну?
6. Кто рабо́тает на но́утбуке?
7. Кто смо́трит телеви́зор?

1

1. Кто смо́трит телеви́зор?
2. Что есть в ко́мнате?
3. Кто игра́ет в ша́хматы?
4. Что де́лают роди́тели?
5. Что де́лают де́ти?

2

13. Stellen Sie Fragen zum Bild und beantworten Sie sie:

Это ле́то. О́чень тепло́, и све́тит со́лнце. Ле́том все лю́ди отдыха́ют на мо́ре. Наве́рное, лю́ди в о́тпуске. Они́ загора́ют на пля́же, купа́ются и ныря́ют в мо́ре. Не́которые лю́ди безде́льничают и́ли про́сто разгова́ривают друг с дру́гом.

3

14. Beschreiben Sie die Bilder und benutzen Sie dabei folgende Wörter:

Семья́, ле́то, отдыха́ть, муж, жена́, ходи́ть в похо́д, люби́ть, гото́вить, жить в пала́тке

4

зима́, ката́ться на лы́жах, мужчи́на же́нщина

5

15. Beschreiben Sie das Bild:

Э́то пляж. Одна́ же́нщина загора́ет на берегу́. Две́ же́нщины разгова́ривают.

6

16. Vervollständigen Sie die Sätze:

а)
1. Ве́чером я .... телеви́зор и́ли .... у́жин (смотре́ть, гото́вить).
2. За́втра мой муж .... обе́д (гото́вить).
3. Мой ба́бушка и де́душка .... ка́ждый ве́чер телеви́зор (смотре́ть).
4. Вы .... сего́дня суп и́ли спаге́тти (вари́ть)?

Ру́сский язы́к II, «мой о́тпуск»

5. Сейча́с мы .... телеви́зор, о́чень интере́сный фильм (смотре́ть).
6. Ты .... сего́дня у́жин (гото́вить)?

б)
1. На мо́ре я ...., ... и́ли .... (загора́ть, ныря́ть, пла́вать).
2. Студе́нты сейча́с в библиоте́ке они́ .... кни́ги (чита́ть).
3. Сего́дня я не ...., я .... до́ма (рабо́тать, безде́льничать).
4. Моя́ ма́ма никогда́ не .... (загора́ть).
5. Когда́ и где́ ты обы́чно .... (отдыха́ть)?
6. Мы сейча́с на балко́не: .... и .... (чита́ть, загора́ть).
7. Где Вы обы́чно .... (отдыха́ть)?
8. Ты .... на пиани́но и́ли на скри́пке (игра́ть)?

в)
1. У меня́ есть велосипе́д, я охо́тно .... на велосипе́де, обы́чно ве́чером, по́сле рабо́ты (ката́ться).
2. Ты сейча́с до́ма? .... ру́сским языко́м (занима́ться)?
3. Моя́ дочь .... в мо́ре (купа́ться).
4. Как ча́сто Вы .... спо́ртом (занима́ться)?
5. Де́ти осо́бенно лю́бят .... (купа́ться).
6. Зимо́й мы .... на лы́жах (ката́ться).
7. Я не .... спо́ртом, но вот .... в мо́ре и́ли в бассе́йне охо́тно (занима́ться, пла́вать).

г)
1. Вы ча́сто .... (путеше́ствовать)?
2. Что ты сейча́с .... (фотографи́ровать)?
3. Я люблю́ му́зыку и о́чень хорошо́ .... та́нго (танцева́ть).
4. Мой сын никогда́ не .... (рисова́ть).
5. Мы .... вальс (танцева́ть).
6. Де́ти охо́тно .... (рисова́ть).

17. Bilden Sie Sätze:
Muster: Я танцу́ю вальс, но не танцу́ю ча-ча-ча.

я мои́ де́ти моя́ подру́га ты я и мой друг	танц**ева́**ть	вальс та́нго ча-ча-ча фокстро́т бале́т ламба́**да** (!)

я танцу́**ю**
ты танцу́**ешь**
он танцу́**ет**
мы танцу́**ем**
вы танцу́**ете**
они́ танцу́**ют**

18. Beschreiben Sie die Bilder. Wer tanzt mit wem welchen Tanz?

Muster: О́льга танцу́ет та́нго.
Oder: О́льга танцу́ет та́нго с Евге́ни<u>ем</u>. Евге́ний танцу́ет та́нго с О́льг<u>ой</u>.
Oder: О́льга и Евге́ний танцу́ют та́нго.

та́нго — О́льга и Евге́ний

вальс — А́нна и Валенти́н

ча-ча-ча — Жа́нна и Ян

бале́т — Тама́ра и Марк

19. Bilden Sie Sätze:

Muster: Я игра́ю в футбо́л.
Я игра́ю на пиани́но.

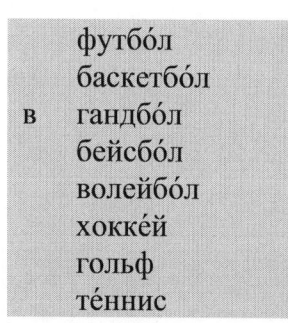

я мои́ роди́тели моя́ сестра́ ты я и мой брат	игра́ть	в	футбо́л баскетбо́л гандбо́л бейсбо́л волейбо́л хокке́й гольф те́ннис

я мои́ роди́тели моя́ сестра́ ты я и мой брат	игра́ть	на	пиани́но гита́р<u>е</u> скри́пк<u>е</u> гармо́шк<u>е</u> фле́йт<u>е</u> саксофо́н<u>е</u> виолонче́л<u>и</u>

20. Beschreiben Sie die Bilder. Welche Musikinstrumente spielt Pavel?

Muster: Павел не играет на скрипке.

21. Stellen Sie sich gegenseitig Fragen, wer in den Bildern was spielt.
Muster: Нина играет в бейсбол с Сашей. Саша играет в бейсбол с Ниной.
Oder: Нина и Саша играют в бейсбол.

Нина, Саша (бейсбол)

Сергей, Олег (баскетбол)

Владимир (хоккей), Павел (футбол)

Николай (теннис), Миша (гольф)

22. Überlegen Sie sich Fragen mit folgenden Wörtern und stellen Sie diese Ihrem Gesprächspartner:
Muster: Ты путешествуешь в отпуске?
Нет, я не люблю путешествовать.

отпуск, в отпуске	ходить в кино	плавать
каникулы, на каникулах	ходить в поход	путешествовать
весной	ходить на дискотеку	фотографировать
летом		заниматься спортом
утром		кататься на велосипеде
вечером		кататься на лыжах

Ру́сский язы́к II, «мой о́тпуск»

23. Benutzen Sie die Wörter im Akkusativ:

Muster: Я фотографи́рую .... и .... (сестра́, брат).
           Я фотографи́рую сестру́ и бра́та.
1. Мы еди́м на за́трак .... и .... (яи́чница, бутербро́ды).
2. Я фотографи́рую .... и .... (сестра́, брат).
3. Све́та рису́ет ...., ... (дом, мо́ре).
4. Господи́н Петро́в сейча́с в кафе́. Он за́втракает и чита́ет ...., а пото́м .... (кни́га, газе́та).
5. Ты фотографи́руешь .... и́ли .... (друг, подру́га)?
6. Худо́жник рису́ет .... и .... (ба́бушка, де́душка).
7. Что ты де́лаешь? – Я смотрю́ телеви́зор, оди́н интере́сный .... (фильм).

24. Stellen Sie sich gegenseitig Fragen zu den Bildern. Benutzen Sie dabei das Verb «фотографи́ровать»:

Muster:
    - Что фотографи́рует мужчи́на?
    - Он фотографи́рует парк.

> Vergessen Sie nicht, dass das Verb **фотографи́ровать** ein Objekt im Akkusativ erfordert:
> Он фотографи́рует маши́ну.

1. парк, приро́да
2. мо́ре, пляж 
3. маши́ны 
4. дом 
5. Москва́, кремль 
6. де́вочка, ма́льчик 
7. маши́на 
8. Берли́н

Ру́сский язы́к II, «мой о́тпуск»

Zur Erinnerung:

N кто? что?	де́вочка(f)	дом (m)	ма́льчик (m)	мо́ре
G				
D				
A кого́? что?	де́вочк**у**	дом	ма́льчик**а**	мо́ре
I с кем? с чем?	де́вочк**ой**	до́м**ом**	ма́льчик**ом**	мо́р**ем**
P über wen? worüber? *	о де́вочк**е**	о до́м**е**	о ма́льчик**е**	о мо́р**е**

* zusätzliche Frage: Wo? - Где?

25. Spielen Sie in der Gruppe. Benutzen Sie dabei einen Würfel:

Würfeln Sie und bilden Sie einen Satz mit diesen Verben entsprechend der gewürfelten Zahl.

Muster: рабо́тать

•	••	•••	•• ••	••• ••	••• •••
Я рабо́таю в ба́нке.	Ты рабо́таешь в шко́ле?	Моя́ сестра́ рабо́тает в рестора́не.	Мы не рабо́таем.	Где Вы рабо́таете?	Мои́ роди́тели

Verben:

жить	рабо́тать	люби́ть	говори́ть	игра́ть
танцева́ть	фотографи́ровать	путеше́ствовать	отдыха́ть	пла́вать
занима́ться	ката́ться	купа́ться	гото́вить	смотре́ть
писа́ть	вари́ть	есть	пить	у́жинать
за́втракать	обе́дать	ныря́ть	загора́ть	безде́льничать

26. Übersetzen Sie die Verben:
Muster: дози́ровать – **dosier**en
investieren – инвести́ровать

> Viele Fremdwörter im Russischen mit dem Suffix **–ова/–ева** entsprechen den deutschen Verben auf **–ieren.**

дози́ровать – .... – investieren
акцепти́ровать – .... – kopieren
баланси́ровать – .... – ignorieren
сортирова́ть – .... – zitieren
маркирова́ть – .... – motivieren
аплоди́ровать – .... – improvisieren
прогнози́ровать – .... – blockieren
протестова́ть – .... – programmieren
    .... – desinfizieren

Ру́сский язы́к II, «мой о́тпуск»

Zusammenfassung der Seiten 163 – 173

1. Die Rektion der Verben

Das Verb **игра́ть** gebraucht man im Russischen mit den Präpositionen **в-**, wenn es um die Sportarten geht:
> игра́ть в футбо́л, я игра́ю в футбо́л

und **на**, wenn man Musikinstrumente spielt. Die Musikinstrumente gebraucht man im Präpositiv.
> игра́ть на фле́йте. Моя́ дочь игра́ет на фле́йте.

2. Im Russischen kann man die Verben grob in folgende Gruppen einteilen

e-Konjugation (die Verben im Infinitiv auf –ать, –еть, –ять haben –e in den Personalendungen in 2., 3. Person Sg und 1.,2. Person Plural).
i-Konjugation (die Verben im Infinitiv auf –ить haben –и in den Personalendungen in 2.,3. Person Sg und 1.,2. Person Plural)
die Verben mit der Partikel –ся (ката́ться, купа́ться, занима́ться)
die Verben mit dem Suffix –ова, –ева (танцева́ть, фотографи́ровать, путеше́ствовать, рисова́ть)

3. Folgende Verben erfordern ein Akkusativobjekt

фотографи́ровать, смотре́ть, чита́ть, писа́ть, рисова́ть, танцева́ть
люби́ть, есть, пить, вари́ть, гото́вить

3.1 Der Akkusativ (wen? was?) – вини́тельный паде́ж (кого́? что?)

Die Substantive auf –a (meistens Femininum) bekommen im Akkusativ die Endung –у:
> Э́то сестра́. Я фотографи́рую сестру́.

Das Neutrum und das Maskulinum (Nichtlebewesen) bekommen keine Endungen im Akkusativ.
> Э́то сыр и варе́нье. Я ем сыр и варе́нье.

Das Maskulinum (Lebewesen) bekommt die Endung –a, –я
> Э́то мой брат. Я фотографи́рую бра́т**а**.

N кто? что?	сестра́ (f)	ка́ша (f)	дом (m)	брат (m)	мо́ре	молоко́ (n)
G						
D						
A кого́? что?	сестр**у́**	ка́ш**у**	дом	бра́т**а**	мо́ре	молоко́
I с кем? с чем?	сестр**о́й**	ка́ш**ей**	до́м**ом**	бра́т**ом**	мо́р**ем**	молок**о́м**
P über wen? worüber? *	о сестр**е́**	о ка́ш**е**	о до́м**е**	о бра́т**е**	о мо́р**е**	о молок**е́**

* zusätzliche Frage: wo? – **где?**

N	я	ты	он	она́	оно́	мы	Вы, вы	они́
G	меня́	тебя́	(н)его́	(н)её	(н)его́	нас	Вас, вас	(н)их
D	мне	тебе́	ему́	ей	ему́	нам	Вам, вам	им
Akk	меня́	тебя́	его́	её	его́	нас	Вас, вас	их
I	мной	тобо́й	(н)им	(н)ей	(н)им	на́ми	Ва́ми, ва́ми	(н)и́ми
P	(обо́) мне	о тебе́	о нём	о ней	о нём	о нас	о Вас, вас	о них

Ру́сский язы́к II, «мой о́тпуск»

Zusätzliche Übungen

27. Konjugieren Sie die Verben:

1

	чит**а́ть**	отдых**а́ть**	смотр**е́ть**	вар**и́ть**	танц**ева́ть**	рис**ова́ть**
я	чита́___	отдыха́___	смотр___	вар___	танцу́ю	....
ты	чита́___	отдыха́___	смотр___	вар___	танцу́___	....
она́	чита́___	отдыха́___	смотр___	вар___	танцу́___	....
мы	чита́___	отдыха́___	смотр___	вар___	танцу́___	....
Вы	чита́___	отдыха́___	смотр___	вар___	танцу́___	....
они́	чита́___	отдыха́___	смотр___	вар___	танцу́___	....

2

	игр**а́ть**	раб**о́тать**	пис**а́ть** (!)	гото́**вить**	фотографи́**ровать**
я	....	....	....	....	....
ты	....	....	....	....	....
она́	....	....	....	....	....
мы	....	....	....	....	....
Вы	....	....	....	....	....
они́	....	....	....	....	....

3

	купа́ться	занима́ться	ката́ться
я	купа́**юсь**	занима́.........	ката́.........
ты	купа́**ешься**	занима́.........	ката́.........
он, она́	купа́**ется**	занима́.........	ката́.........
мы	купа́**емся**	занима́.........	ката́.........
Вы, вы	купа́**етесь**	занима́.........	ката́.........
они́	купа́**ются**	занима́.........	ката́.........

4

	пла́**вать**	ныр**я́ть**	заг**ора́ть**	п**утеше́ст**вовать	безде́**льничать**
я	....	....	....	....	....
ты	....	....	....	....	....
он, она́	....	....	....	....	....
мы	....	....	....	....	....
Вы	....	....	....	....	....
они́	....	....	....	....	....

28. Verwenden Sie die Verben korrekt:

1. В свобо́дное вре́мя мы .... (пла́вать). 2. Де́ти .... (пла́вать) и .... (загора́ть) на кани́кулах. 3. Вы хоти́те .... (ныря́ть). 4. Де́вушки .... (путеше́ствовать) с друзья́ми. 5. Зимо́й я не .... (пла́вать), не .... (ныря́ть) и не .... (загора́ть). 6. Ле́на всегда́ .... (путеше́ствовать) в о́тпуске. 7. Ве́чером я всегда́ .... (безде́льничать), а ты? 8. В о́тпуске на́ша семья́ всегда́ .... (путеше́ствовать). 9. Де́вушки .... (пла́вать) в мо́ре, а па́рни .... (пла́вать) в реке́, а где .... (пла́вать) Вы? 10. Де́душка до́ма, он .... (безде́льничать). 11. Вы .... (загора́ть) на пля́же и́ли на кры́ше? 12. Ты .... (путеше́ствовать) ле́том, зимо́й, весно́й и́ли о́сенью? 13. Твои́ роди́тели .... (ходи́ть) в кино́? 14. Ты .... (ходи́ть) на дискоте́ки? 15. Твоя́ сестра́ .... (ходи́ть) в кино́? 16. Что ты ....

Ру́сский язы́к II, «мой о́тпуск»

(де́лать) сего́дня ве́чером? 17. Я .... (загора́ть) ле́том, а ты? 18. Ма́льчик .... (пла́вать), ... (ныря́ть) и .... (загора́ть), потому́ что ле́то и о́чень тепло́.

29. Übersetzen und beantworten Sie die Fragen:
1. Когда́ ты идёшь в о́тпуск? ....
2. Ты идёшь в о́тпуск ле́том? ....
3. Ты идёшь в о́тпуск зимо́й или весно́й? ....
4. У тебя́ о́тпуск о́сенью или ле́том? ....

30. Übersetzen Sie:
1. der Winter – im Winter
2. der Frühling – im Frühling
3. der Sommer – im Sommer
4. der Herbst – im Herbst
5. Ich gehe im Winter in Urlaub.
6. Wann gehst du in Urlaub?
7. Meine Schwester geht im Sommer in Urlaub.
8. Mein Vater geht im Sommer nicht in Urlaub.
9. Die Kinder gehen im Herbst oder im Frühling in die Ferien.

31. Übersetzen Sie die Fragen und beantworten Sie diese:
1. Ты хо́чешь пла́вать?
2. У тебя́ есть велосипе́д? Ты лю́бишь ката́ться на велосипе́де?
3. Ты хо́чешь сего́дня идти́ на дискоте́ку?
4. Твоя́ подру́га лю́бит ходи́ть в кино́ и́ли ходи́ть в похо́д?
5. Что ты лю́бишь де́лать ле́том?
6. Что ты лю́бишь де́лать зимо́й?
7. Когда́ Вы идёте в о́тпуск?
8. Когда́ ты обы́чно занима́ешься спо́ртом? У́тром, днём и́ли ве́чером?
9. Ты ча́сто безде́льничаешь?
10. Ты хо́чешь путеше́ствовать?

32. Stellen Sie sich gegenseitig Fragen mit dem Verb «хоте́ть» und beantworten Sie die Fragen:
1. Willst du das Buch lesen?
2. Willst du frühstücken?
3. Willst du Saft?
4. Wollen Sie Kaffe mit Milch oder mit Zucker?
5. Willst du heute arbeiten?
6. Willst du dich erholen?
7. Wie willst du dich ausruhen?
8. Wollen Sie Wein, Bier oder Wodka?
9. Willst du Fahrrad fahren?

да ......
нет ......
с удово́льствием
охо́тно

33. Benutzen Sie die Personalpronomina:
1. Я фотографи́рую .... и .... (он, она́).
2. Алекса́ндр рису́ет .... (Вы).
3. Ты рису́ешь .... (я)?
4. Я люблю́ .... (ты).
5. Ты рису́ешь .... (мы)?
6. Мы фотографи́руем .... (они́).

Рýсский язы́к II, «мой óтпуск»

34. Bilden Sie Sätze!

Muster: Студéнты/ волейбóл
Студéнты игрáют в волейбóл

игрáть
1. Студéнты/ волейбóл ....
2. Племя́нница/ тéннис ....
3. Мáльчик/ футбóл ....
4. Дéвочка/ бадминтóн ....
5. Дéти/ хоккéй ....

фотографи́ровать
1. Я/ ты ....
2. Муж/ женá ....
3. Свéта/ друг ....
4. Олéг/ подрýга ....
5. Коллéга/ шеф ....
6. Мы/ мóре, пáльма ....
7. Ты/ я? ....

игрáть
1. Ты / пиани́но? ....
2. Тётя/ виолончéль ....
3. Роди́тели/ гитáра ....
4. Сáша/ скри́пка ....
5. Пáвел/ саксофóн ....
6. Я/ флéйта ....

35. Beantworten Sie die Fragen:

1. Как тебя́ зовýт?
2. Кто ты по профéссии?
3. Где ты живёшь?
4. Какóй у Вас нóмер телефóна?
5. Что Вы лю́бите есть на обéд/ ýжин/ зáвтрак?
6. Когдá ты идёшь в óтпуск?
7. Как и где ты лю́бишь отдыхáть?
8. У тебя́ есть фотоаппарáт? Ты чáсто фотографи́руешь?
9. У тебя́ есть скри́пка? Ты игрáешь на скри́пке?
10. Ты занимáешься спóртом? Ты игрáешь в футбóл?
11. Ты танцýешь вальс?
12. У тебя́ есть велосипéд? Ты катáешься на велосипéде?
13. Что ты дéлаешь сегóдня вéчером?

36. Bilden Sie Sätze:

1. Я люблю́ óтпуск на мóре, потомý что ...
2. Я люблю́ óтпуск зимóй, потомý что ...
3. Я не люблю́ óтпуск óсенью, потомý что ...
4. Мои́ дéти лю́бят кани́кулы лéтом, потомý что ...
5. Мои́ роди́тели лю́бят óтпуск веснóй, лéтом, óсенью и зимóй, потомý что ...

Ру́сский язы́к II, «мой о́тпуск»

37. Hörverstehen. Was ist im Text richtig und falsch?

	ве́рно	неве́рно
1. Лари́са и Па́вел живу́т на у́лице Остро́вского, 9.		
2. Кварти́ра нахо́дится недалеко́ от рабо́ты.		
3. Лари́са и Па́вел рабо́тают ка́ждый день.		
4. На за́втрак они́ обы́чно пьют ко́фе.		
5. На обе́д они́ едя́т суп, а на у́жин пи́ццу.		
6. В свобо́дное вре́мя Лари́са не занима́ется спо́ртом.		
7. Зимо́й они́ ката́ются на лы́жах, пла́вают в бассе́йне.		
8. Ле́том они́ безде́льничают.		
9. У них есть велосипе́ды, и они́ ката́ются на велосипе́дах.		
10. Ве́чером они́ хо́дят в кино́ и́ли теа́тр.		
11. В о́тпуске они́ лю́бят путеше́ствовать.		

Ру́сский язы́к II, «мой о́тпуск»

**1. Erzählen Sie über Saschas Urlaub.
Benutzen Sie dabei die Wochentage:**

die Wochentage:
понеде́льник – в понеде́льник
вто́рник – во вто́рник
среда́ – в сре́ду
четве́рг – в четве́рг
пя́тница – в пя́тницу
суббо́та – в суббо́ту
воскресе́нье – в воскресе́нье

Сего́дня понеде́льник.
Са́ша ....

Сего́дня вто́рник.
Са́ша ....

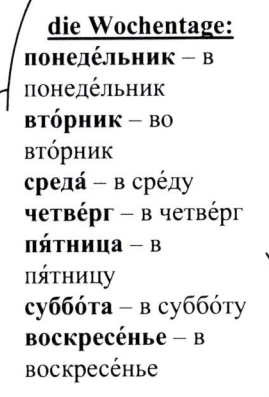

Сего́дня ....
Са́ша ....

Сего́дня ....
Са́ша ....

Сего́дня ....
Са́ша ....

Сего́дня ....
Са́ша ....

Сего́дня ....
Са́ша ....

Сего́дня ....
Са́ша ....

der Wortschatz:

е́хать на маши́не в о́тпуск, е́хать на мо́ре, о́тпуск на мо́ре, отдыха́ть на пля́же, загора́ть, пла́вать, чита́ть, фотографи́ровать приро́ду и па́льмы, гуля́ть в го́роде, е́хать домо́й, смотре́ть фотогра́фии, (у него́) друзья́ в гостя́х

2. Machen Sie die Übung nach dem Muster:

Muster: среда́; в сре́ду я отдыха́ю.

понеде́льник	купа́ться, загора́ть, пла́вать, ныря́ть, безде́льничать, чита́ть, ходи́ть в кино́, ходи́ть на дискоте́ку, ката́ться на лы́жах, занима́ться спо́ртом
вто́рник	
среда́	
четве́рг	
пя́тница	
суббо́та	
воскресе́нье	

Ру́сский язы́к II, «мой о́тпуск»

3. Übersetzen Sie:

a)
идти́/ ходи́ть

1. Mein Sohn geht schon in die Schule.
2. Wohin gehst du jetzt?
3. Am Sonntag gehen wir ins Kino?
4. – Was macht deine Oma?
   – Sie geht ins Geschäft.
5. Ich gehe jeden Tag zur Arbeit.
6. Gehst du oft ins Restaurant?
7. Gehst du heute ins Restaurant?

b)
купа́ться, занима́ться, ката́ться

1. Ich habe ein Fahrrad und ich fahre oft Fahrrad.
2. Im Sommer baden die Kinder gern im Meer oder Fluss.
3. Fährst du Fahrrad?
4. Ich treibe Sport. Und du?
5. Im Urlaub fährt mein Freund Fahrrad oder treibt Sport.
6. Was machst du? Badest du?
7. Natascha ist zu Hause, sie lernt.

> Zur Erinnerung:
> Die Präpositionen **в** und **на** verwendet man zur Angabe des Ortes. **в** benutzt man, wenn sich ein Objekt oder Gegenstand innerhalb bestimmter Grenzen befindet. **На** benutzt man, wenn sich ein Gegenstand auf einer Fläche befindet.

4. Bilden Sie die Sätze:

Muster: Я иду́ в магази́н. Ты идёшь на рабо́ту.

	в	на
Я иду́ ...		

магази́н, рабо́та, кино́, дискоте́ка, рестора́н, клуб, цирк, стадио́н, кафе́, буфе́т, бар, гости́ница, дом, шко́ла, университе́т, банк, вокза́л, теа́тр, <u>фи́рма</u>, казино́, о́тпуск, кани́кулы, гара́ж, музе́й, парк, институ́т, апте́ка, база́р, аэропо́рт, фа́брика, заво́д, ста́нция, остано́вка

5. Konjugation der Verben «е́хать», «е́здить»:

	е́хать (fahren)	е́здить (fahren)
я	е́ду	е́зжу
ты	е́дешь	е́здишь
он, она́	е́дет	е́здит
мы	е́дем	е́здим
Вы	е́дете	е́здите
они	е́дут	е́здят

> Das Verb «е́хать» ist bestimmt und das Verb «е́здить» unbestimmt.

> Zur Erinnerung:
> Die Verben «е́хать», «е́здить», wie die Verben «ходи́т», «идти́» gebraucht man mit Akkusativ, wenn man dabei die Frage „wohin?" stellt.

Ру́сский язы́к II, «мой о́тпуск»

6. Machen Sie die Übung nach dem Muster:

а)
Muster: – Куда́ они́ е́дут (кино́)?
– Они́ е́дут в кино́.

1. Куда́ вы е́дете (рабо́та)? 2. Куда́ е́дут студе́нты (университе́т)? 3. Куда́ е́дут де́вушки (дискоте́ка)? 4. Куда́ е́дут па́рни (стадио́н)? 5. Куда́ ты е́дешь (рестора́н)? 6. Куда́ они́ е́дут (гости́ница)?

б) *Muster:* – Ты е́дешь домо́й?   вокза́л
– Нет, я е́ду на вокза́л.

1. – Вы е́дете в теа́тр?   кино́
2. – Ты е́дешь в го́сти?   магази́н
3. – Они́ е́дут в Петербу́рг?   Москва́
4. – Вы е́дете в университе́т?   библиоте́ка
5. – Ты е́дешь на стадио́н?   бассе́йн

7. Wie heissen diese Verkehrsmittel?

> **тролле́йбус** – Trolleybus
> **такси́** – das Taxi
> **авто́бус** – der Bus
> **маши́на** – das Auto
> **маршру́тное такси́** (umg. **маршру́тка**) – das Marschroute-Taxi (der Kleinbus)
> **трамва́й** – die Straßenbahn
> **по́езд** – der Zug
> **велосипе́д** – das Fahrrad

1.  .... 2. ....
3.   .... 4. .... 
5.  .... 6.  .... 7. 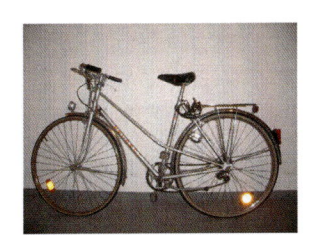 .... 8. .... 

8. Benutzen Sie korrekt die Verben «е́хать», «е́здить»:

а) – Ты .... домо́й на трамва́е?
– Да, на трамва́е. А ты?
– А я .... домо́й на метро́.

б) – Мы .... на рабо́ту на метро́. А вы?
– А мы .... на рабо́ту на тролле́йбусе.
– Анто́н то́же .... на рабо́ту на тролле́йбусе?
– Нет, он .... на авто́бусе.

в) – Вы .... сейча́с домо́й?

Ру́сский язы́к II, «мой о́тпуск»

    – Нет, мы .... в парк.
    – А куда́ .... Та́ня? То́же в парк?
    – Нет, она́ .... в институ́т.

г) 1. Макси́м идёт пешко́м, а Та́ня .... на метро́.
   2. Та́ня .... на авто́бусе, Ви́ктор .... на такси́.
   3. Ви́ктор .... на маши́не, а Анто́н .... на маршру́тке (е́хать).
   4. Анто́н .... на тролле́йбусе, а Пётр .... пешко́м (е́здить).
   5. Вы .... на рабо́ту на велосипе́де (е́здить)?

9. Benutzen Sie die Verkehrsmittel im korrekten Kasus:

Merken Sie sich: Die Verkehrsmittel stehen im Präpositiv mit der Präposition **на**.

1. Я е́ду на рабо́ту на .... (маши́на)
2. Ты е́дешь на рабо́ту на .... и́ли на .... (авто́бус, по́езд)?
3. Моя́ сестра́ е́дет в рестора́н на .... (трамва́й).
4. На вокза́л мы е́дем на .... (такси́).
5. Вы е́дете в го́сти на .... (велосипе́д).
6. Де́ти е́дут на .... (метро́).
7. Мой муж е́дет сего́дня на рабо́ту на .... (тролле́йбус).
8. Моя́ жена́ не е́здит в бассе́йн на ...., она́ хо́дит туда́ пешко́м (маши́на).

10. Beschreiben Sie Ihren Weg nach Hause:
Muster: Снача́ла я е́ду <u>на</u> авто́бус<u>е</u>, а пото́м я иду́ пешко́м.

1. тролле́йбус
2. такси́ 
3. авто́бус 
4. маршру́тное такси́ 
5. трамва́й 
6. маши́на

11. Erzählen Sie über Ihren Wochenplan:

понеде́льник	у́тром днём ве́чером	е́хать, за́втракать	....
вто́рник	у́тром днём ве́чером	ката́ться на велосипе́де, смотре́ть телеви́зор	....
среда́	у́тром днём ве́чером	пла́вать, ныря́ть идти́ в кафе́ занима́ться спо́ртом	....
четве́рг	у́тром днём ве́чером	ходи́ть в рестора́н гото́вить у́жин	....
пя́тница	у́тром днём ве́чером	ходи́ть на дискоте́ку (в кино́) фотографи́ровать писа́ть име́йлы	....
суббо́та	у́тром днём ве́чером	гото́вить обе́д чита́ть ходи́ть в магази́н за проду́ктами	....
воскресе́нье	у́тром днём ве́чером	ходи́ть в го́сти танцева́ть	....

12. Verwenden Sie die Wörter:

а) идти́ в о́тпуск, идти́ на кани́кулы

1. Когда́ ты .... в о́тпуск?
2. Мой сын .... на кани́кулы в ию́не.
3. Когда́ твой муж .... в о́тпуск?
4. Вы .... в о́тпуск ле́том?
5. Представля́ешь, за́втра я .... в о́тпуск.

б) ходи́ть/идти́

1. Мой сын .... в шко́лу.
2. Мой сын сейча́с .... в шко́лу.
3. Куда́ ты сейча́с ....?
4. Мы лю́бим .... в кино́.
5. Ты лю́бишь .... на дискоте́ки.
6. На́ши де́ти уже́ .... в де́тский сад.
7. Я .... в магази́н, хочу́ купи́ть что-нибу́дь к ча́ю.
8. Я люблю́ .... в теа́тр, а ты лю́бишь .... в теа́тр?

в) е́хать/е́здить

1. Куда́ ты обы́чно .... в о́тпуск?
2. Куда́ ты сейча́с .... в о́тпуск?
3. Мы сейча́с .... в Бонн.
4. Куда́ .... твоя́ сестра́ за́втра?
5. Я .... на рабо́ту обы́чно на метро́, а ты на чём обы́чно .... на рабо́ту?
6. Я .... сейча́с на рабо́ту.

Ру́сский язы́к II, «мой о́тпуск»

7. Я люблю́ .... на велосипе́де.
8. Я .... сейча́с на маши́не.

13. Machen Sie die Übung mit den vorgegebenen Wörtern:

в/на

Muster: Я иду́ .... (магази́н)
Я иду́ в магази́н.

1. Я иду́ .... (магази́н).
2. Ты идёшь .... (рабо́та)?
3. Па́рни и де́вушки иду́т .... (дискоте́ка).
4. Сего́дня ве́чером вся на́ша семья́ идёт .... (рестора́н).
5. Уже́ по́здно, мы идём .... (дом).
6. Студе́нты иду́т .... (университе́т).
7. Де́ти иду́т .... (шко́ла).
8. Мои́ ба́бушка и де́душка иду́т сего́дня .... (теа́тр).
9. Мой колле́га идёт .... (фи́рма).
10. На чём ты е́здишь на .... (рабо́та)?

14. Bilden Sie Sätze!
Muster: Я е́ду в магази́н на метро́.

я	магази́н	метро́
подру́га	рабо́та	велосипе́д
роди́тели	кино́	маши́на
шеф	фи́рма	авто́бус
де́ти	шко́ла	тролле́йбус
племя́нник	казино́	трамва́й
мы	стадио́н	по́езд
Вы	кафе́	такси́

15*. Lesen und übersetzen Sie den Dialog:

Ната́ша: Слу́шай, Пётр, когда́ у тебя́ о́тпуск?
Пётр: Я ду́маю, ле́том, а что?
Ната́ша: У меня́ ле́том. Дава́й пое́дем на мо́ре!
Пётр: Замеча́тельная иде́я! Дава́й пое́дем на Чёрное мо́ре, в ию́ле хоро́шая пого́да.
Ната́ша: Да, я о́чень люблю́ купа́ться, загора́ть и пла́вать.
Пётр: Прекра́сно, а я люблю́ ныря́ть.
Ната́ша: Это о́чень хорошо́, что у нас с тобо́й общие интере́сы: мы мо́жем вме́сте путеше́ствовать.
Пётр: А ещё мы мо́жем взять напрока́т маши́ну и велосипе́ды, и тогда́ мы мо́жем ката́ться на велосипе́де.
Ната́ша: Да, а ве́чером на маши́не.
Пётр: Зна́ешь, я ду́маю, э́то о́чень романти́чно – гуля́ть по бе́регу мо́ря.
Ната́ша: Хорошо́, э́то мы прове́рим! Отли́чно, мы е́дем ле́том на Чёрное мо́ре.
Пётр: Замеча́тельно, я о́чень рад!
Ната́ша: Я то́же. Но сейча́с я иду́ занима́ться спо́ртом. Ты идёшь со мной?
Пётр: Коне́чно!

Ру́сский язы́к II, «мой о́тпуск»

15. 1
е́хать/ пое́хать
о́бщие интере́сы
мочь

взять напрока́т что-либо (Akk)
я рад/ я ра́да/ мы ра́ды

15. 2 Bilden Sie die Sätze:

У них ...   гуля́ть
Ната́ша и Пётр мо́гут ...   хотя́т взять напрока́т маши́ну, велосипе́ды
По бе́регу мо́ря о́чень романти́чно...   на Чёрное мо́ре
Они́ е́дут ...   о́бщие интере́сы
У них нет маши́ны и велосипе́да и ...   путеше́ствовать

16. Üben Sie die Konjugation der Verben «е́хать», «е́здить» im Spiel „Seeschlacht"
Regeln auf Seite 157.

я é д у	ты é д е ш ь	он, она́ é д е т	мы é д е м	вы é д е т е	они́ é д у т	Морско́й бой (Seeschlacht) Schiffe versenken		я é з ж у	ты é з д и ш ь	он, она́ é з д и т	мы é з д и м	вы é з д и т е	он и́ é з д я т
						в шко́лу	в магази́н						
						на рабо́ту	в библиоте́ку						
						в фи́рму	на стадио́н						
						в теа́тр	на дискоте́ку						
						в кино́	на трениро́вку						
						в го́сти	в университе́т						

17. Benutzen Sie die Verben:

идти́ - ходи́ть? е́хать - е́здить?

1. Ка́ждое воскресе́нье мы .... на да́чу.
2. Како́й авто́бус .... до Эрмита́жа?
3. Весь день тури́сты .... по го́роду с Ве́рой Макси́мовной.
4. - Куда́ ты ....? – Я .... в библиоте́ку.
5. - Ты лю́бишь .... на велосипе́де?
   - Да, я всегда́ .... в шко́лу на велосипе́де.
6. Ей то́лько 5 лет. Она́ ещё не .... в шко́лу.
7. В а́вгусте мы .... на мо́ре. Э́то здо́рово!!!

Ру́сский язы́к II, «мой о́тпуск»

а) Muster: Куда́ иду́т тури́сты в четве́рг (дом-музе́й Пу́шкина)?
В четве́рг тури́сты иду́т в дом-музе́й Пу́шкина.

1. Куда́ е́дит Бори́с Петро́вич в о́тпуск (Санкт-Петербу́рг)? 2. Куда́ Соро́кины е́дут ле́том (да́ча)? 3. Куда́ Во́ва идёт в суббо́ту (дискоте́ка)? 4. Куда́ идёт Али́на ве́чером (Большо́й теа́тр)? 5. Куда́ иду́т спортсме́ны днём (стадио́н „Дина́мо")? 6. Куда́ вы е́дете ле́том (мо́ре)?

18. Führen Sie die Übung mit den vorgegebenen Wörtern durch:

в/на

Muster: Я иду́ .... (магази́н).
Я иду́ в магази́н.

1. Я иду́ .... (магази́н)
2. Ты идёшь .... (рабо́та)?
3. Па́рни и де́вушки иду́т .... (дискоте́ка).
4. Сего́дня ве́чером вся на́ша семья́ идёт .... (рестора́н).
5. Уже́ по́здно, мы идём .... (дом).
6. Студе́нты иду́т .... (университе́т).
7. Де́ти иду́т .... (шко́ла).
8. Мой ба́бушка и де́душка иду́т сего́дня .... (теа́тр).
9. Мой колле́га идёт .... (фи́рма).
10. На чём ты е́здишь на .... (рабо́та)?

* 19. Lesen Sie den Text:

Свобо́дное вре́мя и о́тпуск в Росси́и

В Росси́и лю́ди лю́бят проводи́ть[1] свобо́дное вре́мя на приро́де[2], наприме́р[3], на реке́[4], о́зере[5] и́ли в гора́х[6]. Они́ де́лают там пикни́к, жа́рят[7] шашлы́к, рыба́чат[8]. Они́ с удово́льствием хо́дят в похо́д, живу́т в пала́тке не́сколько дней. Не́которые мужчи́ны лю́бят ходи́ть на охо́ту[9].

Ле́том мно́гие[10] лю́ди лю́бят собира́ть[11] в лесу́[12] я́годы[13], а о́сенью – грибы́. Зимо́й ру́сские лю́бят ката́ться на лы́жах и конька́х[14].

Лю́ди, кото́рые живу́т в го́роде[15], о́чень ча́сто име́ют[1] да́чу. Да́ча – э́то дом и земе́льный уча́сток[2] за́ го́родом[3], там обы́чно есть сад[4] и огоро́д[5]. Ру́сские ча́сто[6] прово́дят ле́то и выходны́е дни[7] на да́че. Там они́ рабо́тают в саду́ и огоро́де и отдыха́ют.

---

[1] проводи́ть - verbringen
[2] приро́да – die Natur
[3] наприме́р – zum Beispiel
[4] река́ – der Fluss
[5] о́зеро – der See
[6] гора́/ го́ры – der Berg/die Berge
[7] жа́рить – braten
[8] рыба́чить – angeln
[9] ходи́ть на охо́ту – jagen
[10] мно́гие – viele
[11] hier: собира́ть – pflücken
[12] лес – der Wald
[13] я́года/ я́годы – die Beere/ die Beeren
[14] коньки́ – die Schlittschuhe
[15] го́род – die Stadt

Ру́сский язы́к II, «мой о́тпуск»

19. 1 Beantworten Sie die Fragen zum Text:

1. Где лю́ди в Росси́и лю́бят жа́рить шашлыки́?
2. Что де́лают лю́ди в свобо́дное вре́мя ле́том, о́сенью и зимо́й?
3. Что тако́е да́ча?
4. Что есть на да́че?
5. Что де́лают ру́сские на да́че?

20. Hörverstehen. Erzählen Sie über den Wochenplan von Mark.

21. Spielen Sie in der Gruppe, üben Sie dabei Akkusativ, Präpositiv und das Verb "fahren":

Gespielt wird in Gruppen zu 3-5 Personen. Es wird der Reihe nach gewürfelt. Jeder Spieler rückt um so viele Felder vor, wie er Punkte gewürfelt hat. Gerät man auf ein Feld mit einer Zahl bildet man den Satz mit dem Verb «е́хать»:

Muster:

2 — «Я е́ду на маши́не на вокза́л».

3 — «Я на вокза́ле».

6 — auf diesem Feld geht man zurück auf Start.

11 — auf diesem Feld nimmt man 5 zusätzliche Karten und bildet mit jeder 2 Sätze. z.B.: Я е́ду на ста́нцию на маши́не. Я на ста́нции.

---

[1] име́ть – haben, besitzen
[2] земе́льный уча́сток – das Grundstück
[3] за го́родом – vor der Stadt
[4] сад – der Garten
[5] огоро́д – der Gemüsegarten
[6] ча́сто – oft
[7] выходны́е дни – das Wochenende

Ру́сский язы́к II, «мой о́тпуск»

Karten:

ста́нция	фа́брика	клуб	гара́ж	музе́й
стадио́н	теа́тр	парк	университе́т	рестора́н
рабо́та	шко́ла	бар	цирк	фи́рма
остано́вка	база́р	дискоте́ка	банк	кафе́

Karten mit dem Verkehrsmittel:

| маши́на | такси́ | авто́бус | трамва́й | велосипе́д |
| тролле́йбус | по́езд | метро́ | | |

Die Sätze, Substantive im Akkusativ und Präpositiv, Beispiele:

	Akkusativ		Präpositiv		Präpositiv
Я е́ду	на вокза́л в гости́ницу в парикма́херскую в апте́ку на по́чту в поликли́нику в метро́ в аэропо́рт в казино́ в опере́тту в Москву́	на	маши́н**е** авто́бус**е** трамва́**е** велосипе́д**е** тролле́йбус**е** по́езд**е** метро́ такси́	Я	на вокза́ле в гости́нице в парикма́херской в апте́ке на по́чте в поликли́нике в метро́ в аэропо́рту в казино́ в опере́тте в Москве́

Ру́сский язы́к II, «мой о́тпуск»

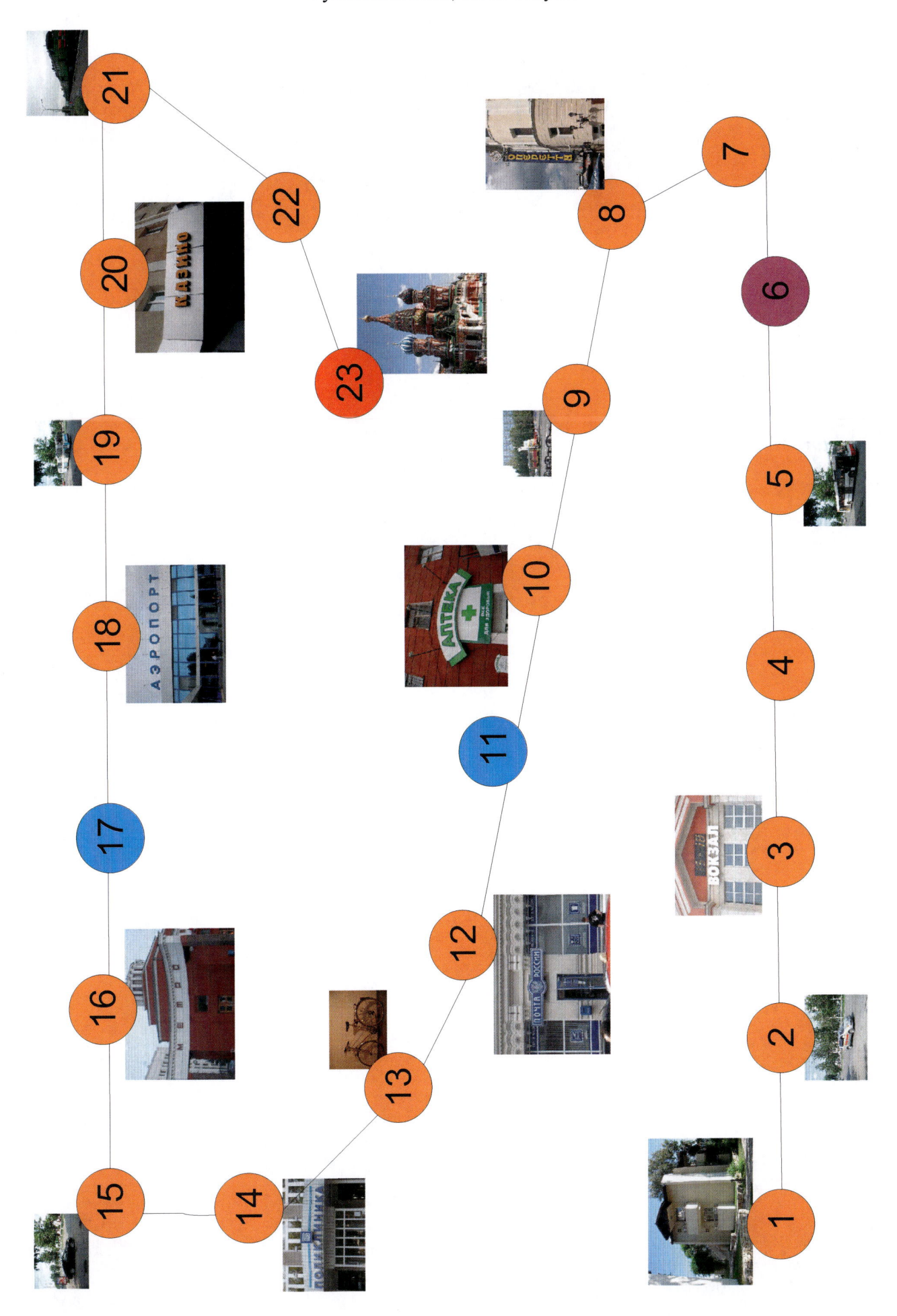

Рýсский языќ II, «мой óтпуск»

22. Hörverstehen. Was haben Sie über Alina erfahren?

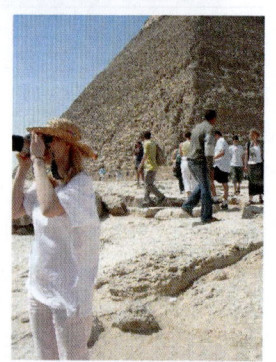

Алúна

Ру́сский язы́к II, «мой о́тпуск»

Zusammenfassung der Seiten 179 - 190

1. Die Wochentage

понеде́льник – в понеде́льник
вто́рник – во вто́рник
среда́ – в сре́ду
четве́рг – в четве́рг
пя́тница – в пя́тницу
суббо́та – в суббо́ту
воскресе́нье – в воскресе́нье

2. Konjugation der Verben «е́хать», «е́здить»

	е́хать (fahren)	е́здить (fahren)
я	е́ду	е́зжу
ты	е́дешь	е́здишь
он, она́	е́дет	е́здит
мы	е́дем	е́здим
Вы	е́дете	е́здите
они	е́дут	е́здят

Die Verben **е́хать/ е́здить** sind Verbalpaare, weil sie dieselbe Fortbewegung bezeichnen – „fahren". Das Verb **е́хать** (bestimmt) ist zielgerichtetes Verb, weil es eine einmalige Bewegung in eine bestimmte Richtung bezeichnet. Mit diesem Verb können solche Wörter in einem Satz stehen wie: **сейча́с** (jetzt), **сего́дня** (heute) usw.

    Сейча́с я е́ду в магази́н. Ich fahre jetzt ins Geschäft.

Das Verb **е́здить** bezeichnet man als unbestimmt. Es ist ein nichtzielgerichtetes Verb. Mit diesem Verb drückt man die wiederholte Bewegung (hin und zurück) ohne ein konkretes Ziel aus. Mit diesem Verb können solche Wörter in einem Satz stehen wie: **ча́сто** (oft), **ка́ждый день** (jeden Tag), **регуля́рно** (regelmäßig) usw.

    Я е́зжу ча́сто на рабо́ту на маши́не. Ich fahre oft zur Arbeit mit dem Auto.

3. Die Rektion des Verbs „fahren"

Die Rektion des Verbs *fahren mit+D* im Russischen ist *е́хать/ е́здить на + Präpositiv*. D.h. das Verkehrsmittel steht im Präpositiv:

z.B.: Э́то маши́н**а**. Я е́ду **на** маши́н**е**.

Folgende Substantive dekliniert man im Russischen nicht: такси́, метро́

4. „Fahren" + Akkusativ

Die zusätzliche Frage nach dem Akkusativ ist: wohin? – **куда́?** Deshalb verlangen die Verben gehen **идти́/ ходи́ть** und fahren **е́хать/ е́здить** den Akkusativ:

z.B.: Я иду́ в шко́л**у**. Ка́ждый день мой муж хо́дит на рабо́т**у**.
    Мы е́дем в магази́**н** на авто́бусе. Ты е́здишь в гости́ниц**у** на такси́.

5. Fragewörter

кто, что? – wer? was? (N)	**Кто** ты по профе́ссии? **Что** ты де́лаешь сего́дня ве́чером?
как? – wie?	**Как** у тебя́ дела́?
куда́? – wohin? (Akk)	**Куда́** ты идёшь сего́дня ве́чером?
где? – wo? (P)	**Где** ты рабо́таешь?
когда́? – wann?	**Когда́** у тебя́ о́тпуск?
с кем? – mit wem? (I)	**С кем** ты живёшь?
с чем? – womit? (I)	**С чем** ты пьёшь чай?
како́й – wie? welcher?	**Како́й** у тебя́ но́мер телефо́на?
кака́я – wie? welche?	**Кака́я** у тебя́ маши́на?
како́е – wie? welches?	**Како́е** у тебя́ зе́ркало?
каки́е – wie? welche	**Каки́е** ко́мнаты у Вас в кварти́ре?
на чём? – womit? (P)	**На чём** ты е́здишь на рабо́ту?

Ру́сский язы́к II, «мой о́тпуск»

Zusätzliche Übungen

23. Deklination der Personalpronomen:

a)

N	кто? что?	я	ты	он	она́	мы	Вы	они́
G	wessen?	....	....	....	....	....	....	....
D	wem?							
Akk	wen, was? куда́?*	....	....	....	....	....	....	....
I	с кем? с чем?							
P	über wen, über was? где?*							

*куда́?, где? – sind zusätzliche Fragen

b) Deklinieren Sie die Substantive:

Femininum

N	жена́	маши́на	кварти́ра	крова́ть	ку́хня	ка́ша	Росси́я
G							
D							
Akk	....	....	....	....	....	....	....
I	....	....	....	....	....	....	....
P	....	....	....	....	....	....	....

Maskulinum

N	рестора́н	Бонн	велосипе́д	карто́фель	чай	музе́й
G						
D						
Akk	....	....	....	....	....	....
I	....	....	....	....	....	....
P	....	....	....	....	....	....

Neutrum

N	мо́ре	окно́	молоко́	варе́нье	такси́	вино́
G						
D						
Akk	....	....	....	....	....	....
I	....	....	....	....	....	....
P	....	....	....	....	....	....

24. Vervollständigen Sie die Sätze mit den vorgegebenen Wörtern:

Muster: .... я е́ду на рабо́ту на по́езде (понеде́льник, у́тро).
В понеде́льник у́тром я е́ду на рабо́ту на по́езде.

1. .... я е́ду на рабо́ту на по́езде (понеде́льник, у́тро).
2. .... мы занима́емся спо́ртом (вто́рник, ве́чер).
3. .... мой муж рабо́тает (среда́, день).
4. .... до .... ба́бушка идёт на база́р (среда́, обе́д).
5. .... по́сле .... де́ти едя́т моро́женое (четве́рг, обе́д).
6. .... Вы идёте в кафе́ (пя́тница, ве́чер)?
7. .... ты ката́ешься на велосипе́де (суббо́та, у́тро)?
8. .... мы хо́дим в го́сти (воскресе́нье, день).

Ру́сский язы́к II, «мой о́тпуск»

25. Beantworten Sie die Fragen:

1. Когда́ ты за́втракаешь?
2. Когда́ ты занима́ешься спо́ртом?
3. Когда́ и где ты обы́чно пла́ваешь и ныря́ешь?
4. Когда́ и где ты чита́ешь?
5. Когда́ ты ката́ешься на велосипе́де?
6. Когда́ ты хо́дишь в го́сти?
7. Когда́ ты отдыха́ешь/ безде́льничаешь?
8. Когда́ твоя́ семья́ смо́трит телеви́зор?

26. Verwenden Sie korrekt die Verben für „fahren":

1. Куда́ ты ………………… (е́хать)?
2. Моя́ дочь ………………… на велосипе́де в шко́лу (е́здить).
3. В гости́ницу тури́сты ………………… на такси́ (е́хать).
4. На рабо́ту я ………………… на маши́не (е́здить).
5. В шко́лу де́ти ………………… на авто́бусе (е́здить).
6. На чём Вы ………………… в рестора́н (е́хать).
7. В Москву́ мы ………………… на по́езде (е́хать).
8. В о́тпуск мой внук …………………на мо́ре (е́хать).

27. Benutzen Sie die Substantive im korrekten Kasus:

Akkusativ
Muster: Я иду́ на ………………… (остано́вка).
        Я иду́ на остано́вку.

1. Я иду́ на ………………… (остано́вка).
2. Ты идёшь на ………………… (рабо́та)?
3. Мы е́дем в ………………… (банк).
4. Вы идёте в ………………… (кафе́)?
5. В о́тпуск мы е́дем в …………………, ………………… (Росси́я, Москва́).
6. Мои́ роди́тели е́дут зимо́й в …………………, ………………… (Герма́ния, Бонн).
7. Студе́нты иду́т в …………………, в …………………, а пото́м …………………
(университе́т, бибиоте́ка, столо́вая).
8. Твой брат идёт в ………………… (шко́ла)?
9. Ива́н е́дет на авто́бусе в ………………… (фи́рма).
10. Де́душка е́дет на метро́ в ………………… (апте́ка).

Präpositiv
Muster: Ле́на е́дет на рабо́ту на ………………… (маши́на).
        Ле́на е́дет на рабо́ту на маши́не.

1. Ле́на е́дет на рабо́ту на ………………… (маши́на).
2. Мой племя́нник е́дет в магази́н на ………………… (велосипе́д).
3. На вокза́л мы е́дем на …………………, а пото́м на ………………… (метро́, такси́).
4. На база́р ба́бушка е́дет на ………………… и́ли на ………………… (авто́бус, трамва́й).
5. Я не е́зжу на ………………… (тролле́йбус).
6. Ты ча́сто е́здишь на ………………… (по́езд).

Ру́сский язы́к II, «мой о́тпуск»

Nominativ/ Akkusativ/ Präpositiv

Muster: Э́то .... Ле́том мы е́дем в .... В .... живёт моя́ ба́бушка (Росси́я).

Э́то Росси́я. Ле́том мы е́дем в Росси́ю. В Росси́и живёт моя́ ба́бушка.

1. Э́то .... Ле́том мы е́дем в .... В .... живёт моя́ ба́бушка (Росси́я).
2. У нас есть .... Мы лю́бим за́втракать на .... Я иду́ на .... (балко́н).
3. Э́то .... Мой па́па идёт в .... Он рабо́тает в .... (банк).
4. Э́то .... Моя́ тётя идёт в .... Она́ рабо́тает в .... (шко́ла).
5. Я иду́ в .... В .... я чита́ю кни́ги (библиоте́ка).
6. У меня́ есть .... Я люблю́ отдыха́ть на .... (крова́ть).

28. Konjugieren Sie die Verben:

1. Я иду́ пешко́м.
2. Ты ....?
3. Он ....?
4. Она́ ....?
5. Мы ....?
6. Вы ....?
7. Они́ ....?

1. Я е́ду на авто́бусе.
2. Ты .... на тролле́йбусе?
3. Он .... на метро́?
4. Она́ .... на такси́?
5. Мы .... на маши́не.
6. Вы .... на по́езде?
7. Они́ .... на трамва́е.

29. Bestimmen Sie das Geschlecht der Substantive:
зима́, весна́, о́тпуск, велосипе́д, кани́кулы, ле́то, карто́фель, карто́шка, обе́д, де́ти, магази́н, рабо́та, кино́, дискоте́ка, рестора́н, клуб, цирк, стадио́н, кафе́, буфе́т, бар, гости́ница, дом, шко́ла, университе́т, банк, вокза́л, теа́тр, фи́рма, казино́, гара́ж, музе́й, парк, институ́т, апте́ка, база́р, аэропо́рт, фа́брика, заво́д, ста́нция, остано́вка, метро́, маши́на, авто́бус, тролле́йбус, трамва́й, по́езд, такси́

мой/твой/ её	моя́/ твоя́/ её	моё / твоё/ её	мой / твой/ её

30. Übersetzen Sie die Fragen und beantworten Sie diese:

	Übersetzung	Antwort
1. Hast du eine Gitarre?	....	....
2. Spielst du Klavier?	....	....
3. Hast du ein Fahrrad?	....	....
4. Fährst du Fahrrad?	....	....
5. Wie geht es dir?	....	....
6. Wo wohnst du?	....	....

Рýсский язы́к II, «мой óтпуск»

7. Wo arbeitest du?	....	....
8. Wann hast du Urlaub?	....	....
9. Gehst du heute Abend ins Restaurant?	....	....
10. Fährst du morgen in die Bibliothek?	....	....
11. Womit fährst du jeden Tag zur Arbeit?	....	....

31. Beantworten Sie die Fragen zu den Themen „Familie" und „Frühstück, Mittagessen, Abendessen":

1. У Вас есть семья́?
2. Кто Вáша подрýга/ друг по профéссии?
3. Что едя́т в Вáшей семьé на зáвтрак?
4. Что ты лю́бишь есть на обéд?
5. Где живёт Ваш брат/ сестрá?
6. Что ест Ваш брат/ сестрá на ýжин?
7. Что Вы лю́бите есть на ýжин?
8. Где Вы лю́бите ýжинать?
9. Что Вы лю́бите дéлать вéчером?
10. Где живёт Вáша дочь/сын?
11. Что Вы обы́чно едúте на зáвтрак?
12. Вы пьёте сок в обéд?
13. Когдá Вы обы́чно читáете кнúги?
14. Что Вы лю́бите есть в ресторáне?
15. Где Вы рабóтаете?
16. Когдá Вы рабóтаете?
17. Вы лю́бите лапшý с сóусом?
18. Вы лю́бите на зáвтрак чай úли кóфе?
19. Вáши дéти пьют вéчером молокó?
20. Вы говорúте по- рýсски?
21. Вáша семья́ лю́бит смотрéть телевúзор úли ходúть в кинó?

32. Benutzen Sie die Substantive und Personalpronomina im Akkusativ:

Muster: Я ем на зáвтрак .... (колбасá, онá).
Я ем на зáвтрак колбасý/ её.

1. Я ем на зáвтрак .... (колбасá, онá).
2. На обéд мы едúм сегóдня .... (морóженое, онó).
3. Ты пьёшь .... (вóдка, онá)?
4. Вы едúте .... (фрýкты, онú)?
5. Я люблю́ .... (мáма, онá).
6. Свéта не пьёт .... (кóка-кóла, онá).
7. Ты фотографúруешь .... (брат, он)?
8. Я .... не фотографúрую (Вы).
9. Мы не фотографúруем .... (учúтель, он).
10. Я не фотографúрую .... (ты).
11. .... зовýт Алúса (я).
12. .... зовýт Елéна (сестрá, онá).
13. .... зовýт Марúна и Рúта (мы).

33. Hörverstehen. Hören Sie den Text. Beantworten Sie die Fragen über den Wochenplan von Vitja:

1. Где живёт Вúтя?
2. Где он рабóтает?
3. На чём он éздит на рабóту?
4. Что он дéлает в суббóту и в воскресéнье?
5. У негó есть машúна?
6. Где рабóтают егó родúтели?

Рýсский язы́к II, «мой о́тпуск»

7. Когда́ он занима́ется спо́ртом?
8. У Ви́ти есть подру́га? Как её зову́т?
9. Куда́ Ви́тя е́здит с подру́гой в о́тпуск?
10. На чём он хо́чет е́хать в Но́вгород?
11. На чём он хо́чет е́хать в Со́чи?
12. Что Ви́тя и Све́та лю́бят де́лать в о́тпуске?
13. Почему́ они́ е́дут отдыха́ть на мо́ре?

Ру́сский язы́к II, «мой о́тпуск»

Der aktive Wortschatz zum Thema «мой о́тпуск»

Substantive:		

о́тпуск – der Urlaub
кани́кулы – die Ferien
у́тро / у́тром – der Morgen/ am Morgen
день / днём – der Tag/ amTag
обе́д – der Mittag
  в обе́д – am Mittag
  до обе́да – vormittags
  по́сле обе́да – nachmittags
ве́чер – der Abend
  ве́чером – am Abend
велосипе́д (велосипе́ды) – das Fahrrad (dieFahrräder)
лы́жа (лы́жи) – der Schi
весна́ – der Fühling
  весно́й – im Frühling
ле́то – der Sommer
      ле́том – im Sommer
о́сень – der Herbst
  о́сенью – im Herbst
зима́ – der Winter
  зимо́й – im Winter
 	
Wochentage:
понеде́льник в понеде́льник
der Montag – am Montag
вто́рник во вто́рник
der Dienstag – am Dienstag
среда́ в сре́ду
der Mittwoch – am Mitwoch
четве́рг в четве́рг
der Donnerstag – am Donnerstag
пя́тница в пя́тницу
der Freitag – am Freitag
	суббо́та в суббо́ту
	der Samstag – am Samstag
	воскресе́нье в воскресе́нье
	der Sonntag – am Sonntag
	
	Verkehrsmittel:
	тролле́йбус – der Omnibus
	такси́ – das Taxi
	авто́бус – der Bus
	маши́на – das Auto
	маршру́тное такси (umg. **маршру́тка**) – das Marschroute-Taxi
	трамва́й – die Straßenbahn
	метро́ – die U-Bahn
	велосипе́д – das Fahrrad
	по́езд – der Zug
	
	Verben:
	чита́ть – lesen
	отдыха́ть – sich ausruhen
	смотре́ть – schauen
	вари́ть – kochen
	гото́вить – zubereiten
	игра́ть – spielen
	рабо́тать – arbeiten
	писа́ть – schreiben
	пла́вать – schwimmen
	ныря́ть – ins Wasser springen
	загора́ть – sich sonnen
	безде́льничать - faulenzen
		танцева́ть – tanzen
		рисова́ть – zeichnen
		фотографи́ровать – fotografieren
		путеше́ствовать – reisen
		
		купа́ться – baden
		занима́ться – treiben
		ката́ться – fahren, herumfahren
		
		идти́ – gehen
		ходи́ть – gehen
		е́хать – fahren
		е́здить – fahren
		
		Possessivpronomen:
		твой, твоя, твоё, твои́ – dein, deine
		его́ – sein, seine
		её – ihr, ihre

Grammatik zum Thema «мой о́тпуск»

Konjugation der Verben „gehen" und „fahren":

	ходи́ть	идти́	е́хать	е́здить
я	хожу́	иду́	е́ду	е́зжу
ты	хо́дишь	идёшь	е́дешь	е́здишь
он, она́	хо́дит	идёт	е́дет	е́здит
мы	хо́дим	идём	е́дем	е́здим
Вы, вы	хо́дите	идёте	е́дете	е́здите
они́	хо́дят	иду́т	е́дут	е́здят

Ру́сский язы́к II, «мой о́тпуск»

Konjugation des Verbs «хоте́ть»

хоте́ть

я	хочу́	мы	хоти́м
ты	хо́чешь	Вы, вы	хоти́те
она	хо́чет	они	хотя́т

E-Konjugation

	чита́ть	отдыха́ть	игра́ть	рабо́тать	писа́ть
я	чита́ю	отдыха́ю	игра́ю	рабо́таю	пишу́
ты	чита́ешь	отдыха́ешь	игра́ешь	рабо́таешь	пи́шешь
он, она́	чита́ет	отдыха́ет	игра́ет	рабо́тает	пи́шет
мы	чита́ем	отдыха́ем	игра́ем	рабо́таем	пи́шем
Вы, вы	чита́ете	отдыха́ете	игра́ете	рабо́таете	пи́шете
они	чита́ют	отдыха́ют	игра́ют	рабо́тают	пи́шут

	пла́вать	ныря́ть	загора́ть	безде́льничать
я	пла́ваю	ныря́ю	загора́ю	безде́льничаю
ты	пла́ваешь	ныря́ешь	загора́ешь	безде́льничаешь
он, она́	пла́вает	ныря́ет	загора́ет	безде́льничает
мы	пла́ваем	ныря́ем	загора́ем	безде́льничаем
Вы, вы	пла́ваете	ныря́ете	загора́ете	безде́льничаете
они	пла́вают	ныря́ют	загора́ют	безде́льничают

I-Konjugation

	вари́ть	гото́вить	смотре́ть
я	варю́	гото́влю	смотрю́
ты	ва́ришь	гото́вишь	смо́тришь
он, она́	ва́рит	гото́вит	смо́трит
мы	ва́рим	гото́вим	смо́трим
Вы, вы	ва́рите	гото́вите	смо́трите
они	ва́рят	гото́вят	смо́трят

Konjugation der Verben mit dem Suffix –ова, –ева:

	рисова́ть	танцева́ть	фотографи́ровать	путеше́ствовать
я	рису́ю	танцу́ю	фотографи́рую	путеше́ствую
ты	рису́ешь	танцу́ешь	фотографи́руешь	путеше́ствуешь
он, она́	рису́ет	танцу́ет	фотографи́рует	путеше́ствует
мы	рису́ем	танцу́ем	фотографи́руем	путеше́ствуем
Вы, вы	рису́ете	танцу́ете	фотографи́руете	путеше́ствуете
они	рису́ют	танцу́ют	фотографи́руют	путеше́ствуют

Ру́сский язы́к II, «мой о́тпуск»

Konjugation der Verben mit der Partikel –ся

	купа́**ться**	занима́**ться**	ката́**ться**
я	купа́**юсь**	занима́**юсь**	ката́**юсь**
ты	купа́**ешься**	занима́**ешься**	ката́**ешься**
он, она́	купа́**ется**	занима́**ется**	ката́**ется**
мы	купа́**емся**	занима́**емся**	ката́**емся**
Вы, вы	купа́**етесь**	занима́**етесь**	ката́**етесь**
они́	купа́**ются**	занима́**ются**	ката́**ются**

Ру́сский язы́к II, «мой о́тпуск»

ТЕСТ

и́мя ....

1. Benutzen Sie korrekt das Verb «хоте́ть»:

1. Что ты .... де́лать сего́дня ве́чером?
2. Вы .... ко́фе с молоко́м и́ли с са́харом?
3. На обе́д я .... гото́вить карто́фель с мя́сом и со́усом?
4. Ле́том мы .... отдыха́ть на Чёрном мо́ре.
5. Де́ти не .... загора́ть.
6. Мой внук не .... рабо́тать.

2. Übersetzen Sie:

1. der Winter – im Winter - ....
2. der Frühling – im Frühling ....
3. der Sommer – im Sommer ....
4. der Herbst – im Herbst ....

3. Benutzen Sie korrekt das Verb „gehen":

идти́ - ходи́ть
1. Ка́ждый день я .... на рабо́ту.
2. - Куда́ ты сейча́с ....?
   - Я .... в магази́н.
3. За́втра мой брат .... в поликли́нику.

1. Де́ти не .... в библиоте́ку (ходи́ть)
2. Брат и сестра́ .... в кино́. (идти́)
3. Моя́ сестра́ не .... в поликли́нку. (идти́)
4. Мы .... сейча́с домо́й. (идти́)

4. Ergänzen Sie die Sätze mit den Verben:

1. В понеде́льник я ....
2. Во вто́рник у́тром я обы́чно ....
3. В сре́ду вечеро́м я всегда́ ....
4. В четве́рг днём я ....
5. В пя́тницу ве́чером я никогда́ ....
6. В суббо́ту днём я ча́сто ....
7. В воскресе́нье у́тром я всегда́ ....

5. Verwenden Sie korrekt die Verben:

1. Ве́чером я .... спо́ртом (занима́ться).
2. У них есть но́вые велосипе́ды, они́ .... на велосипе́дах (ката́ться).
3. Ма́льчики и де́вочки .... и .... (пла́вать, загора́ть).
4. Мой муж .... сего́дня у́жин (гото́вить).
5. Где Вы .... э́тим ле́том (отдыха́ть)?

Ру́сский язы́к II, «мой о́тпуск»

6. Сестра́ .... мо́ре и го́ры (фотографи́ровать).
7. Де́ти .... в ва́нне (купа́ться).
8. Мои́ тётя и дя́дя .... та́нго и вальс (танцева́ть).
9. Куда́ Вы .... э́тим ле́том (путеше́ствовать)?
10. – Что ты ....?
    – Я .... письмо́ ма́ме и па́пе (писа́ть).
11. Мой сын .... газе́ты, а моя́ дочь
    .... журна́лы (чита́ть).

6. Vervollständigen Sie die Sätze mit dem Verb «игра́ть»:

1. Я игра́ю .... (в/ на/ футбо́л).
2. Вы игра́ете .... (в/ на/ пиани́но)?
3. Мы игра́ем .... (в/ на/ гита́ра).
4. Ты игра́ешь .... (в/на/ гольф)?
5. Моя́ подру́га игра́ет .... (в/ на/ волейбо́л).
6. Вну́ки игра́ют .... (в/ на/ скри́пка).

7. Benutzen Sie korrekt die vorgegebenen Substantive:

1. Сейча́с я иду́ в ...., а пото́м в ....
   (магази́н, апте́ка).
2. На рабо́ту я е́ду на ...., а пото́м на ....
   (велосипе́д, по́езд).
3. Мой друг рабо́тает в .... (банк).
4. Сего́дня по́сле обе́да я .... (дом).
5. В .... де́ти обы́чно е́здят на ....
   (шко́ла, метро́).
6. На чём вы е́дете на .... (рабо́та)?
7. На вокза́л мы е́здим на .... и́ли на ....
   (маши́на, такси́).

8. Bestimmen Sie den Kasus der unterstrichenen Wörter:

1. На за́втрак я ем бутербро́д с сы́ром.
2. Мы живём в Росси́и, в Новосиби́рске.
3. Цветы́ стоя́т в ва́зе.
4. Сейча́с ма́ма идёт в поликли́нику, она́ рабо́тает в поликли́нике.
5. Я не пью вино́, я пью чай.
6. Оте́ц е́дет на рабо́ту на маши́не.
7. Моя́ вну́чка игра́ет на скри́пке.
8. Студе́нты игра́ют в футбо́л.
9. Я люблю́ ма́му и па́пу.
10. Брат рису́ет сестру́.

Lösungen
Kapitel 1 («Знакóмство»)
(Seiten 6-29)

34. Hörverstehen. Finden Sie die Sätze, die Sie auf der CD gehört haben:

Привéт. Здорóво! Как делá? Кто э́то? Кто ты? Как тебя́ зову́т? Как Вас зову́т? Меня́ зову́т Мари́я. Что э́то? Э́то дом. Э́то магази́н. Э́то Москвá. Э́то Берли́н.

1. Привéт!	+
2. Кто э́то?	+
3. Как тебя́ зову́т?	+
4. Меня́ зову́т Марк.	-

Что э́то?	+
Э́то аптéка?	-
Покá	-
Э́то Москвá.	+

35. Übersetzen Sie die Personalpronomina:

ich	я	wir	мы
du	ты	ihr	вы
er	он		
sie	онá	sie	они́
es	онó		

38. Übersetzen Sie schriftlich:
a)
1. - Wie geht's?
   - Как делá?
   - Gut!
   - Хорошó!
2. Hallo
   привéт
   Tschüss
   покá

3. Ich bin Anna. Я А́нна. Ich bin Deutsche. Я нéмка. Ich bin Studentin. Я студéнтка.
4. Er ist Mark. Он Марк. Sie ist Alla. Онá А́лла. Sie sind Rentner. Они́ пенсионéры.

5. Wir sind Studenten. Мы студéнты. Wir sind keine Studenten. Мы не студéнты.
6. Das ist Lena, sie ist Russin. Э́то Лéна, онá ру́сская.

39. Bilden Sie den Plural von den Wörtern:

студéнт - студéнты
экономи́ст - экономи́сты
касси́р - касси́ры
такси́ст - такси́сты
дискéта - дискéты
маши́на - маши́ны

диск - ди́ски
студéнтка - студéнтки
нéмка - нéмки
аптéка - аптéки
ня́ня - ня́ни
су́мка - су́мки

(Seiten 30-40)

20. Hörverstehen. Vervollständigen Sie die Dialoge:

Dialog 1
- Дóбрый день!
- Здрáвствуйте!
- Как Вас зову́т?
- Меня́ зову́т Мари́на, а Вас?
- Óчень прия́тно. Меня́ зову́т Алексáндр.

Dialog 2
- Кто ты по профéссии?
- Я учи́тель по профéсссии, а ты?
- Я врач. Ты ру́сская?
- Да, я ру́сская, а ты?
- Я нéмка.

Lösungen

22. Übersetzen Sie schriftlich:

1. Ich bin Roman. Ich bin Arzt. **Я Рома́н. Я врач.**
2. Wie heisst du? Bist du Russin? **Как тебя́ зову́т? Ты ру́сская?**
3. Sie ist Anna. Sie ist Deutsche. **Она́ А́нна. Она́ не́мка.**
4. Er ist Dima. Er ist Arzt. **Он Ди́ма. Он врач.**
5. Wir sind Dima und Sina. **Мы Ди́ма и Зи́на.**
6. Sie sind Nina und Lena. Nina ist Deutsche. Sie ist Kauffrau. Lena ist Russin. Sie ist Rentnerin. **Она́ Ни́на и Ле́на. Ни́на не́мка. Она́ экономи́ст. Она́ пенсионе́р.**

23. Schreiben Sie Mini-Texte mit den vorgegebenen Wörtern:

Muster: Мари́я студе́нтка. Она́ ру́сская.

Мари́я	Оле́г	Бернд	Ка́тя
студе́нтка	врач	не́мец	архите́ктор
ру́сская	ру́сский	программи́ст	не́мка

Оле́г врач, он ру́сский. Бернд не́мец. Он программи́ст. Ка́тя архите́ктор, она́ не́мка.

25. Verneinen Sie die Sätze:

Muster: Э́то они́.
  Э́то не они́.

1. Э́то они́.
2. Меня́ зову́т Ле́на. Меня́ зову́т не Ле́на.
3. Э́то Мари́я и А́нна. Они́ студе́нтки. Э́то не Мари́я и А́нна. Они́ не студе́нтки.
4. Франк спортсме́н. Франк не спортсме́н.
5. Све́та ру́сская. Влади́мир ру́сский. Све́та не ру́сская. Влади́мир не ру́сский.
6. Мо́ника не́мка. Бернд не́мец. Мо́ника не не́мка. Бернд не не́мец.
7. Мы не́мцы. Мы не не́мцы.
8. Вы ру́сские. Вы не ру́сские.
9. Я врач по профе́ссии. Я не врач по профе́ссии.

Seiten 41-51

23. Hörverstehen. Hören Sie den Text und beantworten Sie die Fragen:

1. Али́на не́мка и́ли ру́сская?
2. Где Али́на живёт?
3. Кто Али́на по профе́ссии?
4. Али́на говори́т по–англи́йски? Как она́ говорит по–англи́йски?
5. Она́ говори́т по–ру́сски и́ли по–неме́цки?

Э́то Али́на. Она́ ру́сская. Она́ живёт в Росси́и. Али́на экономи́ст по профе́ссии. Она́ живёт в Москве́ на у́лице Ка́рла Ма́ркса. Она́ говори́т хорошо́ по-ру́сски, непло́хо по-англи́йски и по-неме́цки.

Lösungen

26. Hörverstehen. Hören Sie den Text und füllen Sie die Tabelle aus:

Привéт! Я Алина. Я нéмка. Я студéнтка. Это Олéг. Олéг рýсский. Он программи́ст по профéссии. Это Алла. Она́ рýсская, Алла учи́тель по профéссии. А э́то Штéфан. Он юри́ст.

Али́на	Олéг	Алла	Штéфан
Али́на нéмка.	Олéг рýсский.	Она́ рýсская.	Он юри́ст.
Она́ студéнтка	Он программи́ст.	Алла учи́тель.	

27. Übersetzen Sie die Fragen:

a)

1. Wie heisst du?	1. Как тебя́ зовýт?
2. Wie geht es dir?	2. Как у тебя́ дела́?
3. Was bist du von Beruf?	3. Кто ты по профéссии?

b)

1. Wie heißen Sie?	1. Как Вас зовýт?
2. Wie geht es Ihnen?	2. Как у Вас дела́?
3. Was sind Sie von Beruf?	3. Кто Вы по профéссии?

28. Übernehmen Sie die Aufgabe des Dolmetschers:

Рома́н:	- Привéт!
Dolmetscher:	- Hallo!
А́нна:	- Hallo!
Dolmetscher:	- Привéт!
Рома́н:	- Как дела́?
Dolmetscher:	- Wie geht's?
А́нна:	- Gut! Und wie geht es dir?
Dolmetscher:	- Хорошо́, а как у тебя́ дела́?
Рома́н:	- Хорошо́. Как тебя́ зовýт?
Dolmetscher:	- Gut, wie heisst du?
А́нна:	- Ich heisse Anna. Und wie heisst du?
Dolmetscher:	- Меня́ зовýт А́нна. А как тебя́ зовýт?
Рома́н:	- Меня́ зовýт Рома́н! А кто ты по профéссии? Экономи́ст?
Dolmetscher:	- Ich heisse Roman. Und was bist du von Beruf? Bist du Kauffrau?
А́нна:	- Nein, ich bin Ärztin von Beruf und du?
Dolmetscher:	- Нет, я по профéссии врач, а ты?
Рома́н:	- О, кла́ссно, я студéнт! Ну, ла́дно, пока́!
Dolmetscher:	- O, klasse! Ich bin Student, na gut, tschüss!
А́нна:	- Tschüss!
Dolmetscher:	- Пока́!

29. Übersetzen Sie:

1. Ich heisse Marina. Ich bin Russin. Ich bin Ärztin von Beruf.

   1. Меня́ зовýт Мари́на. Я рýсская. Я по профéссии врач.

2. Und wie heißen Sie? Was sind Sie von Beruf? Sind Sie Lehrerin von Beruf?

   2. А как Вас зовýт? Кто Вы по профéссии? Вы по профéссии учи́тель?

Lösungen

3. Wie heisst du? Wo wohnst du? Was bist du von Beruf? Wohnst du in Berlin? Bist du Russin?

3. Как тебя́ зову́т? Где ты живёшь? Кто ты по профе́ссии? Ты живёшь в Берли́не? Ты ру́сская?

4. Das ist Anna. Sie ist Sekretärin von Beruf.

4. Э́то А́нна. Она́ по профе́ссии секрета́рь.

5. Das ist Frank. Er ist Deutscher. Er ist Student.

5. Э́то Франк. Он не́мец. Он студе́нт.

Seiten 52- 63

22. Hörverstehen. Was haben Sie aus dem Text über Madonna, Merkel, Plissezkaja und Putin erfahren:

Ма́йя Плисе́цкая - ру́сская балери́на. Сейча́с она́ живёт в Испа́нии. Плисе́цкая говори́т по-ру́сски. Госпожа́ Ме́ркель не́мка, она́ поли́тик. Госпожа́ Ме́ркель фи́зик по профе́ссии. Она́ живёт в Герма́нии, в Берли́не. Ме́ркель говорит по-неме́цки, по-ру́сски и по-англи́йски. Мадо́нна америка́нка, она́ живёт в Аме́рике. Мадо́нна певи́ца. Она́ говори́т по-англи́йски. Э́то господи́н Пу́тин. Он ру́сский. Пу́тин – поли́тик, он юри́ст по профе́ссии. Влади́мир Пу́тин живёт в Москве́, в Росси́и. Господи́н Пу́тин говори́т по-ру́сски и непло́хо по-неме́цки.

25. Stellen Sie die Fragen:
Muster: Э́то студе́нт. Кто э́то?
Э́то стол. Что э́то?

1. Э́то Анто́н. Кто э́то? 2. Э́то Ли́за. Кто э́то? 3. Э́то ла́мпа. Что э́то? 4. Э́то инжене́р. Кто э́то? 5. Э́то капита́н. Кто э́то? 6. Э́то кни́га. Что э́то? 7. Э́то музыка́нт. Кто э́то? 8. Э́то Ива́н Петро́вич. Кто э́то? 9. Э́то журна́л. Что э́то? 10. Э́то ка́рта. Что э́то? 11. Э́то гео́лог. Кто э́то? 12. Э́то газе́та. Что э́то? 13. Э́то магази́н. Что э́то? 14. Э́то секрета́рь. Кто э́то? 15. Э́то господи́н Кузнецо́в. Кто э́то?

26. Bilden Sie Sätze in der folgenden Art:

Muster: А́нна/ секрета́рь   Э́то А́нна. Она́ секрета́рь

1. А́нна/ секрета́рь
2. Ива́н/ пило́т. Э́то Ива́н. Он пило́т.
3. Све́та/ учи́тель. Э́то Све́та. Она́ учи́тель.
4. Во́льфган/ врач. Э́то Во́льфган. Он врач.
5. Мо́ника/ студе́нтка. Э́то Мо́ника. Она́ студе́нтка.
7. Ге́рхард/ пенсионе́р. Э́то Ге́рхард. Он пенсионе́р.
8. Пётр/ экономи́ст. Э́то Пётр. Он экономи́ст.
9. Ви́ка/ юри́ст. Э́то Ви́ка. Она́ юри́ст.
10. Тама́ра/ дире́ктор. Э́то Тама́ра. Она́

Lösungen

6. Зи́грид/ домохозя́йка Э́то Зи́грид. Она́ домохозя́йка.

11. О́ля/ космето́лог. Э́то О́ля. Она́ дире́ктор.
    О́ля/ космето́лог. Э́то О́ля. Она́ космето́лог.

27. Machen Sie die Übung nach dem Muster:

Muster: Э́то Пётр. Он ру́сский.
Э́то Све́та. Она́ ру́сская.

Э́то Э́рик. Он не́мец.
Э́то О́льга. Она́ ру́сская.
Э́то Бриги́тта. Она́ не́мка.
Э́то господи́н Ви́ммер. Он не́мец.
Э́то госпожа́ Петро́ва. Она́ ру́сская.

Muster: Э́то Э́рик? Он не́мец?
Э́то Али́на? Она́ не́мка?

Э́то О́льга? Она́ ру́сская?
Э́то Бриги́тта? Она́ не́мка?
Э́то господи́н Ви́ммер? Он не́мец?
Э́то госпожа́ Петро́ва? Она́ не́мка?
Э́то Ива́н Серге́евич? Он ру́сский?

28. Bilden Sie Texte nach den Bildern:

Кла́ус
программи́ст
Герма́ния; Ганно́вер
по-англи́йски (отли́чно)

Э́то Кла́ус. Он по профе́ссии программи́ст. Кла́ус не́мец и живёт в Герма́нии, в Ганно́вере. Он говори́т отли́чно по-англи́йски.

Серге́й
инжене́р
Росси́я; Москва́
по-неме́цки (о́чень хорошо́)

Э́то Серге́й. Он по профе́ссии инжене́р. Серге́й живёт в Росси́и, в Москве́. Серге́й ру́сский. Он говори́т о́чень хорошо́ по-неме́цки.

Татья́на Никола́евна
учи́тель
Росси́я; Владивосто́к
по-францу́зски (хорошо́)

Э́то Татья́на Никола́евна. Она́ по профе́ссии учи́тель. Татья́на Никола́евна ру́сская, она́ живёт в Росси́и, во Владивосто́ке. Татья́на Никола́евна говори́т по-ру́сски, хорошо́ по-францу́зски.

29. Übernehmen Sie die Aufgabe des Dolmetschers:

Рома́н:	- Здоро́во!
Dolmetscher:	- Hallo!
А́нна:	- Hallo!
Dolmetscher:	- Приве́т!
Рома́н:	- Как жизнь?
Dolmetscher:	- Wie geht's?
А́нна:	- Gut! Und wie geht es dir?
Dolmetscher:	- Хорошо́! А как у тебя́ дела́?
Рома́н:	- Кла́ссно! Кто ты по профе́ссии?
Dolmetscher:	- Klasse! Was bist du von Beruf?
А́нна:	- Ich bin Arzt von Beruf. Und du?
Dolmetscher:	- Я по профе́ссии врач? А ты?

Lösungen

Роман:	–	Я химик. А где ты живёшь?
Dolmetscher:	–	Ich bin Chemiker . Und was bist du von Beruf?
Анна:	–	Ich wohne in Deutschland in Bonn. Und wo wohnst du?
Dolmetscher:	–	Я живу в Германии, в Бонне. А где ты живёшь?
Роман:	–	Я живу в России, в Новосибирске. Ты говоришь по-английски или по-французски?
Dolmetscher:	–	Ich wohne in Russland in Novosibirsk. Sprichst du Englisch oder Französisch?
Анна:	–	Ich spreche sehr gut Englisch und ein wenig Französisch.
Dolmetscher:	–	Я говорю очень хорошо по-английски и немного по-французски.
Роман:	–	О, здорово! Я тоже говорю по-английски!
Dolmetscher:	–	Toll! Ich spreche auch Englisch.

30. Übersetzen Sie:

1. Ich heisse Natalja. Ich bin Russin und wohne in Russland in Sotschi. Ich bin Kauffrau von Beruf. Ich spreche sehr gut Englisch und ein bisschen Französisch.

 1. Меня зовут Наталья. Я русская, живу в России, в Сочи. Я по профессии экономист. Я говорю очень хорошо по-английски и немного по-французски.

2. Das ist Monika. Sie ist Deutsche. Monika wohnt in Deutschland in Berlin. Sie ist Architektin von Beruf. Monika spricht sehr gut Französisch und gut Russisch. Sie mag Tee.

 2. Это Моника. Она немка. Моника живёт в Германии, в Берлине. Она по профессии архитектор. Моника говорит очень хорошо по французски и хорошо по-русски. Она любит чай.

31. Welche Konsonanten in den vorgegebenen Wörtern sind weich?

Россия, Бонн, учитель, чай, Германия, аптека, Берлин, какао, экономист

Seiten 64-71

9. Hörverstehen. Was haben Sie über Frau Ivanova aus dem Text erfahren?

Госпожа Иванова русская, она живёт в Санкт-Петербурге. Она учитель по професии и работает в университете. Она говорит по-русски, немного по-английски и по-немецки. Она любит цветы и спорт. У неё есть семья: муж и сын. Её муж работает в фирме, а сын – студент.

Lösungen

11. Erzählen Sie über Mischa, benutzen Sie dabei die vorgegebenen Wörter:

Миша
русский
пилот
Новосибирск

Миша русский, он живёт в Новосибирске. Он по профессии пилот. Миша говорит отлично по-русски и немного по-немецки. Он, к сожалению, не говорит по-английски. Миша очень любит чай и коньяк и очень любит море.

говорить
   по-русски (отлично)
   по-немецки (немного)
   по-английски (не говорит)
любить
   море, чай, коньяк

ТЕСТ

1. Übersetzen Sie die Fragen:

Как тебя зовут?	Wie heisst du?
Кто это?	Wer ist das?
Как Вас зовут?	Wie heißen Sie?
Как у Вас дела?	Wie geht es Ihnen?
Это хорошо?	Ist das gut?
Что это?	Was ist das?
Кто ты по профессии?	Was bist du von Beruf?
Где живёт Олег?	Wo wohnt Oleg?

2. Übersetzen Sie den Text:

Это Лена. Она русская и живёт в Москве на улице Пушкина, 59. Лена по профессии секретарь. Она говорит хорошо по-немецки и плохо по-английски.

Das ist Lena. Sie ist Russin und wohnt in Moskau in der Puschkinstraße 59. Lena ist Sekretärin von Beruf. Sie spricht gut Deutsch und schlecht Englisch.

4. Welche Personalpronomina kennen Sie auf Russisch?

я, ты, он, она, оно, мы, Вы, вы, они

4. Welche Possessivpronomina kennen Sie auf Russisch?

мой, моя, мой, моё, мой, его

8. Vervollständigen Sie die Sätze:

жить	говорить	любить
1. Где ты живёшь?	1. Я говорю по-немецки.	1. Я люблю кофе.
2. Я живу в Москве.	2. Вы говорите по-русски?	2. Ты любишь чай?
3. Ты живёшь в Германии?	3. Таня говорит по-английски.	3. Вы любите молоко?
4. Вы живёте в Берлине.	4. Ты говоришь по-русски?	4. Марина не любит торт.
5. Мария живёт в Омске.	5. Как ты говоришь по-русски?	

Lösungen

9. Bestimmen Sie das Geschlecht:

	он/она́/оно́/они́	мой/моя́/моё/мои́		он/она́/оно́/они́	мой/моя́/моё/мои́
не́мка	она́	моя́	ко́мната	она́	моя́
не́мец	он	мой	торт	он	мой
ру́сская	она́	моя́	фру́кты	они́	мои́
ру́сский	он	мой	и́мя	оно́	моё
кни́га	она́	моя́	фами́лия	она́	моя́
газе́та	она́	моя́	а́дрес	он	мой
магази́н	он	мой	телефо́н	он	мой
кака́о	оно́	моё	джи́нсы	они́	мои́
стул	он	мой	Герма́ния	она́	моя́
стол	он	мой	Росси́я	она́	моя́
чай	он	мой	госпожа́	она́	моя́
ко́фе	он	мой	господи́н	он	мой
молоко́	оно́	мои́	маши́ны	она́	мои́

Lösungen
Kapitel II («моя семья»)

Seiten 72-79

14. Hörverstehen. Was haben Sie über Oleg und seine Familie erfahren? Beantworten Sie die Fragen:

1. Где живёт Олéг?
2. Кто он по профéссии? Где рабóтает Олéг?
3. Что лю́бит Олéг?
4. У негó есть семья́?
5. Где живýт егó родители? Где они́ рабóтают и кто они́ по профéссии?
6. Где рабóтает его сестрá Свéта и кто онá по профéссии?
7. Что любит Свéта?

Олéг живёт во Владивостóке. Он врач и рабóтает в поликли́нике. Олéг говори́т по-рýсски и немнóго по-англи́йски. Олéг лю́бит спорт, осóбенно футбóл. У негó есть сестрá и роди́тели. Роди́тели живýт тóже во Владивостóке. Они́ ужé пенсионéры. А егó сестрá – перевóдчик, рабóтает в фи́рме. Онá говори́т отли́чно по-рýсски, по-англи́йски, по-немéцки и немнго по-францýзски. Егó сестрá óчень лю́бит кóфе.

16. Füllen Sie die Tabelle aus:

	я	он/онá	Вы	ты	они́	мы
жить	живý	живёт	живёте	живёшь	живýт	живём
говори́ть	говорю́	говори́т	говори́те	говори́шь	говоря́т	говори́м
люби́ть	люблю́	лю́бит	лю́бите	лю́бишь	лю́бят	лю́бим

17. Vervollständigen Sie die Sätze:

говори́ть

1. Я говорю́ неплóхо по-рýсски.
2. Вы говори́те по-немéцки?
3. Олéг говори́т óчень хорошó по-англи́йски.
4. Я и моя́ подрýга говори́м отли́чно по-немéцки.
5. Мои́ роди́тели, к сожалéнию, не говоря́т по–рýсски.

жить
1. Я живý в Гермáнии.
2. Он живёт в Москвé.
3. Где Вы живёте?
4. Я живý в Росси́и.
5. Где ты живёшь?
6. Я живý в Гермáнии

люби́ть
1. Я люблю́ апельси́ны.
2. Ты лю́бишь чай?
3. Моя́ сестрá не лю́бит шоколáд.
4. Вы лю́бите рóзы?
5. Я и Áнна, и Волóдя лю́бят борщ.
6. Дéти óчень лю́бят салáты.

18. Bilden Sie Sätze aus den vorgegebenen Wörtern:

1. Он говори́т по-немéцки óчень хорошó.
2. Мой друг не лю́бит шоколáд.
3. Я живý в Гермáнии.
4. Ты говори́шь по-рýсски?

Lösungen

    5. Моя сестра́ живёт в Росси́и.
    6. Вы лю́бите чай?
    7. Я говорю́ немно́го по-ру́сски.
    8. Где Вы живёте?
    9. Мы лю́бим кино́.
    10. Вы говори́те по-неме́цки?
    11. Роди́тели лю́бят ко́фе.
    12. Где ты живёшь?

20. Benutzen Sie die Substantive mit richtigem Possessivpronomen: мой, моя́, моё, мои́; его, её, их.

1. Я живу́ во Владивосто́ке. Мои́ роди́тели живу́т в Хаба́ровске.
2. Я говорю́ по-испа́нски. Моя́ сестра́ не говори́т по-испа́нски.
3. Серге́й рабо́тает в фи́рме. Его́ жена́ рабо́тает в апте́ке.
4. Та́ня лю́бит анана́сы. Её муж не лю́бит анана́сы.
5. Я люблю́ не ко́фе, а чай. Мой друг лю́бит сок.
6. Макси́м живёт в Волгогра́де, а его́ де́ти живу́т в Санк-Петербу́рге.
7. Еле́на и Па́вел рабо́тают в теа́тре, а её роди́тели – пенсионе́ры.
8. Ба́бушка говори́т по-францу́зски, а её вну́ки говоря́т по-ру́сски и по-францу́зски.
9. Влади́мир и его́ тётя лю́бят гото́вить.

21. Übersetzen Sie:

Ich heiße Elena Alekseewna. Ich wohne in Russland in Moskau in der Petrovka-Strasse. Ich bin Ärztin von Beruf. Ich spreche sehr gut Englisch und ein bisschen Deutsch. Ich mag sehr gerne Sport.

    Меня́ зову́т Еле́на Алексе́евна. Я живу́ в Росси́и, в Москве́, на у́лице Петро́вка. Я по профе́ссии врач. Я говорю́ о́чень хорошо́ по-англи́йски и немно́го по-неме́цки. Я о́чень люблю́ спорт.

Ich habe eine Familie: einen Ehemann, eine Tochter und einen Sohn. Mein Mann ist Ingenieur von Beruf. Er arbeitet in einer Firma. Meine Tochter wohnt in Novgorod. Mein Sohn ist Student, er arbeitet nicht. Er spricht sehr gut Englisch, Deutsch und ein bisschen Französisch. Er mag Autos.

    У меня́ есть семья́: муж, дочь и сын. Мой муж по профе́ссии инжене́р. Он рабо́тает в фи́рме. Моя́ дочь живёт в Но́вгороде. Мой сын - студе́нт, он не рабо́тает. Он говори́т о́чень хорошо́ по-англи́йски, по-неме́цки и немно́го по-францу́зски. Он лю́бит маши́ны.

23. Finden Sie die weichen Konsonanten in den Wörtern:

семья́, роди́те**л**и, ма́ма, па́па, **д**е́душка, ба́бушка, **с**ын, дочь, **д**е́**т**и, **д**я́**д**я, **т**ё**т**я, брат, **с**естра́, муж, друг, подру́га, пле**м**я́нник, пле**м**я́нница, внук, вну́чка

Lösungen
Seiten 80-86

11. Lösen Sie das Rätsel:

		м	а	м	а		
	р	о	д	и	т	е	л	и
т	ё	т	я				
		я					
		с	е	с	т	р	а
	д	е	д	у	ш	к	а
п	л	е	м	я	н	н	и	к
д	о	ч	ь				
д	я	д	я				

13. Hörverstehen. Was wissen Sie über Familienmitglieder von Anna?

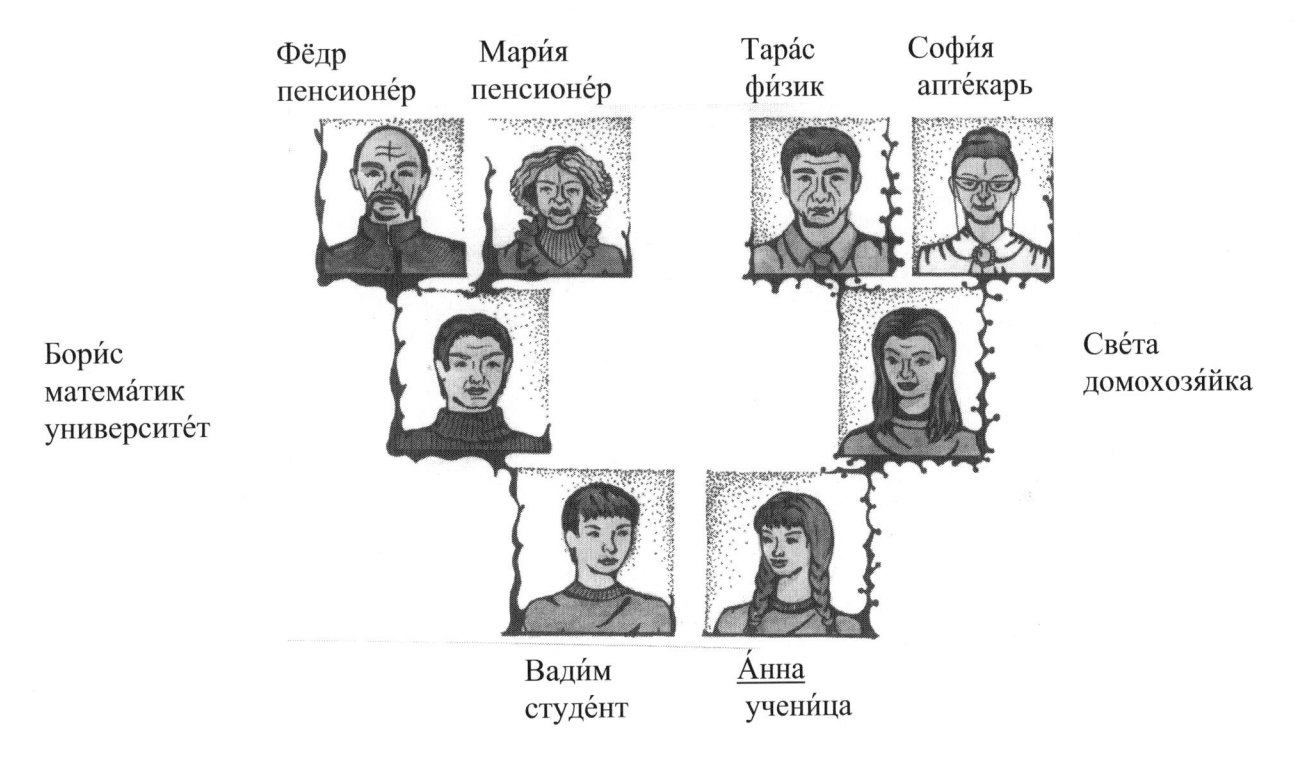

Фёдр — пенсионе́р
Мари́я — пенсионе́р
Тара́с — фи́зик
Софи́я — апте́карь

Бори́с
матема́тик
университе́т

Све́та
домохозя́йка

Вади́м — студе́нт
А́нна — учени́ца

Э́то А́нна, она́ учени́ца. У неё есть семья́: роди́тели и брат. Её брат студе́нт, его́ зову́т Вади́м. Её оте́ц матема́тик, его́ зову́т Бори́с. Бори́с рабо́тает в университе́те. Его́ жена́ Све́та, она́ домохозя́йка. Она́ рабо́тает до́ма. У А́нны есть ба́бушки и де́душки. Оди́н де́душка – фи́зик, его́ зову́т Тара́с. Друго́й де́душка – пенсионе́р, его́ зову́т Фёдр. Одна́ ба́бушка то́же пенсионе́р, её зову́т Мари́я. Друга́я ба́бушка апте́карь по профе́ссии, её зову́т Софи́я.

14. Ergänzen Sie die fehlenden Endungen:
а) жить

1. Вы живёте в Москве́.	5. Де́ти живу́т в Берли́не.
2. Их дочь живёт в Волгогра́де.	6. Я живу́ в Кёльне.
3. Ты живёшь в Ми́нске.	7. Внук живёт в Петербу́рге.
4. Мы живём в Га́мбурге.	

Lösungen

б) рабо́тать

1. Где ты рабо́таешь?	4. Где Вы рабо́таете?
2. Твоя́ тётя рабо́тает в бюро́.	5. Вы рабо́таете в ба́нке?
3. Вы рабо́таете в сало́не?	6. Ва́ша жена́ рабо́тает в апте́ке?

15. Füllen Sie die Tabelle aus!

а)

твой	твоя́	твоё	твои́
па́па, сын, брат, муж, друг, торт, телефо́н, а́дрес, факс, па́спорт, племя́нник, внук, магази́н, вокза́л	семья́, ма́ма, дочь, сестра́, жена́, подру́га, у́лица, ба́бушка	письмо́, и́мя	роди́тели, де́ти

б) Ва́ша, Ваш, Ва́ше, Ва́ши

1. Кто Ваш брат по профе́ссии?
2. Ва́ши де́ти и роди́тели живу́т в Севасто́поле?
3. Э́то Ва́ше кака́о?
4. Ва́ша подру́га перево́дчик, но сейча́с она́ не рабо́тает?
5. Ваш сын лю́бит бокс и́ли футбо́л?
6. Ва́ши роди́тели рабо́тают и́ли пенсионе́ры?

17. Übersetzen Sie:

Ich habe eine Schwester, sie heißt Alina. Sie ist Ärztin von Beruf und arbeitet in der Klinik. Jetzt wohnt sie in Wladiwostok in der Matrosov-Strasse. Sie spricht Deutsch und Englisch. Deutsch spricht sie sehr gut. Englisch spricht Alina nicht gut. Ihr Hobby ist Sport und sie kocht gerne. Sie hat Eltern und eine Schwester. Ihre Eltern sind Rentner und ihre Schwester ist Kauffrau.

У меня́ есть сестра́, её зову́т Али́на. Она́ по профе́ссии врач и рабо́тает в кли́нике. Сейча́с она́ живёт во Владивосто́ке, на у́лице Матро́сова. Она́ говори́т по-неме́цки и по-англи́йски. По-неме́цки она́ говори́т о́чень хорошо́. По-англи́йски Али́на говори́т не о́чень хорошо́. Её хо́бби – спорт, и она́ лю́бит гото́вить. У неё есть роди́тели и сестра́. Её роди́тели пенсионе́ры, а её сестра́ – экономи́ст.

Seiten 87-96

21. Hörverstehen. Was haben Sie über Alexander aus dem Text erfahren?

но́мер до́ма 7
но́мер кварти́ры 2
но́мер маши́ны 34-19

но́мер телефо́на 14960078
но́мер моби́льного телефо́на 9656966554
но́мер фа́кса 7851039

Lösungen

22. Gebrauchen Sie richtig die Wörter im Präpositiv:

Muster: апте́ка; в ....
          в апте́ке

апте́ка	в апте́ке	лаборато́рия	в лаборато́рии
библиоте́ка	в библиоте́ке	бюро́	в бюро́
банк	в ба́нке	о́фис	в о́фисе
поликли́ника	в поликли́нике	сало́н	в сало́не
магази́н	в магази́не	университе́т	в университе́те
фи́рма	в фи́рме	фа́брика	на фа́брике

24. Übersetzen Sie die Verben:

загора́ть – sich sonnen
гото́вить, вари́ть – zubereiten, kochen
смотре́ть телеви́зор – fernsehen
отдыха́ть – ausruhen

чита́ть – lesen
фотографи́ровать – fotografieren
занима́ться спо́ртом – Sport treiben
игра́ть – spielen

27. Erzählen Sie über Timur:

де́душка Алекса́ндр — пенсионе́р
ба́бушка Али́на — пенсионе́р
де́душка Воло́дя — врач
ба́бушка Светла́на — учи́тель

Па́вел — па́па — инжене́р — фа́брика
Мари́на — ма́ма — секрета́рь — фи́рма

Тиму́р
Викто́рия (сестра́) — студе́нтка

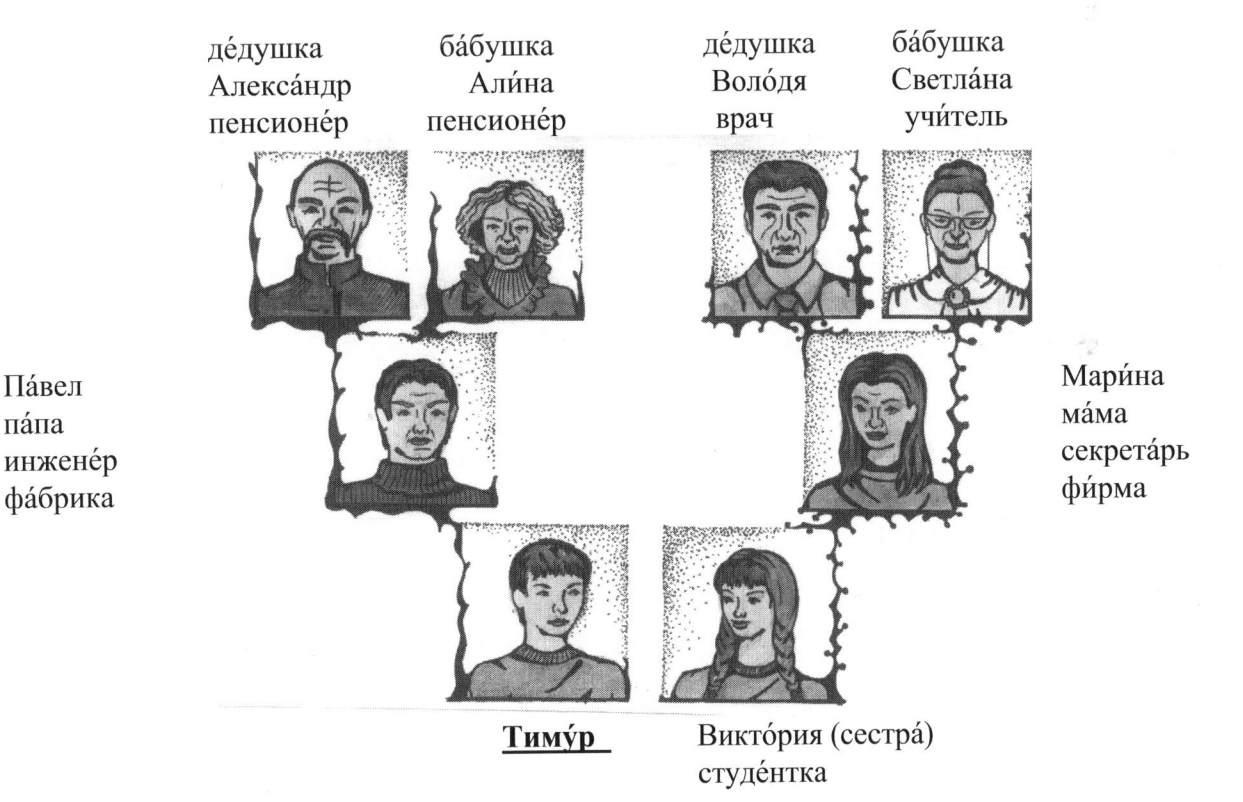

Это Тиму́р. У него́ есть семья́. У него́ есть ба́бушки, де́душки, роди́тели и сестра́. Его́ сестра́ студе́нтка, её зову́т Викто́рия. Его́ роди́тели – Па́вел и Мари́на. Па́вел – инжене́р, рабо́тает на фа́брике. Его́ ма́ма – секрета́рь и рабо́тает в фи́рме. Его́ ба́бушка и де́душка – пенсионе́ры, их зову́т Алекса́ндр и Али́на. Друго́й де́душка врач, его́ зову́т Воло́дя. Друга́я ба́бушка учи́тель, её зову́т Светла́на.

Lösungen

28. Übersetzen Sie schriftlich:

1. Mein Vorname ist Martin. **Моё имя Мáртин.**
2. Mein Name ist Weber. **Моя Фамúлия Вéбер.**
3. Ich habe einen Bruder. Er wohnt in Deutschland in Köln. **У меня есть брат. Он живёт в Гермáнии, в Кёльне.**
4. Das ist meine Freundin Olga. Sie ist Übersetzerin und arbeitet in einer Firma. **Это моя подрýга Óльга. Онá перевóдчик и рабóтает в фúрме.**
5. Das ist Russland. Wohnt Peter in Russland? **Это Россúя. Пётр живёт в Россúи?**
6. Sie hat eine Familie. Er hat eine Familie. **У неё есть семья. У негó есть семья.**
7. Seine Eltern sind Rentner. **Егó родúтели пенсионéры.**
8. Mein Freund spricht sehr gut Russisch, Deutsch und perfekt Englisch. Er ist Übersetzer von Beruf. **Мой друг óчень хорошó говорúт по-рýсски, по-немéцки и прекрáсно по-англúйски. Он перевóдчик.**
9. Magst du Tee, Kaffee oder Kakao? **Ты лю́бишь чай, кóфе úли какáо?**
10. Haben Sie eine Schwester? Wie heißt sie? **У Вас есть сестрá? Как её зовýт?**
11. Haben Sie einen Bruder? Wie heißt er? **У Вас есть брат? Как егó зовýт?**
12. Ich habe ein Telefon. Hast du ein Handy? **У меня есть телефóн. У тебя есть мобúльный телефóн?**
13. Meine Telefonnummer ist 2-69-72. **Мой телефóн 2-69-72.**
14. Wie ist deine Hausnummer? **Какóй у тебя нóмер дóма?**
15. Meine Nichte wohnt in Moskau. Ihre Postleitzahl ist..... **Моя племя́нница живёт в Москвé. Её úндекс....**

29. Übersetzen Sie. Ergänzen Sie die Sätze auf Russisch:

1. Ich wohne im Haus, meine Hausnummer ist…	1. Я живý в дóме. Мой нóмер дóма.....
2. Hast du ein Handy? Welche Handynummer hast du?	2. У тебя есть мобúльный телефóн? Какóй у тебя нóмер мобúльного телефóна?
3. Das ist meine Oma. Ihre Telefonnummer ist …	3. Это моя бáбушка. Её нóмер телефóна ....
4. Ich habe einen „Opel". Das Kennzeichen meines Autos ist…	4. У меня есть «óпель». Нóмер машúны.
5. Mein Bruder wohnt in einer Wohnung, seine Wohnungsnummer ist …	5. Мой брат живёт в квартúре. Егó нóмер квартúры....
6. Wie ist Ihre Paßnummer?	6. Какóй у Вас нóмер пáспорта?
7. Meine Paßnummer ist …	7. Мой нóмер пáспорта ....
8. Die Faxnummer im Büro ist …	8. Нóмер фáкса в бюрó...
9. Wie ist ihre Postleitzahl?	9. Какóй у Вас úндекс?

ТЕСТ

1. Benutzen Sie die Substantive im korrekten Kasus:

1. Мы живём в Россúи.
2. Моя сестрá живёт в Кёльне.
3. Мой брат по профéссии экономúст, он рабóтает в фúрме.
4. Мой родúтели живýт в Гермáнии.
5. Твоя женá рабóтает в бюрó.
6. Ваш муж врач? Он рабóтает в поликлúнике?

Lösungen

2. Konjugieren Sie die Verben:

	жить	говори́ть	люби́ть	рабо́тать
я	живу́	говорю́	люблю́	рабо́таю
ты	живёшь	говори́шь	лю́бишь	рабо́таешь
он, она́, (оно́)	живёт	говори́т	лю́бит	рабо́тает
мы	живём	говори́м	лю́бим	рабо́таем
Вы	живёте	говори́те	лю́бите	рабо́таете
они́	живу́т	говоря́т	лю́бят	рабо́тают

3. Vervollständigen Sie die Sätze mit Possessivpronomina:

ты	он	она́
1. Твой муж лю́бит гото́вить.	1. Его́ дочь не рабо́тает.	1. Её ба́бушка не рабо́тает.
2. Твой внук учени́к.	2. Его́ сын лю́бит танцева́ть.	2. Её де́душка врач.
3. Твоя́ вну́чка студе́нтка.	3. Его́ де́ти живу́т в Бо́нне.	3. Её де́ти лю́бят отдыха́ть.
4. Твои́ роди́тели пенсионе́ры.	4. Это не его́ ра́дио.	4. Её племя́нник спортсме́н.
5. Это твоё кака́о.	5. Его́ шеф в бюро́.	5. Это её бюро́.

Вы	они́	я
1. Кто Ва́ша подру́га по профе́ссии?	1. Их дом в Берли́не.	1. Моя́ сестра́ перево́дчик.
2. Ваш друг лю́бит танцева́ть?	2. Их кварти́ра в Мю́нхене.	2. Мой брат говори́т о́чень хорошо́ по-испа́нски.
3. Это Ва́ши ро́зы?	3. Их де́ти лю́бят шокола́д.	3. Мой дя́дя пило́т.
4. Это Ва́ше бюро́?	4. Это их ра́дио.	4. Моя́ тётя на рабо́те.
5. Ва́ша ма́ма учи́тель?	5. Их па́па говори́т по-неме́цки?	5. Это не мои́ де́ти.

4. Benutzen Sie korrekt die Personalpronomina:

Im Genitiv:	Im Akkusativ:
1. У меня́ есть семья́.	1. Меня́ зову́т А́нна.
2. У Вас есть де́ти?	2. Как тебя́ зову́т?
3. У него́ есть фотоаппара́т?	3. Как Вас зову́т?
4. У неё есть сестра́?	4. У меня́ есть сестра́. Её зову́т Э́рика.
5. У Вас есть вну́ки?	5. У меня́ есть муж. Его́ зову́т Кла́ус.
6. У тебя́ есть подру́га?	6. Их зову́т Ле́на и Па́вел.
7. У них есть ба́бушка и де́душка.	7. Вас зову́т господи́н Мю́ллер?
8. У нас есть маши́на.	8. Нас зову́т Све́та и Али́на.
9. У тебя́ есть чай?	9. Как её зову́т?

Lösungen
Kapitel III («моя́ кварти́ра»)

Seiten 101-112

18. Hörverstehen. Beantworten Sie die Fragen zum Text (S.107):

У меня́ есть кварти́ра. Я живу́ на у́лице Достое́вского, 10. Моя́ кварти́ра ма́ленькая, но ую́тная. В кварти́ре есть гости́ная, спа́льня, туале́т, ва́нная и коридо́р. В до́ме есть балко́н, там стои́т стол, сту́лья и цветы́. В гости́ной стои́т стол, дива́н, 2 кре́сла и телеви́зор. Телеви́зор стои́т в углу́, а на полу́ лежит ковёр. В гости́ной в шкафу́ стоя́т кни́ги, газе́ты и журна́лы. В спа́льне стои́т крова́ть, а на окне́ вися́т што́ры. На ку́хне то́же есть стол, сту́лья, шкаф, холоди́льник и плита́. В коридо́ре стои́т телефо́н. А где у Вас стои́т телефо́н в кварти́ре?

20. Übersetzen Sie die Wörter:

Wohnzimmer: Fernseher, Stuhl, Schrank, Sofa, Sessel
    Гости́ная/зал: телеви́зор, стул, шкаф, дива́н, кре́сло
Schlafzimmer: Bett, Lampe, Federbett, Kissen
    Спа́льня: крова́ть, ла́мпа, одея́ло, поду́шка
Flur: Kleidung, Mantel, Mütze, Jacke
    Коридо́р: оде́жда, пальто́, ша́пка, ку́ртка
Bad: Badewanne, Spiegel
    Ва́нная: ва́нна, зе́ркало
Kinderzimmer: Puppe, Spielzeug, Regal, Uhr
    Де́тская: ку́кла, игру́шка, по́лка, часы́
Küche: Kühlschrank, Herd, Topf
    Ку́хня: холоди́льник, плита́, кастрю́ля

21. Finden Sie die richtigen Endungen:

1. В мое́й кварти́ре есть спа́льня, зал, де́тская, коридо́р, балко́н и зал.
2. В ку́хне стоя́т шкаф, стол, сту́лья, холоди́льник, плита́ и шкафы́.
3. Что стои́т у тебя́ в спа́льне?
4. На крова́ти лежи́т одея́ло.
5. В ва́зе стоя́т цветы́.
6. Игру́шки и ку́кла лежа́т в де́тской.
7. В шкафу́ лежа́т кни́ги, журна́лы.
8. Что лежи́т на по́лке?
9. На ку́хне на полу́ стоя́т сту́лья, стол, шкафы́, холоди́льник и плита́.
10. На плите́ стои́т кастрю́ля.
11. На полу́ стои́т крова́ть.

22. Beschreiben Sie das Bild:

Здесь есть мебель: стол, стул, ту́мбочка, плита́, маши́на, крова́ть, шкаф, шифонье́р, стира́льная маши́на. На столе́ лежи́т соба́ка. Оди́н стул стои́т на земле́, друго́й стул стои́т на крова́ти. Цвето́к стои́т на стира́льной маши́не. В маши́не стоя́т телеви́зор, ла́мпа и комо́д.

23. Ergänzen Sie die Sätze. Finden Sie dabei das richtige Possessivpronomen:

1. Его́ комо́д стои́т в коридо́ре (он).
2. Её холоди́льник стои́т в ку́хне, на полу́ (она́).
3. Мой ковёр лежи́т в за́ле, на полу́ (я).
4. Мой шкаф стои́т у меня́ в спа́льне (я).
5. На балко́не стои́т на́ше кре́сло (мы).
6. Их крова́ть стои́т в спа́льне (они́).
7. В ку́хне стои́т твоя́ плита́ (ты)?
8. Ва́ши поду́шки лежа́т на дива́не (Вы)?
9. В её ва́зе стоя́т его́ ро́зы (она́; он).
10. На по́лке лежа́т их кни́ги (они́).
11. Твоя́ кни́га лежи́т на столе́ (ты).
12. На́ша маши́на стои́т в гараже́ (мы).

24. Übersetzen Sie die Fragen:

1. Hast du eine Wohnung? – **У тебя́ есть кварти́ра?**
2. Was steht bei ihr in der Küche? – **Что стои́т у неё в ку́хне?**
3. Was steht bei ihm im Wohnzimmer? – **Что стои́т у него́ в за́ле/ в гости́ной?**
4. Wie ist Ihre Telefonnummer? – **Како́й у Вас но́мер телефо́на?**
5. Welche Zimmer gibt es bei uns in der Wohnung? – **Каки́е ко́мнаты есть у нас в кварти́ре?**
6. Welches Spielzeug gibt es im Kinderzimmer? – **Кака́я игру́шка есть в де́тской?**

Lösungen
Kapitel IV («прия́тного аппети́та»)

Seiten 120-129

26. Hörverstehen. Was haben Sie über Anna aus dem Text erfahren? (S. 126)

А́нна живёт в Ганно́вере на у́лице Бетхо́венштрассе 2. Она́ учи́тель по профе́ссии. У неё есть семья́, муж, сын и дочь. Её роди́тели пенсионе́ры и живу́т в Берли́не. А́нна рабо́тает в шко́ле, а её муж – в ба́нке. Он экономи́ст. У А́нны есть брат и сестра́. Они́ то́же живу́т в Берли́не как и её роди́тели. Её сын и дочь хо́дят в шко́лу, они́ ещё ма́ленькие.

27. Vervollständigen Sie die Sätze mit den Verben «есть», «пить»:

«есть»
1. Я ем хлеб с сы́ром. 2. Что ты обы́чно ешь на за́втрак? 3. До́ма мы еди́м на за́втрак всегда́ бу́лочки с ма́слом, с сы́ром, с джéмом или колбасо́й. 4. Мой па́па всегда́ ест йо́гурт. 5. Что Вы еди́те на за́втрак? 6. Мои́ роди́тели едя́т ка́ждый день на за́втрак фру́кты, а Вы?

«пить»
1. Что ты пьёшь на за́втрак? 2. Я пью на за́втрак обы́чно ко́фе. 3. Я пью ко́фе с молоко́м, а мой брат пьёт ко́фе и с молоко́м, и с са́харом. 4. Де́ти пьют молоко́. 5. Что Вы пьёте на за́втрак: чай, ко́фе, кака́о, молоко́, сок или во́ду?

29. Bilden Sie die Sätze:

Muster: Я пью ко́фе с / молоко́, са́хар
  Я пью ко́фе с молоко́м и с са́харом.

1. Я пью ко́фе с молоко́м и с са́харом.
2. Я пью чай с молоко́м, сахаро́м и́ли с лимо́ном.
3. Я люблю́ есть тост с колбасо́й, сы́ром, ма́слом и́ли с варе́ньем.
4. Я люблю́ есть круасса́н с сы́ром, ма́слом, мёдом, джéмом и́ли нуте́ллой.
5. Я люблю́ есть спаге́тти с сы́ром, ке́тчупом и́ли со́усом.
6. Я пью во́ду с со́ком, вино́м и́ли с га́зом.
7. Я люблю́ торт с кре́мом, варе́ньем и́ли шокола́дом.

30. Vervollständigen Sie die Sätze nach diesem Muster:
Muster: Я ем на за́втрак .... (яи́чница, ка́ша)
  Я ем на за́втрак яи́чницу и́ли ка́шу

1. Я ем на за́втрак яи́чницу и́ли ка́шу.
2. На́ши де́ти едя́т на за́втрак йо́гурт и мю́сли с молоко́м.
3. Мой оте́ц ест обы́чно на за́втрак яйцо́ и бутербро́ды.
4. Ты ешь на за́втрак фру́кты.
5. Я пью у́тром обы́чно ко́фе и́ли чай.
6. Мои́ роди́тели пьют всегда́ на за́втрак сок и́ли во́ду.
7. Их дочь и сын лю́бят пить на за́втрак кака́о.
8. Мой друг не лю́бит пить во́дку.
9. Мои́ де́ти не лю́бят пить молоко́.

Lösungen

31. Übersetzen Sie die Wörter:

1 der Kaffee – **ко́фе**
2 der Saft – **сок**
3 die Wurst – **колбаса́**
4 der Schinken – **ветчина́**
5 der Käse – **сыр**
6 der Joghurt – **йо́гурт**
7 das Ei – **яйцо́**
8 der Tee – **чай**

9 das Brötchen – **бу́лочка**
10 der Honig – **мёд**
11 das Brot – **хлеб**
12 die Milch – **молоко́**
13 die Marmelade – **джем**
14 die Butter – **ма́сло**
15. der Zucker – **са́хар**
16. das Wasser – **вода́**

32. Übersetzen Sie:

Ich frühstücke gewöhnlich zu Hause. Ich esse gerne Spiegelei oder Brei, aber oft esse ich

Я за́втракаю обы́чно до́ма. Я люблю́ есть яи́чницу и́ли ка́шу. Я ча́сто ем

Joghurt. Ich esse zum Frühstück Brot mit Wurst und Käse oder Croissant mit Butter, Nutella,

йо́гурт. Я ем на за́втрак хлеб с колбасо́й и с сы́ром и́ли круасса́н с ма́слом, нутелллой,

Honig oder Konfitüre. Ich trinke zum Frühstück Tee oder Kaffee. Ich trinke Kaffee immer mit

мёдом и́ли варе́ньем. Я пью на за́втрак чай и́ли ко́фе. Я пью всегда́ ко́фе с молоко́м

Milch und Tee mit Milch oder Zitrone. Manchmal trinke ich zum Frühstück Saft.

и́ли чай с молоко́м, и́ли с лимо́ном. Иногда́ я пью на за́втрак сок.

Seiten 130- 138

21. Hörverstehen. Was haben Sie aus dem Text erfahren? (S.135)

Я за́втракаю и обе́даю сего́дня до́ма. На за́втрак я ем бу́лочки с ма́слом и джемом и де́лаю яи́чницу. На столе́ стои́т мёд, сыр, ветчина́ и йо́гурт. На за́втрак я пью ко́фе с са́харом и молоко́м. На обе́д я ем сего́дня рис и котле́ты, и обяза́тельно сала́т. В обе́д я пью чай с лимо́ном.

22. Benutzen Sie die Substantive im korrekten Kasus:

а)
Muster: Вы еди́те .... (ку́рица, ры́ба, мя́со)?
　　　　 Вы еди́те ку́рицу, ры́бу и́ли мя́со?

1. Вы еди́те ку́рицу, ры́бу и́ли мя́со?
2. Ты ешь пи́ццу на обе́д?
3. Моя́ подру́га ча́сто на за́втрак ест яи́чницу, а на обе́д обы́чно ест рис с овоща́ми и сала́т.
4. Я не люблю́ суп и никогда́ не ем суп.
5. Мои́ де́ти никогда́ не едя́т ка́шу, но о́чень лю́бят есть лапшу́ и спаге́тти.
6. Мы пьём на обе́д во́ду и сок.
7. Вы пьёте вино́ и́ли во́дку.
8. Марк не ест ры́бу.
9. Мой племя́нник пьёт ко́ка-ко́лу и́ли фа́нту.

б)
1. Вы еди́те лапшу́ с со́усом, ке́тчупом и́ли с сы́ром.

Lösungen

2. Яи́чницу я люблю́ есть с майоне́зом.
3. Мой па́па пьёт сок и вино́ обы́чно с водо́й.
4. Я пью ко́фе с молоко́м и с са́харом.
5. Котле́ты с карто́фелем и с со́усом о́чень вку́сные.
6. Я ем ку́рицу не с карто́фелем, а с ри́сом.
7. Мои́ роди́тели едя́т на обе́д лапшу́ с мя́сом и со́усом.
8. Мой брат ест ры́бу с карто́фелем и́ли с со́усом.

24. Füllen Sie die Tabelle aus:

N wer? was?	фа́нта (f)	ку́рица (f)	со́ус (m)	кокте́йль (m)	вино́ (n)
G					
D					
A wen? was?	фа́нту	ку́рицу	со́ус	кокте́йль	вино́
I mit wem? womit?	фа́нтой	ку́рицей	со́усом	кокте́йлем	вино́м
P über wen? worüber? *	о фа́нте	о ку́рице	о со́усе	о кокте́йле	о вине́

25. Finden Sie die weichen Konsonanten in den Wörtern:

о<u>б</u>е́д, <u>мя</u>́со, карто́фе<u>ль</u>, спа<u>ге</u>́тти, <u>р</u>ис, <u>тё</u><u>т</u>я, Ка́<u>тя</u>, <u>Г</u>ерма́<u>ни</u>я, Ко́<u>ля</u>, <u>дя</u>дя

26. Sortieren Sie die Substantive:

Instrumental

Maskulinum, Neutrum

–ом	–ем	–ём
хлеб, сыр, ма́сло, бутербро́д, сок, мёд, са́хар, джем, молоко́, брат, мя́со, рис, суп, гриб, борщ, сын, яйцо́, йо́гурт	чай, варе́нье, карто́фель, муж, това́рищ, Серге́й	ру́бль

ко́фе (не склоня́ется)

Femininum:

–ой	–ей	–ью
бу́лочка, колбаса́, ветчина́, вода́, ры́ба, лапша́, капу́ста, котле́та, ма́ма, во́дка. па́па (m)	яи́чница, ка́ша, ку́рица, тётя, племя́нница, Ка́тя, Герма́ния. дя́дя (m) Ко́ля (m)	дочь, ночь

Lösungen
Seiten 139 - 148

12. Hörverstehen. Hören Sie den Text und übersetzen Sie jeden Satz. Was ist richtig und was ist falsch (S. 143):

1) У́тром я за́втракаю до́ма.
   Я ем на за́втрак бу́лочки с ма́слом, колбасо́й и́ли ветчино́й.
   Я пью на за́втрак ко́фе с молоко́м и са́харом.
   На за́втрак я варю́ иногда́ ка́шу и иду́ на рабо́ту.

2) Днём я обе́даю на рабо́те.
   На обе́д я пью чай и сок.
   На обе́д я ем суп и де́лаю сала́т.
   До обе́да я рабо́таю.
   По́сле обе́да я отдыха́ю.

3) Ве́чером я у́жинаю.
   Обы́чно я варю́ сам у́жин.
   Ве́чером я отдыха́ю, чита́ю кни́гу и́ли иду́ в кино́.

	richtig ве́рно	falsch неве́рно
1. Я за́втракаю на рабо́те.		+
2. На за́втрак я ем бу́лочки с джéмом.		+
3. Я варю́ ка́шу на за́втрак.	+	
4. Я пью ко́фе с молоко́м.	+	
5. На обе́д я ем рис и сала́т.		+
6. Иногда́ я пью чай с молоко́м.		+
7. До обе́да я в магази́не.		+
8. По́сле обе́да я отдыха́ю.	+	
9. Ве́чером я у́жинаю в рестора́не.		+
10. Ве́чером я иду́ в кино́ и́ли чита́ю кни́гу.	+	

13. Vervollständigen Sie die Sätze:

Muster: Где Вы за́втра ....? (за́втракать)
Где Вы за́втра за́втракаете?

1. Где Вы за́втра за́втракаете?
2. Моя́ сестра́ обе́дает на рабо́те.
3. На́ша семья́ у́жинает в рестора́не.
4. Мои́ роди́тели за́втракают на терра́се.
5. Что Вы еди́те на за́втрак?
6. На обе́д мой друг пьёт сок и́ли во́ду.
7. Ве́чером мы ча́сто пьём пи́во и́ли вино́.
8. Ве́чером я не у́жинаю.
9. Вы обе́даете на рабо́те?
10. Где мы сего́дня за́втракаем?

14. Bilden Sie die Sätze mit den Tageszeiten:

1. У́тром я иду́ на рабо́ту.
2. Днём моя́ ба́бушка смо́трит телеви́зор.
3. Но́чью мои́ роди́тели отдыха́ют.
4. Ве́чером де́ти иду́т в кино́.
5. До обе́да ма́ма ва́рит обе́д.

днём
ве́чером
но́чью
у́тром
до обе́да

Lösungen

6. В обе́д мы рабо́таем.
7. Моя́ подру́га чита́ет газе́ты по́сле обе́да.

> в обе́д
> по́сле обе́да

16. Bestimmen Sie das Geschlecht:

Femininum	Maskulinum	Neutrum	Plural
лапша́, ры́ба, вода́, ко́ка-ко́ла, пи́цца, фа́нта, котле́та, ка́ша, яи́чница, ку́рица	сала́т, карто́фель, суп, рис, ко́фе, чай, сок, кокте́йль, лимона́д ке́тчуп, со́ус, майоне́з, торт, омле́т, бутербро́д, хлеб, круасса́н, гриб, борщ	мя́со, вино́, пи́во, шампа́нское, яйцо́	о́вощи, помидо́ры, спаге́тти, фру́кты, мю́сли, грибы́

17. Benutzen Sie den Präpositiv:

Muster: Мой брат живёт сейча́с в...... (Москва́)
Мой брат живёт сейча́с в Москве́.

1. Мой брат живёт сейча́с в Москве́.
2. Твоя́ подру́га О́ля рабо́тает в фи́рме.
3. Мы сего́дня у́жинаем в рестора́не.
4. На столе́ стоя́т ко́фе, молоко́, бу́лочки и колбаса́.
5. Мы за́втракаем на ку́хне.
6. Моя́ ма́ма сейча́с в Росси́и.
7. – Где сыр? – Он в холоди́льнике.
8. Ба́бушка смо́трит телеви́зор в ко́мнате.
9. В спа́льне стоя́т крова́ть, шкаф, кре́сло и оди́н стул.
10. Ле́на сейча́с отдыха́ет в Герма́нии.
11. В со́ке о́чень мно́го витами́нов.
12. В кни́ге есть о́чень интере́сный текст.

19. Übersetzen Sie die Sätze. Achten Sie auf Substantive im Präpositiv:

1. Wir frühstücken oft im Wohnzimmer. Und deine Familie? – **Мы ча́сто за́втракаем в гости́ной (в за́ле). А твоя́ семья́?**
2. Ich mag auf dem Balkon frühstücken, zu Mittag essen und zu Abend essen. Und wo magst du essen? – **Я люблю́ за́втракать, обе́дать и у́жинать на балко́не. А где ты лю́бишь есть?**
3. Heute Abend esse ich mit einer Freundin im Restaurant. – **Сего́дня я у́жинаю с подру́гой в рестора́не.**
4. Wo ist die Mutter? – Sie ist in der Küche. – **Где ма́ма? – Она́ на ку́хне.**
5. Mein Vater isst meistens auf der Arbeit zu Mittag. Und wo isst dein Vater zu Mittag? – **Мой па́па в основно́м обе́дает на рабо́те. А где обе́дает твой па́па?**
6. Sind deine Eltern zu Hause? – **Твои́ роди́тели до́ма?**
7. Was steht im Korridor? – **Что стои́т в коридо́ре?**

20. Übersetzen Sie:

1. Ich esse zum Frühstück Brot mit Käse. – **Я ем на за́втрак хлеб с сы́ром?**
2. Was isst du zum Frühstück? – **Что ты ешь на за́втрак?**
3. Meine Schwester isst zum Frühstück Spiegelei, ein Brötchen mit Butter oder Marmelade. – **Моя́ сестра́ ест на за́втрак яи́чницу, бу́лочку с ма́слом и джéмом.**
4. Was essen Sie zum Frühstück? – **Что Вы еди́те на за́втрак?**

Lösungen

5. Ich trinke zum Frühstück meistens Kaffee und du? – **Я пью в основно́м на за́втрак ко́фе, а ты?**
6. Mein Bruder trinkt zum Frühstück nur Saft oder Tee. – **Мой брат пьёт то́лько сок и́ли чай на за́втрак.**
7. Trinkst du Kaffee mit Milch oder Zucker. – **Ты пьёшь ко́фе с молоко́м и́ли с са́харом?**
8. Ich frühstücke nicht. – **Я не за́втракаю.**
9. Ich esse nicht zum Frühstück. Ich trinke nur Kakao. – **Я ничего́ не ем на за́втрак. Я то́лько пью кака́о.**
10. Ich esse keine Wurst. – **Я не ем колбасу́.**
11. Ich koche und esse keinen Brei, und du? – **Я не варю́ и не ем ка́шу, а ты?**
12. Was trinken Sie zum Frühstück? – **Что Вы пьёте на за́втрак?**

21. Beschreiben Sie das Bild. Achten Sie auf den Gebrauch der Präpositionen в, на:

1. Кни́ги стоя́т на по́лке.
2. Часы́ стоя́т то́же на по́лке.
3. Ми́шка лежи́т на крова́ти.
4. Ла́мпа стои́т на столе́.
5. Мяч лежи́т на полу́.

1. Цвето́к стои́т в ва́зе.
2. Ва́за стои́т на комо́де.
3. Поду́шки лежа́т на крова́ти.
4. Буди́льник стои́т на ту́мбочке.
5. Карти́на виси́т на стене́.

22. Füllen Sie die Tabellen aus:

Femininum

N	вода́	бу́лочка	пи́цца	ку́хня	Герма́ния	крова́ть
G						
D						
Akk	во́ду	бу́лочку	пи́ццу	ку́хню	Герма́нию	крова́ть
I	водо́й	бу́лочкой	пи́ццей	ку́хней	Герма́нией	крова́тью
P	о воде́	о бу́лочке	о пи́цце	о ку́хне	о Герма́нии	о крова́ти

Maskulinum

N	хлеб	со́ус	па́па	карто́фель	Берли́н
G					
D					
Akk	хлеб	со́ус	па́пу	карто́фель	Берли́н
I	хле́бом	со́усом	па́пой	карто́фелем	Берли́ном
P	о хле́бе	о со́усе	о па́пе	о карто́феле	о Берли́не

Lösungen

Neutrum

N	ма́сло	пи́во	яйцо́	варе́нье
G				
D				
Akk	ма́сло	пи́во	яйцо́	варе́нье
I	ма́слом	пи́вом	яйцо́м	варе́ньем
P	о ма́сле	о пи́ве	о яйце́	о варе́нье

23. Hörverstehen. Übersetzen Sie den Text, schreiben sie die Übersetzung auf (S.148):

1. У́тром я за́втракаю и иду́ на рабо́ту. У́тром я люблю́ пить ко́фе.
2. До обе́да я рабо́таю и́ли иногда́ я гото́влю обе́д.
3. **В обе́д** я обе́даю и чита́ю газе́ты.
4. **По́сле обе́да** я отдыха́ю и́ли рабо́таю на компью́тере.
5. Ве́чером я у́жинаю, хожу́ в кино́, кафе́ и́ли рестора́н, иногда́ я смотрю́ ве́чером телеви́зор.

1. Morgens frühstücke ich und gehe zur Arbeit. Morgens mag ich Kaffee trinken.
2. Vormittags arbeite ich oder manchmal bereite ich das Mittagessen vor.
3. In der **Mittagszeit** esse ich zu Mittag und lese die Zeitungen.
4. **Nachmittags** ruhe ich mich aus oder arbeite am Computer.
5. Am Abend esse ich zu Abend, gehe ins Kino, Cafe oder Restaurant. Manchmal schaue ich am Abend fern.

ТЕСТ

1. Vervollständigen Sie die Sätze mit den vorgegebenen Verben:

1. Я ем на за́втрак мю́сли с молоко́м и пью ко́фе и апельси́новый сок. А что ты ешь и пьёшь на за́втрак?
2. Мой брат ест на обе́д всегда́ сала́т, карто́фель и ры́бу и пьёт во́ду и́ли сок.
3. Что Вы пьёте и еди́те на у́жин?
4. Де́ти едя́т на за́втрак бу́лочки с ма́слом и мёдом. Они́ не пьют молоко́.
5. Мы до́ма всегда́ еди́м на у́жин суп и́ли пи́ццу и пьём чай и́ли кака́о, а вы?

2. Benutzen Sie die Substantive im richtigen Kasus:

1. Я ем хлеб с ма́слом, колбасо́й, сы́ром и́ли варе́ньем.
2. Ты лю́бишь есть суп, колбасу́ и ка́шу?
3. Вы лю́бите во́дку? Нет, я не люблю́ во́дку!
4. Я живу́ в Берли́не.
5. Мой друг де́лает яи́чницу.
6. Мы пьём чай и еди́м торт.

4. Füllen Sie die Tabelle aus:

N	хлеб	сыр	Берли́н	бу́лочка	ма́сло
G					
D					
Akk	хлеб	сыр	Берли́н	бу́лочку	ма́сло
I	хле́бом	сы́ром	Берли́ном	бу́лочкой	ма́слом
P	о хле́бе	о сы́ре	о Берли́не	о бу́лочке	о ма́сле

Lösungen

Kapitel 5 («мой о́тпуск»)

Seiten 152-162

20. Hörverstehen. Beantworten Sie die Fragen zum Text (S.156):

Та́ня и Ва́ня – брат и сестра́. Они́ ма́ленькие и хо́дят в шко́лу. Сейча́с ле́то, и де́ти на кани́кулах. Та́ня и Ва́ня о́чень лю́бят кани́кулы. На кани́кулах они́ не хо́дят в шко́лу, не де́лают дома́шнее зада́ние. Сейча́с они́ у ба́бушки. Ба́бушка гото́вит за́втрак, обе́д и у́жин. На за́втрак она́ ва́рит им ка́шу. На обе́д де́ти едя́т борщ и́ли котле́ты. Ве́чером они́ ча́сто пьют молоко́. Ба́бушка живёт в дере́вне, там есть река́. Та́ня и Ва́ня купа́ются в реке́, ныря́ют и загора́ют. У них есть велосипе́ды, и они́ ката́ются це́лый день на велосипе́де. Та́ня игра́ет с де́вочками, а Ва́ня игра́ет с ма́льчиками.

23. Finden Sie die korrekte Antwort:

зимо́й весно́й о́сенью ле́том

1. Зимо́й я люблю́ ката́ться на лы́жах.
2. Ле́том мо́жно купа́ться в мо́ре и́ли загора́ть.
3. Я люблю́ о́тпуск ле́том (зимо́й, весно́й, о́сенью).
4. Ле́том (весно́й, о́сенью) мо́жно ката́ться на велосипе́де.
5. Твой сле́дующий о́тпуск ле́том (зимо́й, весно́й, о́сенью)?
6. О́сенью, в сентябре́, мой муж идёт в о́тпуск.
7. Де́ти лю́бят кани́кулы и ле́том, и зимо́й, и весно́й, и о́сенью.
8. Я не люблю́ купа́ться зимо́й.

24. Übersetzen Sie die Sätze:
1. Ich gehe im Winter in den Urlaub. – **Я иду́ в о́тпуск зимо́й.**
2. Wann gehst du in den Urlaub? – **Когда́ ты идёшь в о́тпуск.**
3. Im Urlaub mag ich lesen und faulenzen. – **В о́тпуске я люблю́ чита́ть и безде́льничать.**
4. Ich habe bald Ferien. – **У меня́ ско́ро кани́кулы.**
5. In den Ferien mögen die Kinder schwimmen, sich sonnen und spielen. – **Де́ти лю́бят на кани́кулах купа́ться, загора́ть и игра́ть.**

25. Vervollständigen Sie die Sätze mit dem Verb «хоте́ть»:
хоте́ть
1. Я хочу́ занима́ться спо́ртом.
2. Что ты хо́чешь де́лать ле́том?
3. Мой брат не хо́чет рабо́тать в ба́нке.
4. Где ты хо́чешь рабо́тать ле́том?
5. Моя́ племя́нница хо́чет рабо́тать на кани́кулах в библиоте́ке.
6. Что вы хоти́те гото́вить сего́дня ве́чером?
7. Мы хоти́м купа́ться в мо́ре.
8. Мой ба́бушка и де́душка бо́льше не хотя́т рабо́тать, они́ на пе́нсии.

идти́
1. Куда́ ты идёшь сего́дня ве́чером?
2. Сейча́с я иду́ в магази́н. А куда́ ты идёшь?
3. Моя́ сестра́ идёт сейча́с в кино́.
4. За́втра мой муж идёт в о́тпуск.

Lösungen

5. Вы идёте на работу?
6. Мы идём в школу.

ходить
1. Я хожу каждый день на работу.
2. Ты ходишь на тренировки.
3. Мои дети не ходят в школу, они ещё маленькие.
4. Вы ходите на дискотеки?
5. Моя подруга ходит в библиотеку, она любит читать.
6. Мы не ходим каждый день в ресторан или кафе.

26. Vewenden Sie korrekt die Verben «ходить» und «идти»:

диалог 1
- Лёна, куда ты сейчас идёшь?
- Я иду в библиотеку.
- Ты часто ходишь в библиотеку?
- Обычно я хожу в библиотеку раз в неделю.

диалог 2
- Здравствуй, Света!
- Добрый день, Вера!
- Куда ты идёшь?
- Я иду в ресторан.
- Ты всегда ходишь в ресторан вечером?
- Да, очень часто, но иногда я хожу туда днём. А куда ты сейчас идёшь?
- Я иду домой.

27. Vervollständigen Sie die Sätze:

идти, ходить

1. Я иду на работу.
2. Куда ты идёшь?
3. Мой брат идёт в воскресенье в поход.
4. Студенты идут в университет.
5. Ты любишь ходить в поход?
6. В воскресенье я всегда хожу на дискотеку.
7. Ты ходишь в кино?
8. Твоя подруга часто ходит в гости?
9. Моя бабушка каждый день ходит в магазин.
10. Я не иду сегодня в банк.

30. Hörverstehen. Übersetzen Sie den Text und schreiben Sie die Übersetzung auf:

С: - Привет, Таня!
Т: - Привет, Саша! Куда ты идёшь?
С: - Я иду в магазин, а куда ты идёшь?
Т: - Я иду в спортзал, я хочу заниматься спортом, я очень люблю заниматься спортом. Сейчас у меня каникулы, а у тебя?
С: - У меня отпуск зимой. Зимой моя жена тоже идёт в отпуск. Счастливо, Таня!
Т: - Пока, Саша!

S: - Hallo, Tanja!
T: - Hallo, Sascha! Wohin gehst du?
S: - Ich gehe ins Geschäft und wohin gehst du?
T: - Ich gehe ins Fitnesstudio (in den Sportsaal), ich möchte Sport treiben. Jetzt habe ich Ferien und du?
S: - Ich habe im Winter Urlaub. Im Winter geht meine Frau auch in den Urlaub. Mach's gut, Tanja!
T: - Tschüss, Sascha!

Lösungen
Seiten 163 - 178

27. Konjugieren Sie die Verben:

Die Konjugation der Verben aus dieser Übung finden Sie auf den Seiten 199-200.

28. Verwenden Sie die Verben korrekt:

1. В свободное время мы плаваем. 2. Дети плавают и загорают на каникулах. 3. Вы хотите нырять. 4. Девушки путешествуют с друзьями. 5. Зимой я не плаваю, не ныряю и не загораю. 6. Лена всегда путешествует в отпуске. 7. Вечером я всегда бездельничаю, а ты? 8. В отпуске наша семья всегда путешествует. 9. Девушки плавают в море, а парни плавают в реке, а где плаваете Вы? 10. Дедушка дома, он бездельничает. 11. Вы загораете на пляже или на крыше? 12. Ты путешествуешь летом, зимой, весной или осенью? 13. Твои родители ходят в кино? 14. Ты ходишь на дискотеки? 15. Твоя сестра ходит в кино? 16. Что ты делаешь сегодня вечером? 17. Я загораю летом, а ты? 18. Мальчик плавает, ныряет и загорает, потому что лето и очень тепло.

30. Übersetzen Sie:

1. der Winter – im Winter / зима – зимой
2. der Frühling –im Frühling/ весна – весной
3. der Sommer – im Sommer/ лето – летом
4. der Herbst – im Herbst/ осень – осенью
5. Ich gehe im Winter in Urlaub./ **Я иду в отпуск зимой.**
6. Wann gehst du in Urlaub?/ **Когда ты идёшь в отпуск**
7. Meine Schwester geht im Sommer in Urlaub./ **Моя сестра идёт в отпуск летом.**
8. Mein Vater geht im Sommer nicht in Urlaub./ **Мой папа не идёт в отпуск летом.**
9. Die Kinder gehen im Herbst oder im Frühling in die Ferien./ **Дети идут осенью или весной на каникулы.**

31. Übersetzen Sie die Fragen und beantworten Sie diese:

1. **Ты хочешь плавать?**/ Willst du schwimmern?
2. **У тебя есть велосипед? Ты любишь кататься на велосипеде?**/ Hast du ein Fahrrad? Magst du Fahrrad fahren?
3. **Ты хочешь сегодня идти на дискотеку?**/ Willst du heute in die Disko gehen?
4. **Твоя подруга любит ходить в кино или ходить в поход?**/ Mag deine Freundin ins Kino gehen oder wandern?
5. **Что ты любишь делать летом?**/ Was magst du im Sommer machen?
6. **Что ты любишь делать зимой?**/ Was magst du im Winter machen?
7. **Когда Вы идёте в отпуск?**/ Wann gehen Sie in den Urlaub?
8. **Когда ты обычно занимаешься спортом? Утром, днём или вечером?**/ Wann treibst du gewöhnlich Sport? Morgens, abends oder tagsüber?
9. **Ты часто бездельничаешь?**/ Faulenzt du oft?
10. **Ты хочешь путешествовать?**/ Willst du reisen?

33. Benutzen Sie die Personalpronomina:

1. Я фотографирую его и её.
2. Александр рисует Вас.
3. Ты рисуешь меня?
4. Я люблю тебя.
5. Ты рисуешь нас?
6. Мы фотографируем их.

Lösungen

34. Bilden Sie die Sätze:

Muster: Студе́нты/ волейбо́л
Студе́нты игра́ют в волейбо́л

игра́ть

1. Студе́нты игра́ют в волейбо́л.
2. Племя́нница игра́ет в те́ннис.
3. Ма́льчик игра́ет в футбо́л.
4. Де́вочка игра́ет в бадминто́н.
5. Де́ти игра́ют в хокке́й.

фотографи́ровать

1. Я фотографи́рую тебя́.
2. Муж фотографи́рует жену́.
3. Све́та фотографи́рует дру́га.
4. Оле́г фотографи́рует подру́гу.
5. Колле́га фотографи́рет ше́фа.
6. Мы фотографи́руем мо́ре, па́льму.
7. Ты фотографи́руешь меня́?

игра́ть

1. Ты игра́ешь на пиани́но?
2. Тётя игра́ет на виолонче́ли.
3. Роди́тели игра́ют на гита́ре.
4. Са́ша игра́ет на скри́пке.
5. Па́вел игра́ет на саксофо́не.
6. Я игра́ю на фле́йте.

37. Hörverstehen. Was ist im Text richtig und falsch (S. 178):

Лари́са и Па́вел живу́т на у́лице Остро́вского, 9. Их кварти́ра небольша́я, но ую́тная. Она́ нахо́дится недалеко́ от рабо́ты. Ка́ждый день Па́вел хо́дит на рабо́ту. Его́ жена́ Лари́са – домохозя́йка. Она́ гото́вит за́втрак, обе́д и у́жин, накрыва́ет на стол. На за́втрак они́ пьют обы́чно ко́фе и жа́рят яи́чницу, на обе́д они́ ча́сто едя́т суп, а на у́жин пют чай, гото́вят пи́ццу и́ли де́лают сала́т. В свобо́дное вре́мя они́ занима́ются спо́ртом: зимо́й они́ ката́ются на лы́жах, пла́вают в бассе́йне, а ле́том ката́ются на велосипе́дах и игра́ют в те́ннис. Ве́чером Лари́са и Па́вел хо́дят в кино́ и́ли теа́тр. Ско́ро у них о́тпуск. Они́ лю́бят путеше́ствовать. Они́ хотя́т отдыха́ть на мо́ре.

	ве́рно	неве́рно
1. Лари́са и Па́вел живу́т на у́лице Остро́вского, 9.	+	
2. Кварти́ра нахо́дится недалеко́ от рабо́ты.	+	
3. Лари́са и Па́вел рабо́тают ка́ждый день.		+
4. На за́втрак они́ пьют обы́чно ко́фе.	+	
5. На обе́д они́ едя́т суп, а на у́жин – пи́цуу.	+	
6. В свобо́дное вре́мя Лари́са не занима́ется спо́ртом.		+
7. Зимо́й они́ ката́ются на лы́жах, пла́вают в бассе́йне	+	
8. Ле́том они́ безде́льничают.		+
9. У них есть велосипе́ды, и они́ ката́ются на велосипе́дах.	+	
10. Ве́чером они́ хо́дят в кино́ и́ли теа́тр.	+	
11. В о́тпуске они́ лю́бят путеше́ствовать.	+	

Lösungen

Seiten 179-197

20. Hörverstehen. Erzählen Sie über den Wochenplan von Mark (S.187).

Дни недели

понедельник	В понедельник утром Марк завтракает и идёт на работу. Вечером он занимается спортом, например, ходит в тренажёрный зал.
вторник	Во вторник днём Марк работает, а вечером идёт в кино или театр.
среда	В среду утром Марк дома, читает газеты, журналы и книги, работает на компьютере, играет на пианино или смотрит телевизор. Вечером он иногда ходит в бар с друзьями.
четверг	В четверг Марк работает, а вечером идёт в бассейн. Он любит плавать.
пятница	В пятницу вечером Марк идёт на дискотеку или в кино.
суббота воскресенье	В субботу и в воскресенье Марк обычно бездельничает, катается на велосипеде или на машине, ходит в гости или в поход.

22. Hörverstehen. Was haben Sie über Alina erfahren? (S. 190)

Это Алина, она врач и работает в поликлинике. Алина живёт в Москве, на улице Матросова, дом номер 2, в квартире номер 556. У неё есть машина, номер машины «с 735 мо». Алина любит шоколад и торты. Она очень любит завтракать на балконе. На завтрак она обычно ест булочки с маслом и вареньем, бутерброды и фрукты, а пьёт она обычно кофе с молоком. У неё есть друзья. В свободное время Алина иногда занимается спортом, например, она занимается спортом в тренажёрном зале, или плавает в бассейне. У неё есть фотоаппарат, фотография - это её хобби. На выходных она иногда ходит в поход или играет в гольф. В отпуск Алина ездит часто на море. Там она загорает, гуляет по пляжу или строит замки из песка. Сейчас лето, и она часто катается на велосипеде, он не новый, но ещё очень хороший. А сегодня вечером Алина готовит вкусный ужин.

23. Deklination der Personalpronomen:

a)

N	кто? что?	я	ты	он	она	мы	Вы	они
G	wessen?	меня	тебя	(н)его	(н)её	нас	Вас	(н)их
D	wem?							
Akk	wen, was? куда?	меня	тебя	его	её	нас	Вас	их
I	с кем? с чем?							
P	über wen, über was? где?							

b) Deklinieren Sie die Substantive:

Femininum

N	жена	машина	квартира	кровать	кухня	каша	Россия
G							
D							
Akk	жену	машину	квартиру	кровать	кухню	кашу	Рооссию
I	женой	машиной	квартирой	кроватью	кухней	кашей	Россией
P	о жене	о машине	о квартире	о кровати	о кухне	к каше	о России

Lösungen

Maskulinum

N	ресторáн	Бонн	велосипéд	картóфель	чай	музéй
G						
D						
Akk	ресторáн	Бонн	велосипéд	картóфель	чай	музéй
I	ресторáном	Бóнном	велосипéдом	картóфелем	чáем	музéем
P	о ресторáне	о Бóнне	о велосипéде	о картóфеле	о чáе	о музéе

Neutrum

N	мóре	окнó	молокó	варéнье	таксú	винó
G						
D						
Akk	мóре	окнó	молокó	варéнье	таксú	винó
I	мóрем	окнóм	молокóм	варéньем	таксú	винóм
P	о мóре	об окнé	о молокé	о варéнье	о таксú	о винé

24. Vervollständigen Sie die Sätze mit den vorgegebenen Wörtern:

Muster: .... я éду на рабóту на пóезде. (понедéльник, ýтро)
В понедéльник ýтром я éду на рабóту на пóезде.

1. В понедльник ýтром я éду на рабóту на пóезде.
2. Во втóрник вéчером мы занимáемся спóртом.
3. В срéду днём мой муж рабóтает.
4. В срéду до обéда бáбушка идёт на базáр.
5. В четвéрг пóсле обéда дéти едят морóженое.
6. В пятницу вéчером Вы идёте в кафé?
7. В суббóту ýтром ты катáешься на велосипéде?
8. В воскресéнье днём мы хóдим в гóсти.

26. Verwenden Sie korrekt die Verben für „fahren":

1. Кудá ты éдешь?
2. Моя дочь éздит на велосипéде в шкóлу.
3. В гостúницу турúсты éдут на таксú.
4. На рабóту я éзжу на машúне.
5. В шкóлу дéти éздят на автóбусе.
6. На чём Вы éдете в ресторáн?
7. В Москвý мы éдем на пóезде.
8. В óтпуск мой внук éдет на мóре.

27. Benutzen Sie die Substantive im korrekten Kasus:

Akkusativ
1. Я идý на останóвку.
2. Ты идёшь на рабóту.
3. Мы éдем в банк.
4. Вы идёте в кафé?
5. В óтпуск мы éдем в Россúю, в Москвý.
6. Мой родúтели éдут зимóй в Гермáнию, в Бонн.

Lösungen

7. Студе́нты иду́т в университе́т, в бибиоте́ку, а пото́м в столо́вую.
8. Твой брат идёт в шко́лу?
9. Ива́н е́дет на авто́бусе в фи́рму́.
10. Де́душка е́дет на метро́ в апте́ку.

Präpositiv
1. Ле́на е́дет на рабо́ту на маши́не.
2. Мой племя́нник е́дет в магази́н на велосипе́де.
3. На вокза́л мы е́дем на метро́, а потом на такси́.
4. На база́р ба́бушка е́дет на авто́бусе и́ли на трамва́е.
5. Я не е́зжу на тролле́йбусе.
6. Ты ча́сто е́здишь на по́езде.

Nominativ/ Akkusativ/ Präpositiv
1. Э́то Росси́я. Ле́том мы е́дем в Росси́ю. В Росси́и живёт моя́ ба́бушка.
2. У нас есть балко́н. Мы лю́бим за́втракать на балко́не. Я иду́ на балко́н.
3. Э́то банк. Мой па́па идёт в банк. Он рабо́тает в ба́нке.
4. Э́то шко́ла. Моя́ тётя идёт в шко́лу. Она́ рабо́тает в шко́ле.
5. Я иду́ в библиоте́ку. В библиоте́ке я чита́ю кни́ги.
6. У меня́ есть крова́ть. Я люблю́ отдыха́ть на крова́ти.

28. Konjugieren Sie die Verben:

1. Я иду́ пешко́м.	1. Я е́ду на авто́бусе.
2. Ты идёшь?	2. Ты е́дешь на тролле́йбусе?
3. Он идёт?	3. Он е́дет на метро́?
4. Она́ идёт?	4. Она́ е́дет на такси́?
5. Мы идём?	5. Мы е́дем на маши́не.
6. Вы идёте?	6. Вы е́дете на по́езде?
7. Они́ иду́т?	7. Они́ е́дут на трамва́е.

29. Bestimmen Sie das Geschlecht der Substantive:

мой/твой/ её	моя́/ твоя́/ её	моё / твоё/ её	мои́ / твои́/ её
о́тпуск, велосипе́д, карто́фель, обе́д, магази́н, рестора́н, клуб, цирк, стадио́н, буфе́т, бар, дом, университе́т, банк, вокза́л, теа́тр, гара́ж, музе́й, парк, институ́т, база́р, аэропо́рт, заво́д, авто́бус, тролле́йбус, трамва́й, по́езд	зима́, весна́, карто́шка, рабо́та, дискоте́ка, гости́ница, шко́ла, фи́рма, фа́брика, ста́нция, остано́вка, маши́на	ле́то, кино́, кафе́, казино́, апте́ка, метро́, такси́	кани́кулы, де́ти

30. Übersetzen Sie die Fragen und beantworten Sie diese:

	Übersetzung
1. Hast du eine Gitarre?	1. У тебя́ есть гита́ра?
2. Spielst du Klavier?	2. Ты игра́ешь на пиани́но?
3. Hast du ein Fahrrad?	3. У тебя́ есть велосипе́д?
4. Fährst du Fahrrad?	4. Ты ката́ешься (е́здишь) на велосипе́де?
5. Wie geht es dir?	5. Как у тебя́ дела́?
6. Wo wohnst du?	6. Где ты живёшь?
7. Wo arbeitest du?	7. Где ты рабо́таешь?

	Lösungen
8. Wann hast du Urlaub?	8. Когда́ у тебя́ о́тпуск?
9. Gehst du heute Abend ins Restaurant?	9. Ты идёшь сего́дня ве́чером в рестора́н?
10. Fährst du morgen in die Bibliothek?	10. Ты е́дешь за́втра в библиоте́ку?
11. Womit fährst du jeden Tag zur Arbeit?	11. На чём ты е́здишь ка́ждый день на рабо́ту?

32. Benutzen Sie die Substantive und Personalpronomina im Akkusativ:

Muster: Я ем на за́втрак .... (колбаса́, она́)
Я ем на за́втрак колбасу́/ её.

1. Я ем на за́втрак колбасу́ / её.
2. На обе́д мы еди́м сего́дня моро́женое / его́.
3. Ты пьёшь во́дку/ её?
4. Вы еди́те фру́кты / их?
5. Я люблю́ ма́му/ её.
6. Све́та не пьёт ко́ка-ко́лу / её.
7. Ты фотографи́руешь бра́та / его́?
8. Я Вас не фотографи́рую.
9. Мы не фотографи́руем учи́теля / его́.
10. Я не фотографи́рую тебя́.
11. Меня́ зову́т Али́са.
12. Сестру́ / её зову́т Еле́на.
13. Нас зову́т Мари́на и Ри́та.

33. Hörverstehen. Hören Sie den Text. Beantworten Sie die Fragen über den Wochenplan von Vitja (S. 196):

Ви́тя живёт в Новосиби́рске. Он рабо́тает в фи́рме. Ка́ждый день он е́здит на рабо́ту на авто́бусе, а в суббо́ту и в воскресе́нье он отдыха́ет. У него́ есть маши́на. В воскресе́нье он е́здит ча́сто на маши́не к роди́телям в го́сти. Его́ роди́тели уже́ пенсионе́ры и не рабо́тают. В суббо́ту ве́чером он хо́дит на дискоте́ки и́ли в бар. В понеде́льник и в сре́ду он занима́ется спо́ртом. Он о́чень хорошо́ игра́ет в волейбо́л. Ле́том Ви́тя идёт в о́тпуск. Он о́чень лю́бит путеше́ствовать. Он е́дет со свое́й подру́гой Све́той в Но́вгород, пото́м во Влади́мир, а пото́м е́дут в Со́чи на по́езде. Они́ е́дут на мо́ре, потому́ что Све́та и Ви́тя лю́бят купа́ться, загора́ть и пла́вать. На пля́же они́ игра́ют в волейбо́л и́ли в бадминто́н.

ТЕСТ

1. Benutzen Sie korrekt das Verb «хоте́ть»:

1. Что ты хо́чешь де́лать сего́дня ве́чером?
2. Вы хоти́те ко́фе с молоко́м и́ли с са́харом?
3. На обе́д я хочу́ гото́вить карто́фель с мя́сом и со́усом?
4. Ле́том мы хоти́м отдыха́ть на Чёрном мо́ре.
5. Де́ти не хотя́т загора́ть.
6. Мой внук не хо́чет рабо́тать.

Lösungen

2. Übersetzen Sie:

1. der Winter / im Winter – зима́ / зимо́й
2. der Frühling / im Frühling – весна́ / весно́й
3. der Sommer / im Sommer – ле́то / ле́том
4. der Herbst / im Herbst – о́сень / о́сенью

3. Benutzen Sie korrekt das Verb „gehen":

идти́ - ходи́ть
1. Ка́ждый день я .хожу́ на рабо́ту.
2. - Куда́ ты сейча́с идёшь?
   - Я иду́ в магази́н.
3. За́втра мой брат идёт в поликли́нику.

1. Де́ти не хо́дят в библиоте́ку.
2. Брат и сестра́ иду́т в кино́.
3. Моя́ сестра́ не идёт в поликли́нику.
4. Мы идём сейча́с домо́й.

5. Verwenden Sie korrekt die Verben:

1. Ве́чером я занима́юсь спо́ртом.
2. У них есть но́вые велосипе́ды, они́ ката́ются на велосипе́дах.
3. Ма́льчики и де́вочки пла́вают и загора́ют.
4. Мой муж гото́вит сего́дня у́жин.
5. Где Вы отдаха́ете э́тим ле́том?
6. Сестра́ фотографи́рует мо́ре и го́ры.
7. Де́ти купа́ются в ва́нне.
8. Мои́ тётя и дя́дя танцу́ют та́нго и вальс.
9. Куда́ Вы путеше́ствуете э́тим ле́том?
10. – Что ты пи́шешь?
    – Я пишу́ письмо́ ма́ме и па́пе.
11. Мой сын чита́ет газе́ты, а моя́ дочь чита́ет журна́лы.

6. Vervollständigen Sie die Sätze mit dem Verb «игра́ть»:

1. Я игра́ю в футбо́л.
2. Вы игра́ете на пиани́но?
3. Мы игра́ем на гита́ре.
4. Ты игра́ешь в гольф?
5. Моя́ подру́га игра́ет в волейбо́л.
6. Вну́ки игра́ют на скри́пке.

7. Benutzen Sie korrekt die vorgegebenen Substantive:

1. Сейча́с я иду́ в магази́н, а пото́м в апте́ку.
2. На рабо́ту я е́ду на велосипе́де, а пото́м на по́езде.
3. Мой друг рабо́тает в ба́нке.
4. Сего́дня по́сле обе́да я до́ма.
5. В шко́лу де́ти обы́чно е́здят на метро́.
6. На чём вы е́дите на рабо́ту?
7. На вокза́л мы е́здим на маши́не и́ли на такси́.

Lösungen

8. Bestimmen Sie den Kasus der unterstrichenen Wörter:

1. На за́втрак я ем <u>бутербро́д</u> с <u>сы́ром</u> (Akk, I).
2. Мы живём в <u>Росси́и</u>, в <u>Новосиби́рске</u> (P, P).
3. Цветы́ стоя́т в <u>ва́зе</u> (P).
4. Сейча́с ма́ма идёт в <u>поликли́нику</u>, она́ рабо́тает в <u>поликли́нике</u> (Akk, P).
5. Я не пью <u>вино́</u>, я пью чай (Akk).
6. Оте́ц е́дет на рабо́ту на <u>маши́не</u> (P).
7. Моя́ вну́чка игра́ет на <u>скри́пке</u> (P).
8. Студе́нты игра́ют в <u>футбо́л</u> (Akk).
9. Я люблю́ <u>ма́му</u> и <u>па́пу</u> (Akk, Akk).
10. Брат рису́ет <u>сестру́</u> (Akk).

Lösungen
Spiel zum Thema „Bekanntschaft". Fragebogen-Puzzle (Muster)

Фамилия, имя	Fragen im Dialog
Мюллер Хельга	
Адрес (жить) Германия, Мангейм, Парадеплатц oder Я живу́ в Герма́нии, в Мангейме, на Пара́деплатц.	- Кто живёт в Герма́нии, в Мангейме? - Я живу́ в Герма́нии, в Мангейме.
Иностранные языки (говорить) Ру́сский, францу́зский oder Я говорю́ по-францу́зски.	- Кто говори́т по-ру́сски и по-францу́зски? - Я говорю́ по-ру́сски и по-францу́зски.
Профессия учи́тель oder Я учи́тель по профе́сии.	- Кто по профе́сии учи́тель? - Я по профе́сии учи́тель.
Хобби (любить) Ро́зы, спорт oder Я люблю́ ро́зы и спорт.	- Кто лю́бит ро́зы и спорт? - Я люблю́ ро́зы и спорт.

Dieses Spiel spielt man mit einer Gruppe von 3-4 Personen. Jeder Spieler füllt seinen Fragebogen auf der Seite 238 aus, entweder mit Sätzen oder mit Stichwörtern wie im Muster auf der Seite 237. Die 5 ausgefüllten Frage-Blöcke werden mit einer Schere von einander getrennt und mit den Frage-Blöcken der anderen Mitspieler gründlich gemischt. Den ersten Frage-Block mit dem Namen behält man bei sich. Jeder Spieler zieht der Reihe nach aus dem Stapel einen Block heraus und stellt Fragen, um herauszufinden, wem dieser Block gehört (Muster S.237, rechte Spalte). Der Besitzer antwortet und bekommt seinen Block zurück. Der Spieler, der als erster alle seine Blöcke im Laufe des Spiels zurück erhält, ist der Gewinner.

Fragebogen-Puzzle

Фами́лия, и́мя

Моя́ фами́лия….

Моё и́мя ….

1

А́дрес (жить)

2

Иностра́нные языки́ (говори́ть)

3

Профе́ссия

4

Хо́бби (люби́ть)

5

Lösungen
Spiel zum Thema „Guten Appetit". Fragebogen-Puzzle (Muster)

Фами́лия, и́мя	Fragen im Dialog
Что Вы еди́те на за́втрак? Я ем на за́втрак ка́шу, бутербро́ды и иногда́ сала́ты.	- Кто ест на за́втрак ка́шу, бутербро́ды и иногда́ сала́ты? - Я ем на за́втрак ка́шу, бутербро́ды и иногда́ сала́ты.
Что Вы еди́те на обе́д? На обе́д я ем ры́бу и́ли мя́со с овоща́ми.	- Кто ест на обе́д ры́бу и́ли мя́со с овоща́ми? - Я ем на обе́д ры́бу и́ли мя́со с овоща́ми.
Что Вы еди́те на у́жин? На у́жин я ем сала́т и́ли суп.	- Кто ест суп и́ли сала́т на у́жин? - Я ем суп и́ли сала́т на у́жин.
Что Вы лю́бите есть? Я о́чень люблю́ есть котле́ты и борщ.	- Кто лю́бит есть котле́ты и борщ? - Я люблю́ есть котле́ты и борщ.
Что Вы не лю́бите есть? Я не люблю́ есть пе́чень. (Leber)	- Кто не лю́бит есть пе́чень? - Я не люблю́ есть пе́чень.

Dieses Spiel spielt man mit einer Gruppe von 3-4 Personen. Jeder Spieler füllt seinen Fragebogen auf der Seite 240 aus, entweder mit Sätzen oder mit Stichwörtern wie im Muster auf der Seite 239. Die 6 ausgefüllten Frage-Blöcke werden mit einer Schere von einander getrennt und mit den Frage-Blöcken der anderen Mitspieler gründlich gemischt. Den ersten Frage-Block mit dem Namen behält man bei sich. Jeder Spieler zieht der Reihe nach aus dem Stapel einen Block heraus und stellt Fragen, um herauszufinden, wem dieser Block gehört (Muster S.239, rechte Spalte). Der Besitzer antwortet und bekommt seinen Block zurück. Der Spieler, der als erster alle seine Blöcke im Laufe des Spiels zurück erhält, ist der Gewinner.

Fragebogen-Puzzle Lösungen

Фами́лия, и́мя

1

Что Вы еди́те на за́втрак?

Я ем на за́втрак ....

2

Что Вы еди́те на обе́д?

Я .....

3

Что Вы еди́те на у́жин?

Я .....

4

Что Вы лю́бите есть?

Я ...

5

Что Вы не лю́бите есть?

Я не .....

6

Lösungen

Andere Bücher vom Verfasser Elena Prosto

Das Lese- und Hörbuch

Anton Tschechow Erzählungen (B1/B2)

Liebe Leserinnen und Leser,

dieses Buch umfasst einige kurze, lustige Erzählungen von Anton Pawlowitsch Tschechow.
Die Aspektpaare in den Fußnoten zu jeder Erzählung helfen Ihnen, den Inhalt schneller zu verstehen und sich in der Grammatik zu orientieren.
Jede Erzählung können Sie auf der CD finden - die beste Möglichkeit also, die Sprache durch Hören zu erlernen.
Der Verfasser des Buches wünscht Ihnen, dass Sie Ihre Russischkenntnisse verbessern und Tschechows Erzählungen möglichst bald im Original lesen können.

ISBN 978-3-00-034117-5

Das Buch können Sie in einem Buchladen kaufen oder direkt beim Verfasser bestellen:
elena_prosto@gmx.de